Bioética
em tempos de globalização

Leo Pessini
Luciana Bertachini
Christian de P. de Barchifontaine
William S. Hossne

Bioética
em tempos de globalização

A caminho da exclusão e da
indiferença ou da solidariedade?

Dados Internacionais de Catalogação na Publicação (CIP)
(Câmara Brasileira do Livro, SP, Brasil)

Bioética em tempos de globalização : a caminho da exclusão e da indiferença ou da solidariedade? / Leo Pessini... [et al.]. -- São Paulo : Edições Loyola, 2015.

Outros autores: Luciana Bertachini, Christian de P. de Barchifontaine, William S. Hossne
Bibliografia.
ISBN 978-85-15-04299-9

1. Bioética 2. Globalização - Aspectos morais e éticos I. Pessini, Leo. II. Bertachini, Luciana. III. Barchifontaine, Christian de P. de. IV. Hossne, William S.

15-05487   CDD-174.957

Índices para catálogo sistemático:
   1. Bioética   174.957

Preparação: Vero Verbo Serviços Editoriais
Capa: Viviane B. Jeronimo
   Imagem de © agsandrew/Fotolia
Diagramação: Ronaldo Hideo Inoue
Revisão: Renato da Rocha

Esta obra faz parte da produção científica do Programa de Pós-graduação *stricto sensu* em Bioética (mestrado, doutorado e pós-doutorado) do Centro Universitário São Camilo, SP.

Edições Loyola Jesuítas
Rua 1822, 341 – Ipiranga
04216-000 São Paulo, SP
T 55 11 3385 8500
F 55 11 2063 4275
editorial@loyola.com.br
vendas@loyola.com.br
www.loyola.com.br

Todos os direitos reservados. Nenhuma parte desta obra pode ser reproduzida ou transmitida por qualquer forma e/ou quaisquer meios (eletrônico ou mecânico, incluindo fotocópia e gravação) ou arquivada em qualquer sistema ou banco de dados sem permissão escrita da Editora.

ISBN 978-85-15-04299-9
© EDIÇÕES LOYOLA, São Paulo, Brasil, 2015

Sumário

Introdução XI
Referências bibliográficas XIV

1

Sobre o futuro da Bioética e a Bioética no futuro:
algumas inquietações, expectativas e esperanças 1

Algumas características inovadoras da 4ª edição da Enciclopédia de Bioética 4
Sobre um futuro pós-humano: ideologia ou utopia? Ameaça ou esperança? 7
Para onde nos levaram os avanços científicos? O que poderá mudar em nossa vida? 9
Os dez avanços científicos mais importantes de 2014 11
A Bioética em busca de uma visão antropológica integral 14
Referências bibliográficas 15

2

Os novos referenciais da Bioética global:
a solidariedade, a vulnerabilidade e a precaução 17

O que entender por solidariedade? 20
A vulnerabilidade como um dos referenciais da Bioética 22
O conceito de vulnerabilidade na *Declaração*
da Unesco sobre Bioética e Direitos Humanos 25
Sobre o referencial bioético da precaução: evitar danos à biosfera e
proteger os seres vivos, em especial o ser humano, de danos potenciais 28
Referências bibliográficas 30

3

Perfil da Bioética asiática a partir da China e de Taiwan 31

Introdução 31
1. Alguns aspectos socioculturais e históricos da China 32
2. A política do filho único e o massacre de 1989 na Praça da Paz Celestial 36

3.	As "religiões chinesas" (filosofias de vida virtuosa?) e o cristianismo	39
4.	Algumas notas sobre o budismo e semelhanças entre Jesus e Buda	42
5.	O que podemos aprender com os valores da cultura chinesa?	45
6.	Algumas características de uma Bioética asiática confuciana	46
7.	Fundamentos de uma possível Bioética asiática	47
	Referências bibliográficas	49

4

A Bioética global e a cosmovisão de valores africanos "Ubuntu" 51

Alguns aspectos antropológicos: quem é o ser humano? 52
A interdependência "orgânica" entre os humanos e o cosmos 53
A importância do cuidado 54
Sobre os conceitos de saúde, doença e cura 55
A ética Ubuntu e a vida para além da morte 57
A importância do casamento e da procriação 58
Apontamentos finais 59
Referências bibliográficas 60

5

Bioética em tempos de catástrofes: reflexões sobre a ética da ajuda humanitária 61

	Introdução	61
1.	Alguns dados estatísticos sobre catástrofes ocorridas nos últimos anos	63
2.	O que entender por desastres; os desastres como questão bioética e o papel dos bioeticistas	66
3.	A ética em situações de catástrofes: alguns princípios éticos fundamentais da ajuda humanitária	69
4.	Diretrizes éticas de pesquisa em contexto de catástrofes humanitárias	71
5.	Definindo alguns conceitos utilizados neste contexto: macro, triagem e planejamento	73
6.	A emergência da responsabilidade ética: interface entre intervenção humana e natureza	75
7.	Os limites da ética de emergência e o humanitarismo como política de vida	77
8.	O valor da vida humana, justiça e direitos humanos	79
9.	Organizações internacionais, intergovernamentais e não governamentais como resposta às grandes ameaças de catástrofes	80
10.	O desafio ético de lidar e respeitar os valores e as crenças das culturas locais	85
	Alguns apontamentos de finalização e perspectivas	87
	Referências bibliográficas	90

6

**Bioética em tempos de epidemias globalizadas:
saúde pública em tempos dos vírus ebola e HIV/aids** 93

O vírus do HIV/aids continua a atacar! 94
Algumas informações sobre a epidemia do ebola, surgimento, letalidade e prevenção 96
Alguns aspectos culturais que alimentam o alastramento da epidemia 99
A chegada tardia de socorro internacional 100
A epidemia do ebola revela uma realidade social marcada pela morte 101
Referências bibliográficas 103

7

**O imperativo ético de cuidar do nosso planeta: o desafio
de evitar o aquecimento global e preservar nosso "ouro azul"** 105

O que entender por ecologia humana 107
O desafio das mudanças climáticas e do aquecimento global 108
Ecologia: o futuro da vida no planeta em perigo 111
Como evitar a ameaça crescente de escassez do nosso precioso "ouro azul"? 116
O conceito ético dos indígenas andinos de "bem viver"! 120
A Encíclica do Papa Francisco *Laudato Si'* sobre ecologia 121
Apontamentos finais: alguns comentários
sobre a Encíclica *Laudato Si'* do Papa Francisco 123
Referências bibliográficas 126

8

**A alimentação no mundo, o desenvolvimento humano,
os objetivos do milênio e o desenvolvimento sustentável** 127

O Índice de Desenvolvimento Humano (IDH) brasileiro 128
Objetivos do milênio: um balanço para 2015 130
A agenda pós-2015: objetivos para um desenvolvimento sustentável 133
O caminho para a dignidade até 2030: sustentabilidade! 135
Referências bibliográficas 138

9

**O sonho da longevidade humana e a ameaça da demência:
acrescentar mais vida aos anos que anos à vida?** 139

Envelhecimento populacional e a doença de Alzheimer ou demência 142
Viver com dignidade o "domingo da vida" 145
Cultivar a sabedoria do coração 146
Referências bibliográficas 148

10

Perante a globalização da indiferença, o desafio de redescobrir o valor da hospitalidade 149

Como promover a hospitalidade? 150
Como pensar e falar hoje do valor da hospitalidade? 152
Um exemplo extraordinário de hospitalidade e cuidado 153
Referências bibliográficas 154

11

A mistanásia: morte em nível social, coletivo, infeliz e "antes do tempo" 155

Emergência de um novo conceito: a mistanásia 156
Algumas estatísticas que comprovam mortes
distanásicas: um verdadeiro holocausto silencioso 158
Referências bibliográficas 159

12

Alguns desafios éticos emergentes de final de vida: o caso Brittany Maynard, o suicídio e o cuidado da dor e do sofrimento 161

O adeus (in)digno de Brittany Maynard? 161
Sobre o suicídio: um verdadeiro holocausto silencioso 165
A boa notícia: em muitos casos é possível prevenir o suicídio 167
A necessidade de superar estigmas e mitos 168
O cuidado da dor e do sofrimento humano como um direito 169
Cuidando da dor e do sofrimento 171
Os cuidados paliativos: agora na agenda da OMS 173
O reencantamento com a arte de cuidar 174
O profeta na arte de cuidar: Camilo de Lellis (1550-1614) 176
Referências bibliográficas 177

13

A Europa em busca de novas diretrizes éticas para o final de vida 179

Cuidados de final de vida: revisão do *Protocolo de Liverpool* 181
"Em 2001, apoiei nossa lei da eutanásia, mas foi um erro terrível!" (Theo Boer) ... 183
O crescente e preocupante "turismo do suicídio assistido" na Suíça 184
Referências bibliográficas 186

14

Hans Kung reflete sobre seus últimos dias de vida 187

Introdução 187
1. Iniciando e contextualizando a fala a respeito
   do final de sua vida: um balanço objetivo e positivo 189
2. Os primeiros sinais sensíveis e visíveis
   do mal de Parkinson: "presságios da morte" 190
3. Ainda vivendo no cronos, "quanto tempo de vida ainda me resta?" 191
4. O protagonismo de assumir a responsabilidade pela própria vida, no final ... 192
5. Fé cristã *versus* morte como marca da vulnerabilidade humana 194
6. Momentos celebrativos da cerimônia litúrgica de despedida da vida 197
7. "O último Amém": uma belíssima e profunda oração 199
Referências bibliográficas 200

15

**Bioética de alto risco: arriscando a
própria vida para salvar outras vidas** 201

Algumas informações sobre a República Centro-Africana 202
O reconhecimento internacional do jovem Pe. Bernard Kinvi 203
Sem medo de arriscar a própria vida 205
Cena dramática: os brutos também têm sentimentos de compaixão! 208
Um legado: um extraordinário testemunho de vida… 208
Referências bibliográficas 209

Posfácio
Necessitamos urgentemente de bioeticistas e "bioetoscópios" 211

Introdução 211
A trajetória do conhecimento fragmentário
ao conhecimento integral da realidade 213
Religar os saberes necessários para a educação do futuro 214
A emergência da Bioética, do bioeticista e do bioetoscópio! 216
Referências bibliográficas 219

Introdução
Leo Pessini

> Qual o futuro da Bioética num mundo marcado por escassez e iníqua distribuição de recursos naturais básicos, fome, áreas com superpopulação, crise ecológica global, múltiplas crises financeiras, migração de massas e rejeição do multiculturalismo, risco de desastres nucleares, estado permanente de guerra, uso de armas químicas, ameaça de armas biológicas, globalização econômica e tecnocientífica e superioridade do Norte sobre o Sul do mundo?
>
> **Lisbeth Sagols**
> *Global Bioethics: What for?*, Unesco, 2015

APRESENTAMOS A EPÍGRAFE acima, longe de querer assustar o leitor e cultivar uma perspectiva alarmista e apocalíptica em relação ao mundo, mas como provocação inicial para inquietar e desinstalar o(a) leitor(a) de sua zona de conforto. Vivemos um momento histórico caracterizado por um processo de globalização, protagonizado pela economia — sempre mais interdependente — e pelos meios de comunicação, como carros-chefes de transformações. É um tempo marcado por profundas mudanças em todos os âmbitos da vida humana. Talvez fosse mais preciso e acertado dizer, como muitos o fazem, que estamos vivendo uma mudança de época, antes que uma época de mudanças, e nos perguntamos qual é a identidade, o lugar e o papel da Bioética nesse contexto. Esta obra *Bioética em tempos de globalização: a caminho da exclusão e da indiferença ou da solidariedade?*, apresenta-se como um grito de alarme em nível global, em um contexto "macro", contra a coisificação da pessoa humana em níveis individual e coletivo, a banalização da vida do ser humano e a destruição da vida cósmica ecológica. Nessa toada podemos não ter futuro!

Necessitamos revisitar a inspiração bioética original potteriana (Van Rensselaer Potter, Estados Unidos, 1970) de recuperar a perspectiva cósmica e ecológica de uma bioética global "como ponte para o futuro". Seguimos e trabalhamos sob a perspectiva da Unesco, ao elaborar e tentar implementar em todos os seus países-membros a *Declaração Universal sobre Bioética e Direitos Humanos*. Trata-se de uma das necessidades mais prementes em nível internacional. Estamos perante uma globalização excludente e iníqua! Que fazer diante desse processo que assusta, impõe medo, mas do qual também somos vítimas? É aqui que ousamos propor, para além de ações concretas, um grito bioético!

Nesse sentido, os maiores desafios que a Bioética global tem hoje defronte de si, relacionam-se com injustiças estruturais e iniquidades sociais no âmbito da saúde e da assistência aos vulnerabilizados pela doença. O médico, antropólogo Paul Farmer afirma que "[...] O problema fundamental de nossa era é a persistência de doenças já completamente tratáveis e o crescimento da iniquidade, tanto no âmbito da ciência quanto no econômico". O bioeticista Henk Ten Have, ex-presidente do International Bioethics Committee da Unesco (IBC), aponta que "as atividades bioéticas deste contexto global têm diante de si um desafio, qual seja, o de afrontar corajosamente as iniquidades globais de saúde e abrir a perspectiva de reinserir um compromisso social no âmbito da saúde, não como mero negócio mercantil, mas como compromisso humano de serviço à humanidade". Além disso, o desafio situa-se em promover uma agenda para a justiça global. Antes de focar tecnologias sofisticadas ou questões complexas é preciso desenvolver uma bioética social que se concentre nas questões estruturais de injustiça, marginalização e exploração de populações vulneráveis. A próxima geração de problemas bioéticos tem menos a ver com "tecnologias de convergência" e mais com "benefícios divergentes". Assumir a questão da justiça global como ponto central implicará uma abordagem crítica do modelo neoliberal de globalização que cresce assustadoramente, provocando sempre mais exclusão, injustiças e indiferenças. Os que se beneficiam da globalização são uma minoria abastada, e com o empobrecimento espantoso de milhões de pessoas! E a Bioética, que se torna global neste contexto, tem algo a dizer, a inspirar ou a fazer...

Henk Ten Have e Gordjin apresentam a chegada nesse cenário da Bioética global: "desde a virada do milênio, a Bioética entrou em um estágio novo e mais amplo. Graças à cooperação internacional, às novas tecnologias da informação e às atividades econômicas transnacionais, as questões bioéticas também se tornaram globalizadas. Os desafios bioéticos hoje são sentidos em quase todos os países do globo. Além disso, a grande maioria das questões que a Bioética global enfrenta hoje não está mais relacionada com o poder da ciência e da tecnologia. Atualmente, as questões bioéticas mais importantes estão relacionadas ao dinheiro e às condições socioeconômicas. Muitas pessoas em diversos países não têm sequer acesso aos benefícios do progresso científico e tecnológico. Elas se defrontam com doenças tratáveis, mas falta medicação. Necessitam de cirurgia, mas faltam estruturas sanitárias. Precisam de cuidados médicos, mas não têm como pagar. Elas não podem cuidar das crianças doentes porque trabalham muito longe de suas moradias. Essas pessoas e seus familiares não se alimentam adequadamente. Portanto, os processos de globalização acabaram causando o surgimento de uma Bioética global, mas, ao mesmo tempo, a ideologia do mercado neoliberal criou muitas novas questões bioéticas.

O marco deste estágio inicial da Bioética global foi a *Declaração Universal sobre Bioética e Direitos Humanos*, adotada por todos os estados-membros da Unesco. Esse documento político e legal apresenta o primeiro esquema geral dos princípios éticos para uma Bioética global que abarca todas as culturas e países" (TEN HAVE e GORDJIN, 2013, prefácio, p. V).

Longe de cultivar uma perspectiva de um romantismo idealista que somente fala, grita contra e não faz nada para transformar a realidade, é chegada a hora de agir concretamente e dar testemunho de nossos valores e nosso compromisso com a vida do outro semelhante. Quer dizer, uma Bioética compromissada com os valores da humanidade, dignidade e saúde humanas em escala global. Nossas reflexões bioéticas nesta obra querem dar sentido e direção aos passos concretos de ações de vida comprometidas com os mais vulneráveis da face da Terra.

O percurso reflexivo da temática aqui proposta consta de quinze momentos fundamentais. Iniciamos com um núcleo temático que teoriza e nos questiona sobre o futuro da Bioética e a Bioética no futuro (cap. 1), apresentando a seguir os novos referenciais de uma Bioética de característica global, ou seja, a solidariedade, a vulnerabilidade e a precaução (cap. 2). Em espírito de abertura e diálogo com o diferente e o desconhecido, podemos ser interpelados a aprender, a partir de uma história diferente da Bioética construída no mundo Ocidental. O que podemos aprender a partir de uma Bioética de cunho asiático? (cap. 3) e de uma cosmovisão de valores africanos "Ubuntu"? Avançamos em nosso percurso reflexivo afrontando questões "macro", que hoje constituem desafios de saúde pública mundiais, como os desastres (*tsunamis*, terremotos, guerras e acidentes nucleares, entre outros), e epidemias e pandemias (ebola e HIV/aids), qual seria a contribuição da Bioética? (caps. 5 e 6). Outros grandes dramas contemporâneos estão ligados ao cuidado do nosso planeta (cap. 7), à questão da alimentação no mundo, ao desenvolvimento humano e sustentável (cap. 8) e ao sonho de uma vida longeva sem a ameaça da demência (cap. 9). Nós nos perguntamos como descobrir o valor da hospitalidade, da acolhida do outro, e proteger a vida mais vulnerável, perante uma globalização da indiferença (cap. 10), da morte social, coletiva e infeliz, ou seja, a problemática da mistanásia (cap. 11). Nosso último bloco de questões avança com reflexões complexas de final de vida, como: o suicídio e o suicídio medicamente assistido e o cuidado da dor, como um direito humano (cap. 12), em busca de novas diretrizes éticas para o final de vida na Europa (cap. 13) e as reflexões de Hans Kung sobre seus últimos dias de vida (cap. 14). Finalizamos com uma reflexão sobre "Bioética de alto risco", arriscando a própria vida (cap. 15) e sobre a necessidade de bioeticistas e bioetoscópios (cap. 16). Relatamos a dramática experiência vivida por jovens religiosos Camilianos africanos, num dos países mais pobres do planeta, a República Centro-Africana. Em recente catástrofe sociopolítica, em sangrenta guerra civil, em contexto de genocídio étnico, essa presença camiliana protegeu, e portanto salvou a vida da morte certa de mais de 1.500 muçulmanos e obteve o reconhecimento internacional com o prêmio de direitos humanos de 2014 pela prestigiosa organização da Human Rights Watch.

Em sua grande maioria, essas reflexões bioéticas foram nascendo, sendo elaboradas e articuladas, em viagens de serviço internacionais neste último ano, por ocasião de visitas às comunidades camilianas, especificamente atuantes no âmbito da saúde, espalhadas pela África (Benin, Togo, Burkina Fasso, República Centro-Africana, Quênia, Tanzânia e Uganda) e na Ásia (Tailândia, Vietnã, China continental, Taiwan, Filipinas, Índia e Indonésia). O confronto com um mundo diferente do nosso mundo Ocidental, no qual nos encontramos como verdadeiros "estranhos" do ponto de vista cultural, religioso, social, político e histórico, gerou em mim profunda inquietação e, não menos, certa angústia existencial! Escrever estas reflexões em chave ética foi para mim algo de sabor e valor terapêutico pessoal, na tentativa de colocar um pouco de bálsamo nesta angústia, nesta sensibilidade humana "ferida", perante os confrontos de terríveis paradoxos de afirmação e negação da vida em determinadas realidades humanas: o contraste entre abundância e escassez de bens; vida aprazível e insensível com a sorte dos outros *versus* sobrevivência sofrida de vida humilde e solidária; sensibilidade emocionante de poucos e indiferença de muitos! E nos perguntamos: onde fica o sonho possível de ver a realidade concreta de um dia vivermos numa sociedade e num mundo mais justo, solidário e fraterno? Isso seria mero sonho romântico inatingível? Enfim, é preciso esperar com paciência, caminhar prudente e ousadamente e saber "dar as razões da nossa esperança", que nunca decepciona!

Mais do que maldizer a escuridão, ousemos pelo menos acender uma pequena luz nas trevas [...] a luz dos valores éticos e bioéticos, que se traduzem em ações concretas de promoção, proteção e cuidado da vida cósmica e ecológica, da vida de todos os seres vivos em geral, mas, em especial, da vida do ser humano!

Finalizo, agradecendo de coração a parceria de coautoria, inspiração e sistematização destas reflexões, nas pessoas de Luciana Bertachini, Christian de P. de Barchifontaine e William S. Hossne, amigos da causa bioética, ligados ao programa de bioética (mestrado, doutorado e pós-doutorado) do Centro Universitário São Camilo.

Roma, 14 de julho de 2015.
401º aniversário da morte de
São Camilo de Léllis (1614-2015).

Referências bibliográficas

Farmer P. *Pathologies of power. Health, human rights, and the new war on the poor*, Berkeley: University of California Press, 2005.

Henk A. M. J. Ten Have. Bioethics needs bayonets, In: Solinis, Germán (ed.). *Global Bioethics*: What for? Twentieth anniversary of Unesco's Bioethics Programme. Paris: Unesco, 2015, p. 147-150.

Henk A. M. J., Ten Have; Bert G. (eds.). *The Handbook of Global Bioethics*. 4 vols. Dordrecht: Springer, 2013.

1

Sobre o futuro da Bioética e a Bioética no futuro: algumas inquietações, expectativas e esperanças

Se a bioética não for crítica, pode se tornar apologética ou ideológica.
Bruce Jennings
(Editor-chefe da *Bioethics*, 4. ed., 2014)

Se existem duas culturas que parecem incapazes de dialogar — as ciências e as humanidades —, se isso se apresenta como uma razão pela qual o futuro se mostra duvidoso, então possivelmente poderíamos construir uma ponte para o futuro construindo a Bioética como uma ponte entre as duas culturas.
Van Rensselaer Potter

Nossa época está começando a considerar seriamente possibilidades de "transumano" através de melhoramentos biotecnológicos das capacidades humanas biológicas, como tempo de vida, tipo de personalidade e inteligência. Qual será o *status* da generatividade altruística que Erik Erikson associou com a velhice, à medida que os seres humanos aventureiramente envidam esforços para alterar o tempo de vida? A compaixão será deixada de lado em favor da busca biotecnológica de músculos mais fortes, maior longevidade, disposições de felicidade e beleza permanentes? Ou seriam o cuidado e a compaixão que estão em nós o último aperfeiçoamento humano?
Stephen Post
(Editor-chefe da *Encyclopedia of Bioethics*, Nova York, 3. ed., 2005)

A BIOÉTICA ESTÁ completando 45 anos de existência em 2015, tomando-se como base as intuições e os fatos pioneiros no início dos anos de 1970 do século passado, nos Estados Unidos, com Van Rensselaer Potter, na Universidade de Wisconsin (Madison), e em Washington D.C., na Universidade de Georgetown,

Instituto Kennedy, com Hellegers e colegas. Desde seu nascimento até hoje, ela foi evoluindo, mudando e se transformando, à medida que se tornou mais globalizada, com o envolvimento de mais culturas e países que não os do eixo anglo-americano, incorporando visões da América Latina, Ásia e África. Hoje falamos de uma "Bioética global".

A Bioética teve como uma de suas primeiras obras referenciais a *Enciclopédia de Bioética*, publicada pela Georgetown University, cuja primeira edição de 1978 teve como editor-chefe Warren Thomas Reich. Desde esse momento inicial até nossos dias, essa obra passou por quatro edições, a 2ª em 1995, a 3ª em 2004, e finalmente a última, a 4ª edição, amplamente revisada e remodelada, sob a direção de Bruce Jennings, em 2014. Destacam-se nesta 4ª edição de *Bioethics* três aspectos fundamentais dessa evolução. Estamos diante de uma Bioética que se torna mais profissionalizada, tratada com maior rigor como disciplina e de cunho mais internacional, ou seja, global. Vejamos objetivamente cada um desses aspectos. A Bioética está se tornando mais "profissional" à medida que surgem os primeiros estudantes graduados em Bioética, isto é, literalmente os primeiros "bioeticistas" formados em programas de Bioética, mestrado, doutorado e pós-doutorado legalmente reconhecidos nos diversos países. Hoje começa a se abrir a perspectiva de atuação de um novo profissional no âmbito da saúde, cuja identidade vai também sendo elaborada, o profissional "bioeticista". Isso é muito diferente da grande maioria dos que estudam e escrevem sobre Bioética que se formaram em outra disciplina, seja Medicina, Enfermagem, Filosofia, Teologia, seja Direito, para citar algumas, e a partir daí entrar, ensinar e trabalhar na área da Bioética. Muitos dos autores dessa 4ª edição da *Bioethics* ainda não se chamariam de "bioeticistas", nesse sentido. Muitos daqueles com maior conhecimento e *expertise* em questões de Bioética entraram para esta área porque esses tópicos intrinsecamente interessam e são de importância para sua área de trabalho e ou reflexão, mas têm outras identidades intelectuais e se denominam profissionalmente de maneira diferente, ou seja, são médicos, teólogos, filósofos, advogados, entre outros, que militam na Bioética. Esse cenário estará mudando sensivelmente dentro de alguns anos.

O campo da Bioética também está adquirindo maior "rigor disciplinar", quer dizer, seus agentes intelectuais, que poderíamos chamar de "bioeticistas" estão mais conscientes de suas abordagens e exigências metodológicas, para tratá-la com precisão científica. Estão surgindo mais publicações sobre pesquisas a respeito de seu estatuto epistemológico, numa área de interseção entre duas culturas, ciência e humanidades, de característica interdisciplinar. Artigos sobre métodos em Bioética em geral e metodologia empírica, em particular, que olham para o campo a partir de perspectivas das ciências sociais, e os que estudam as características do discurso, desacordos ideológicos e legitimação, sublinham as forças intelectuais, ocupacionais e econômicas que afetam o campo da Bioética e a crescente diversidade de entonações existentes. Constata-se a existência de diversos paradigmas de Bioética, estamos falando de "Bioética e bioéticas" ou "Bioética ou bioéticas" (divisões?) que respondem sempre a desafios da realidade onde se situam. O pluralismo na área é uma realidade inevitável.

Finalmente, a terceira característica, a Bioética tornou-se mais internacional e portanto mais global, à medida que muitos países do mundo desenvolvido, e mais recentemente também países pobres do hemisfério sul do planeta, criaram as próprias estruturas educacionais e de pesquisa em Bioética. A maioria dos países desenvolvidos hoje tem sua própria comissão nacional de Bioética, que assessora o governo e parlamentares para traçar políticas públicas relacionadas com questões de Bioética na interface com tecnologia. A atuação de agências internacionais da ONU, como a Unesco e a Organização Mundial da Saúde (OMS), também contribuíram muito com a elaboração de importantes documentos no âmbito da saúde humana, pesquisas com seres humanos e Bioética, bem como para a disseminação do pensamento bioético entre seus países-membros. Hoje a Bioética desperta muito interesse não somente no público e na mídia em geral, perante questões éticas ligadas ao final da vida (eutanásia, distanásia e suicídio assistido, entre outras), mas também projetos de pesquisas multicêntricos, internacionais ligados a organismos geneticamente modificados (OGMs), transferência de tecnologias e patenteamento e pesquisas na área de Biologia sintética, para mencionarmos três áreas de crescente cooperação internacional. A pandemia do HIV/aids sem dúvida tem sido importante fator do crescimento do interesse internacional pela Bioética. Muitos artigos focaram a aids e as questões de direitos humanos. Olhando para a frente, a Bioética internacional dará mais um passo, tornando-se global. Isso é necessário, visto que as questões de poder, justiça ciência, tecnologia e saúde com a quais a Bioética fundamentalmente lida hoje não têm limites de fronteira, e a soberania legal que separa os Estados e as Nações é mais um empecilho que uma ajuda ao gerenciar e regular a biotecnologia e suas injunções com a economia no mundo de hoje. Soma-se a esses elementos o grande desafio ecológico do presente ligado ao aquecimento global. Estamos diante de problemas globais que afetam a humanidade toda em termos de existência no futuro. Problemas globais exigem abordagens globais!

Com estas três características apontadas: profissionalização, maior rigor metodológico disciplinar e ampliação de foco, sendo global, a Bioética vai construindo identidade epistemológica, desenhando o perfil de seu sujeito agente, um novo profissional chamado "o bioeticista" e desenhando um futuro promissor. Para prospectar o futuro, é interessante registrar que o conselho de Bioética da Inglaterra, denominado Nuffield, que é uma organização independente mas assessora o parlamento e o governo ingleses, realizou na abertura do ano acadêmico de 2014 (novembro) uma mesa-redonda com quatro *experts*, todas mulheres (talvez já apontando para uma reação e um protagonismo feminino, diante de uma história basicamente escrita por homens?), sobre o tema: "A bioética em 2025: Quais serão as mudanças?" Temos uma síntese instigante do que essas professoras apontam como temáticas importantes para a Bioética na próxima década, ao responderem inicialmente às questões: o que é a Bioética e quem são os bioeticistas, e ao analisarem se não precisamos nos atualizar para enfrentar os desafios da próxima década.

Algumas questões levantadas:

1. Surgirá um discurso mais inclusivo na Bioética. As vozes até agora silenciosas (ou silenciadas?) deverão se fazer ouvir: crianças, minorias étnicas e culturais, pacientes e cuidadores, usuários do sistema de saúde, entre outros;
2. É necessário maior acesso às tecnologias da reprodução humana;
3. Deverá existir mais equidade global no acesso aos cuidados de saúde (acesso universal aos cuidados de saúde?);
4. Compreenderemos melhor que os limites de nossa comunidade moral não devem se restringir ao universo dos humanos, como foi até hoje, mas abraçar todos os seres vivos, inclusive o âmbito-cósmico ecológico (intuição pioneira de Potter);
5. Haverá avanços em termos de aperfeiçoamento humano: nosso corpo será reparado ou aperfeiçoado por partes provenientes do mundo animal e mecânico (início do pós-humanismo?);
6. Desafios científicos e éticos para desenvolver uma "pílula moral", que possa incentivar sentimentos de confiança, empatia e cooperação e não inveja ou violência, por exemplo. Essa foi a provocação da bióloga Dra. Molly Crockett, professora de Psicologia experimental da Universidade de Oxford. Ainda não sabemos claramente que tipo de comportamento poderíamos aperfeiçoar, ou se a complexidade de nossa química cerebral nos impede de ser capazes de causar as mudanças desejadas.

Enfim, para além de projeções pessoais a partir de nossas percepções científicas e nossos sistemas de valores, temos como responsabilidade construir um futuro. Não temos de temer o futuro, mas sim um futuro sem Bioética; aliás, sem Bioética, pode ser quem nem haja futuro. Portanto, em benefício de nossa vida e da vida das próximas gerações, podemos dizer que a garantia de existirmos no futuro é sem dúvida o cultivo dos valores bioéticos hoje!

Algumas características inovadoras da 4ª edição da Enciclopédia de Bioética

A Bioética está prestes a completar meio século de existência, se considerarmos seu surgimento no ano de 1970, nos Estados Unidos, com as intuições de Van Rensselaer Potter (Wisconsin University, Madison) e no Instituto Kennedy (Georgetown University), em Washington D.C., e já dispunha desde seu nascedouro, em 1978, de uma obra referencial importante. Trata-se da publicação da primeira edição da *Enciclopédia de Bioética* em dois enormes volumes, sob a responsabilidade editorial de Warren Thomas Reich, pesquisador no Instituto Kennedy de Ética na Universidade Georgetown. Reich será também o editor chefe da 2ª edição dessa obra, revista e atualizada, publicada em 1995 por Simon & Schuster Macmillan (Nova York). A terceira edição, publicada em 2004, por Macmillan Reference Estados Unidos/Thomson & Gale, tem um novo editor responsável, Stephen G. Post (Case Western Reserve University), que já trabalhara como editor associado com Reich na preparação da 2ª edição dessa obra.

Com sua publicação inicial em 1978 (1ª edição), a *Enciclopédia de Bioética* tornou-se a primeira referência a focar exclusivamente o novo e promissor campo da Bioética, ajudando a definir a disciplina. Naquele momento, o então florescente campo da Bioética ainda não era bem definido nem reconhecido. Tanto a primeira quando a segunda edição (1995) ainda são uma referência fundamental para a Bioética tanto para professores quanto para estudantes e os que trabalham na área dos cuidados da saúde, Filosofia, meio ambiente, Direito e estudo das religiões.

A mais nova edição dessa obra monumental, completamente revisada e atualizada (4ª edição), lançada em 2014, tem um novo editor-chefe, Bruce Jennings (Yale University, faculdade de saúde pública, Nova York), e apresenta profunda revisão e atualizações dos assuntos em relação às edições anteriores. Essa 4ª edição foi expandida para incluir visões de outros países e outras nações, para além da visão norte-americana principialista de suas origens, em questões como aborto: uma visão hinduísta, triagem médica, responsabilidade social, acesso aos cuidados de saúde, pesquisa com células-tronco, entre outros assuntos de grande relevância no atual estágio da evolução da bioética.

Na introdução da primeira edição da *Enciclopédia de Bioética*, o editor-chefe, Warren T. Reich, definiu Bioética como "o estudo sistemático da conduta humana na área das ciências da vida e da saúde, enquanto essa conduta é examinada à luz de valores morais e princípios". Essa definição esteve na base das três primeiras edições dessa obra (1978, 1995 e 2004) e torna-se o ponto de partida para a mais nova edição, complemente revista e atualizada. O objetivo dessa nova reformulação depende do que se inclui em "ciências da vida", definição e determinantes de saúde, e métodos de ética. Essas questões, assim como nas edições anteriores, são tratadas de forma bastante ampla e aberta.

Talvez fazendo eco do "VI Congresso Mundial de Bioética 2002", realizado em Brasília em 2002, que teve como tema central: Bioética: poder e injustiça, Bruce Jennings, na introdução da 4ª edição, afirma que: "Esta edição de

Bioética não despreza as questões de poder no âmbito da ciência, da tecnologia e da saúde. Os dilemas éticos com frequência são indicativos de iniquidades estruturais, institucionais e de injustiça. Esses temas são explorados em inúmeros artigos, relacionados com saúde pública, iniquidade e exploração, racismo, e assuntos que têm a ver com bem-estar da criança, gênero e sexualidade" (cf. Introdução, p. XIX). Afirma ainda o editor-chefe da 4ª edição que: "Em 2014 o campo da Bioética mudou e ainda passa por mudanças. Constatam-se três desenvolvimentos que são salientados na ampla gama de artigos desta edição, a saber: profissionalização, rigor disciplinar e expansão internacional com o reconhecimento de uma perspectiva global". Fala-se que a Bioética tornou-se global. As questões de poder, justiça, ciência, tecnologia e saúde, pesquisas em humanos, com as quais a bioética lida hoje, não têm mais limites geográficos rígidos como antigamente.

A partir da 4ª edição, a então denominada *Enciclopédia de Bioética*, título das três edições anteriores, passa a se denominar simplesmente de *Bioética*. São seis volumes, com 569 artigos, dos quais 221 são originais e publicados pela primeira vez e destes um total de 108 novos artigos abordam questões que não foram incluídas nas edições anteriores. Contém artigos novos em tópicos, como: "aborto: perspectivas a partir do hinduísmo; abuso de profissionais da saúde; biodiversidade; deficiência cognitiva/ferimento traumático do cérebro; hospitais: questões éticas de governança; socorro humanitário; armas nucleares e Pedagogia da Bioética, entre outros.

Inúmeros tópicos ganharam maior ênfase nessa edição. Observamos maior atenção em saúde pública, com a discussão sobre questões éticas e políticas públicas de saúde e Bioética, doenças infecciosas, epidemias e saúde ambiental. Num contexto de inovação, reforma dos sistemas de saúde que estão em crise em todo o mundo, seja nos Estados Unidos, seja em outros países, muitos artigos da 14ª edição são dedicados a essa questão e ao aperfeiçoamento dos cuidados de saúde, de qualidade e sustentabilidade econômica e justiça, quer em nível doméstico, quer em nível global. As questões sobre envelhecimento, doenças crônicas e degenerativas, e cuidados de longa permanência também recebem atenção inovadora. A mudança de atitudes e políticas públicas em relação ao aborto na perspectiva internacional é amplamente analisada. Foi dada ampla ênfase aos novos desenvolvimentos de biotecnologia, genética e reprodução humana e cuidados de final de vida, com uma cobertura maior em cuidados paliativos.

Finalmente, na 4ª edição dessa monumental obra de Bioética, constata-se maior ênfase em ética ambiental, suas filosofias e suas teorias (biocentrismo e ecocentrismo), campos científicos (ecologia, biologias conservacionista e evolucionária), e problemas de políticas públicas (mudanças climáticas, perda da biodiversidade, perigos que ameaçam a saúde ambiental, água potável e os efeitos tecnológicos ligados à ecologia e à saúde, organização e práticas agriculturais, entre outros assuntos. Questões como o pós-humanismo e transumanismo, avanços em Neurociência, Nanotecnologia, e Biologia sintética são tópicos em que um engajamento criativo entre Bioética e ética ambiental parece ser bastante interessante e promissor.

Segundo Bruce Jennings, uma maneira de olhar para uma enciclopédia acadêmica de qualquer campo é vê-la como um depósito do estado de arte do conhecimento e da discussão acadêmica de determinada área do conhecimento humano. Essa é a ideia da enciclopédia como um espelho. Com certeza, um trabalho de referência de tal sorte é de grande utilidade e valor. Outra maneira de ver uma enciclopédia é encará-la não somente como deposito de conhecimento, mas como uma publicação que expande e desenvolve determinada área de conhecimento para além de sua posição corrente. Essa visão da enciclopédia reflete o que está atrás, em termos de caminhada histórica, mas também ilumina o que está adiante. Essa é a ideia da enciclopédia como uma lâmpada. Desse modo, essa Enciclopédia pode ser uma força intelectual criativa no dinâmico campo da evolução do conhecimento bioético, que inspira novas linhas de pesquisa, considerando novas questões e perspectivas teoréticas que ainda não tiveram a merecida atenção e consideração no estágio atual de evolução da Bioética.

Sobre um futuro pós-humano: ideologia ou utopia? Ameaça ou esperança?

Um dos maiores desafios para a Bioética neste início do século XXI, batizado como "o século da biotecnologia", é a chegada dos primeiros sinais de um novo tempo, a chamada era do pós-humanismo ou transumanismo. A humanidade ainda nem consegui fazê-lo valer, colocando em prática a famosa *Declaração Universal dos Direitos Humanos* (ONU, 10/12/1948), e já estamos começando a considerar seriamente possibilidades de "transumano" através de melhoramentos biotecnológicos das capacidades humanas biológicas, como: tempo de vida, tipo de personalidade e inteligência, reprogramação da mente humana, só para lembrar alguns elementos. A genética, a nanotecnologia, a clonagem, a criogenia, a cibernética e as tecnologias de computador, a biogerontologia e Medicina antienvelhecimento são parte de uma visão póshumana que inclui até a ideia de formar uma mente computadorizada, livre da carne mortal e, portanto, imortalizada. Para os pós-humanistas a Biologia, a natureza humana tal como a conhecemos hoje, não é um destino ao qual toda a humanidade inevitavelmente deve se resignar, mas antes algo provisório, grotesco, e que deve ser superado e aperfeiçoado.

Tratar-se-ia de uma versão contemporânea de Prometeu, o titã grego que roubou o fogo sagrado dos deuses? Não seria isso mero cientificismo a ser combatido, que pretende "reengenheirar" a natureza humana, e até criar biológica e tecnologicamente seres humanos superiores? Para outros, todos esses esforços são vistos como um progresso no desenvolvimento de forças tecnológicas para o "melhoramento humano". Trava-se uma batalha entre duas grandes visões de militantes, os chamados "pós-humanistas" e os "bioconservadores".

O pós-humanismo levanta seriíssimas questões de Bioética. Tem a ver com os fins e os objetivos a serem atingidos pela aquisição de poder biotecnológico e não somente com as questões de segurança, eficácia ou moralidade dos meios. Diz respeito à natureza e ao significado da liberdade humana e do florescimento humano. Ele enfrenta a tão alegada ameaça de "desumanização", bem como a promessa de "super-humanização". Tendências atuais deixam claro que o caminho para "além da terapia" e "em direção à perfeição e felicidade" já é uma realidade entre nós. Corrigir por exemplo uma deficiência visual e poder ver as cores da vida é um melhoramento importante e desejável. Seria uma forma de terapia entre outras, que nos dão condições de viver mais plenamente. O crescente uso e a aceitação de cirurgias cosméticas, drogas para aprimorar o desempenho corporal e o humor, seleção do sexo dos filhos, cirurgias para remoção de peso e rugas, tratamento de calvície etc. Essas práticas já se transformaram em um grande negócio. Enorme investimento se faz na pesquisa em Neurociência e em abordagens biológicas em franca expansão relacionadas com desordens psiquiátricas e com todos os estados mentais. Parece claro que as tão esperadas novas descobertas a respeito do funcionamento da psique e as bases biológicas do comportamento seguramente aumentarão nossa habilidade e nosso desejo de alterar e aprimorá-las. Contudo, existiria algum limite? Ou o limite seria quanto de conhecimento disponível temos, neste momento histórico? Precisamos lembrar que nem tudo o que é tecnicamente possível é, por isso mesmo, eticamente recomendável!

A tecnociência, bem como a biotecnologia, em si mesmas, não são más e de fato têm sido causa de muito bem, mas quando utilizadas sem critérios causam danos. São ferramentas e como tais devem ser cuidadosamente examinadas e utilizadas à luz dos valores humanos éticos fundamentais. A ideologia do pós-humanismo que quer nos transformar em ferramentas na esperança de conquistar imortalidade não deixa de ser uma ilusão. Embora seja difícil conseguir consenso em termos de tecnologias de aperfeiçoamento, a humanidade deve dialogar sobre essas tecnologias que visam não apenas dominar a natureza física e biofísica, mas o próprio corpo humano, ou melhor, a condição humana, sem cair ingenuamente prisioneira de utopias científicas escravizadoras, que entregam nosso futuro às forças cegas do mercado.

Diferentemente do que ocorreu com outras transformações técnicas e científicas do passado, hoje as expectativas diante das inovações tecnológicas já não são atitudes de acolhida e sentimentos otimistas; cultiva-se um considerável grau de ceticismo saudável! A humanidade aprendeu muito com as grandes tragédias coletivas do século XX (duas guerras mundiais, inúmeros genocídios étnicos), em grande parte alimentadas por utopias tecnocientíficas. Estamos vivendo hoje em uma sociedade de risco, em que cada novo passo adiante no domínio da técnica implica não apenas prudência, mas também precaução. Mais monitorização e vigilância entre pares, bem como mais escrutínio público e monitoramento de comissões nacionais de Bioética se fazem necessários, para assessorar os poderes públicos.

É urgente cultivar, junto com a ousadia científica, a sempre necessária prudência ética. Quais seriam as chamadas "qualidades humanas fundamentais" que jamais deveríamos alterar? Além disso, com a questão ambiental tivemos como legado o aprendizado da humildade e respeito perante a natureza, que também deve ser aplicado aqui. Perguntamo-nos se no futuro a compaixão, a solidariedade e o cuidado não serão preteridos, em favor da busca biotecnológica de músculos mais fortes, maior longevidade, disposições de felicidade e beleza permanentes, ou seriam essas virtudes "o último aperfeiçoamento humano" desejável?

Portanto, estamos diante de uma gangorra entre ameaças e esperanças, ideologia e utopia! Necessitamos de referenciais éticos seguros e prudentes para discernir entre as transformações propostas salutares, as quais devemos e podemos incentivar, e aquelas que são destrutivas e que comprometem a vida e a dignidade do ser humano, bem como o futuro da vida no planeta, que inevitavelmente precisamos impedir! O ser humano não tem como fugir nesta hora crítica da história, ele tem de assumir essa responsabilidade de fazer uma escolha sapiente ou, então, correr o sério risco de simplesmente desaparecer! Novos conhecimentos geraram novos poderes ao ser humano, e este pode orgulhosamente querer ser "Deus". O que antes era atribuído ao acaso ou ao não conhecimento, ou mesmo como ação dos "deuses", hoje tem a marca indelével da intervenção humana. Portanto, esta é a hora da ética, da consciência crítica, do assumir com liberdade a responsabilidade pelo futuro da vida humana. Nessa perspectiva, avanço científico significa esperança e não medo ou temor do pior! Prudência, precaução e responsabilidade são referenciais bioéticos imprescindíveis neste cenário.

**Para onde nos levaram os avanços científicos?
O que poderá mudar em nossa vida?**

Esse é um dos maiores desafios para a Bioética neste início do século XXI, batizado como "o século da biotecnologia". Todos os aspectos da vida humana estão sendo paulatinamente colonizados por artefatos tecnológicos, desde o momento inicial até o momento final.

Uma das mais prestigiosas revistas científicas da atualidade, a norte-americana *Science*, de uma forma bastante criativa e original, ao completar 125 anos de existência (1º de julho de 2005), listou as 125 perguntas sem resposta sobre o Universo, a vida e o homem. "Os mistérios não solucionados alimentam a ciência com motivação e direção", diz Tom Siegfried, jornalista norte-americano. Entre os 25 mistérios mais detalhados pela *Science*, de diversas áreas do conhecimento humano, destacamos os relacionados ao assunto desta reflexão ética sobre a chegada da "era do pós-humanismo".

a. *Astronomia*: Do que o Universo é feito? Estamos sozinhos no Universo?
b. *Genética*: Por que os humanos têm tão poucos genes (cerca de 25 mil genes estruturais — metade do genoma do arroz)? Em que medida variação genética e saúde pessoal são ligadas? Quais mudanças genéticas nos fazem humanos?
c. *Corpo*: Qual é a base biológica da consciência e até quando a vida humana pode ser estendida? O que controla a regeneração? Como uma célula da pele vira uma célula nervosa? Como a memória é armazenada e recuperada? Podemos desligar a resposta imunológica de forma seletiva? A vacina contra o HIV é possível?
d. *Biologia*: Como uma célula somática se torna uma planta? O que determina a diversidade de espécies? Como e onde surgiu a vida? Como evoluiu o comportamento de cooperação? Como os grandes cenários surgirão de um mar de dados biológicos.
e. *Terra*: Como funciona o centro do planeta? Quão quente será o mundo sob o efeito estufa? Malthus continuará a se mostrar errado? O que pode substituir o petróleo, mais barato, e quando?

É importante destacar que dos 25 mistérios apontados, se levarmos em conta somente três das oito áreas do conhecimento apontadas, ou seja, genética, corpo e biologia, temos aí 15 dos 25 mistérios maiores. É justamente aqui que se situa o trabalho das ciências da vida de revelá-los. Embora a humanidade, através do conhecimento científico, já tenha decifrado muitos mistérios relacionados com o universo e a vida do ser humano, percebemos que ainda temos muitos desafios pela frente; é o que revela esse criativo ensaio da revista *Science*.

Essa questão é tão importante, instigante e complexa que a então Comissão de Bioética Norte-Americana, que assessorava o governo Bush, tendo como presidente Leon Kass, produziu um documento que aborda criticamente essas questões relacionadas com o desenvolvimento da biotecnologia. O título desse estudo é sugestivo: *Para além da terapia: biotecnologia e a busca da felicidade*.

Duas geniais obras de ficção científica marcaram o século XX, em termos de pensar o futuro humano: o romance *1984*, de George Orwell (1949), e a novela *Admirável mundo novo*, de Aldous Huxley (1932). Essas obras centravam-se em duas diferentes tecnologias que, de fato, surgiriam e moldariam o mundo ao longo das gerações seguintes. O romance *1984* tratava do que hoje chamamos de Tecnologia da Informação: crucial para o vasto império totalitário que fora erigido sobre a Oceania era um aparelho chamado teletela, que podia enviar e receber imagens, simultaneamente, entre cada residência — um flutuante Grande Irmão. A teletela era o que permitia a vasta centralização da vida social sob o Ministério da Verdade e o Ministério do Amor, por possibilitar que o governo abolisse a privacidade mediante a monitoração de cada palavra e cada ato numa imensa rede de fios. *Admirável mundo novo*, por sua vez, tratava de outra grande revolução tecnológica prestes a ocorrer, a da biotecnologia. Foi publicado em 1932, mas é bom observar que a chamada descoberta do século, a identificação da estrutura do DNA, só ocorreria duas décadas depois, em 1953. A bokanovskização, a incubação de pessoas não em úteros, mas, como falamos hoje, *in vitro*; a droga soma, que dava felicidade instantânea às pessoas; o cinema sensível, em que a sensação era simulada por eletrodos implantados; e a modificação do comportamento através da repetição subliminar constante e, quando isso não funcionava, da administração de vários hormônios artificiais, são alguns processos desse cenário de ficção simplesmente assustador.

O próprio Papa Bento XVI, por ocasião da homilia da *Vigília Pascal, Sábado Santo* (3 de abril de 2010), introduz em sua reflexão questões relacionadas à tecnologia que, de certa forma, alimentam no ser humano a perspectiva de conquista da própria mortalidade. Poderíamos falar de um futuro pós-humano? Vejamos o que disse o Papa Ratzinger: "Torna-se evidente a resistência que o homem oferece à morte: em algum lugar — repetidamente pensaram os homens — deveria existir a erva medicinal contra a morte. Mais cedo ou mais tarde, deveria ser possível encontrar o remédio não somente contra as diversas doenças, mas contra a verdadeira fatalidade — contra a morte. Deveria, em suma, existir o remédio da imortalidade. Também hoje, os homens andam à procura de tal substância curativa. A ciência médica atual, incapaz de excluir a morte, procura, contudo, eliminar o maior número possível das suas causas, adiando-a sempre mais.

Os dez avanços científicos mais importantes de 2014

Seguindo ainda com a mesma revista científica norte-americana, *Science*, editada pela Associação Americana para o Progresso da Ciência, a cada ano ela faz um balanço do que mais de importante aconteceu durante o período em termos de evolução e/ou descoberta científica. Para 2014, elencou as dez ocorrências mais importantes, com promissoras perspectivas no âmbito da saúde humana de superação de doenças crônicas degenerativas, como diabetes, Alzheimer, e também do câncer e da aids. Nesse mesmo contexto, surgem espinhosas questões bioéticas no âmbito da genômica, da neurociência e da nanotecnologia, quando se começa a desvendar o cérebro — com a implantação de chips, que mexem com a memória e as lembranças negativas —, bem como a interferir no DNA, acrescentando letras novas ao alfabeto da vida.

1. *Missão Rosetta e o encontro com um cometa.* Investimento de 1,4 bilhão de euros da Agência Espacial Europeia, a nave Rosetta foi lançada em 2004 e em 10 anos percorreu 6 bilhões de quilômetros até chegar ao cometa 67P, um objeto pequeno, de apenas 4 quilômetros de comprimento, que viaja no espaço a 135 mil quilômetros por hora. Em 12 de novembro de 2014, a nave, que voava junto com o cometa, soltou sua sonda de aterrissagem, Philae, que pousou no 67P. A aterrissagem foi o maior feito. Cerca de 80% dos resultados científicos da missão chegarão pela nave Rosetta, que continua voando com o cometa.
2. *Reescrever as lembranças que ficaram gravadas em nossa memória.* Um experimento feito no Instituto Tecnológico de Massachusetts (Estados Unidos), liderado pelo médico Susumu Tonegawa, conseguiu reescrever as recordações de vários ratos, transformando seus traumas em memorias prazerosas, bonitas, mediante a ontogenética. Essa técnica revolucionária introduz genes de algas sensíveis à luz nos grupos de neurônios que armazenam as recordações e é capaz de acender e pagar à vontade as células cerebrais mediante uma luz de laser. Seria o fim do luto, ou seja, de nossas "dores" interiores associadas com perdas de gente querida?
3. *Arte das cavernas e Protagonismo europeu.* A Europa tinha até este ano o monopólio da arte simbólica paleolítica, com espetaculares mãos, bisontes, rinocerontes, leões e ursos pintados em cavernas como a francesa de Chauvet, há aproximadamente 39 mil anos. Em outubro, o arqueólogo Maxime Aubert, da Universidade Griffith na Austrália, anunciou que pinturas presentes nas cavernas de Maros, na ilha indonésica de Sulawesi, têm entre 39 mil e 35.400 anos. São uma dúzia de impressões de mãos e dois desenhos de porcos, tão ou mais antigos que as primeiras representações animais na Europa. Ou os indonésios inventaram a arte simbólica por sua conta, ou os humanos modernos já eram refinados artistas quando começaram a colonizar o mundo a partir da África, há cerca de 60 mil anos.
4. *O DNA ganha duas letras artificiais.* O alfabeto da vida, o DNA, escreve com as mesmas 4 letras, G C T e A (iniciais dos 4 compostos orgânicos que formam o DNA — Guanina, Citosina, Timina e Adenina), e todos os

livros de instruções microscópicas que figuram em todas as células dos seres vivos. Esse alfabeto da vida se animou num laboratório do Instituto de Pesquisas Scripps (Estados Unidos), onde cientistas criaram duas novas letras artificiais, batizadas de X e Y, e as inseriram no DNA de um ser vivo, a bactéria *Escherichia coli*. Isso abre a perspectiva para a criação de bactérias artificias capazes de sintetizar medicamentos ou de fabricar combustíveis, entre outras aplicações. Pode-se dizer que é um dos ganhos do Projeto Genoma humano (2000).

5. *Multiplicidade de nano satélites* (*CubeSats*). No ano de 2014, com o lançamento de 75 nano-satélites bateu-se o recorde de satélites lançados, que estão democratizando o espaço. Esses aparelhos são cubos de 10 centímetros e menos de um quilo de peso, com tecnologia para monitorar o desflorestamento, o desenvolvimento urbano e as mudanças nos cursos dos rios, entre outras aplicações. Graças ao seu baixo custo, empresas, universidades e centros de pesquisa podem ter acesso a informações e dados até agora inacessíveis. Novos cenários foram trazidos pela evolução da nanociência e nanotecnologia.

6. *Robôs que levantam pirâmides sem a coordenação humana*. Projetos científicos conseguem que grupos de robôs trabalhem em equipe sem supervisão humana. Um deles, da Universidade de Harvard (Estados Unidos), inspirou-se nos cupins para conseguir que robôs levantassem estruturas como pirâmides, torres e castelos a partir de instruções muito elementares e básicas, sem precisar de um chefe nem de um plano de ação para a obra.

7. *O sangue jovem rejuvenesce*. O sangue de um rato jovem pode rejuvenescer os músculos e o cérebro de ratos velhos, segundo dois estudos do Centro de Terapias com Células-tronco e Medicina Regenerativa de Harvard (Estados Unidos), dirigido pelo cientista Douglas Melton. A Universidade de Stanford (Estados Unidos) experimenta agora se essa estratégia também funciona em humanos, com um teste com 18 pacientes com mal de Alzheimer, que estão recebendo plasma sanguíneo de jovens doadores.

8. *Os dinossauros encolheram para dar lugar às aves*. Os dinossauros que não se extinguiram evoluíram e deram lugar às aves. Um estudo com pesquisadores da Universidade de Oxford (Reino Unido) calculou a massa corporal de 426 espécies de dinossauros a partir da espessura dos ossos de suas patas. O leque de tamanhos vai desde as 90 toneladas do *Argentinosaurus* até os 15 gramas da *Qiliana fraffini*, uma ave ancestral. O estudo mostrou que os dinossauros que deram lugar às aves encolheram para se adaptar a um novo contexto gerado por grandes erupções vulcânicas, longas ondas de frio e a queda de um asteroide na Terra há 66 milhões de anos.

9. *Novas células para curar diabetes*. Dois grandes passos foram dados para o tratamento da diabetes, doença crônica que faz que uma pessoa não consi-

ga regular a quantidade de açúcar no sangue. O transtorno ocorre por falta de insulina, um hormônio produzido pelas células beta do pâncreas, que transporta a glicose ingerida nos alimentos do sangue para os músculos, a gordura e o fígado. Cientistas da Fundação Células-tronco de Nova York conseguiram criar células produtoras de insulina a partir de células da pele de uma mulher de 32 anos com diabetes tipo 1, graças a uma técnica conhecida como clonagem terapêutica. Outra equipe, da Universidade de Harvard, conseguiu transformar células embrionárias humanas em células produtoras de insulina.
10. *Invenção de chips que imitam o cérebro humano.* A IBM apresentou o *chip* TrueNorth, um engenho do tamanho de um selo que tenta imitar o funcionamento de um cérebro humano, com sua rede de 86 milhões de neurônios e bilhões de conexões entre eles. Por hora o *chip* ainda está muito longe das capacidades de um quilo e meio de matéria cinzenta de cada pessoa, ao realizar 256 milhões de conexões entres seus transistores. A perspectiva de evolução tecnológica é a de que poderão ser realizadas tarefas com grande número de dados, com maior eficácia que as atuais. São muito promissores os caminhos da Neurociência e desafiantes para a Neuroética.

A Bioética em busca de uma visão antropológica integral

Vivemos num momento histórico marcado "pela incerteza" e consequentemente nos deparamos com crescentes fundamentalismos e relativismos nas várias áreas do conhecimento humano. A reflexão bioética não ocorre alheia a esse contexto maior que a condiciona. Uma das causas que fazem que o fundamentalismo cresça na área Bioética é o não trabalhar e consequentemente negligenciar a questão antropológica, fundamental: "Quem é o ser humano?". Essa é a pedra fundamental sobre a qual se assenta todo e qualquer paradigma bioético, em seu conteúdo e teoria, bem como em suas opções concretas.

Temos como desafio tentar colocar juntas as ciências que lidam com o ser humano, elaborando um mapa das antropologias relevantes para a Bioética. De modo geral, podemos distinguir as antropologias em teocêntricas e antropocêntricas. As antropologias teocêntricas ou transcendentais (o ser humano como um ser espiritual) incluem as principais religiões da humanidade, sejam do Ocidente, sejam do Oriente. No cristianismo, a "eminente dignidade do ser humano" é consequência de sua filiação divina, como criatura *"imagem e semelhança de Deus"*.

Hoje, em muitos ambientes acadêmicos científicos, ainda prisioneiros de um positivismo decadente, predominam as chamadas antropologias secularistas. Podemos falar de cinco categorias de respostas à questão antropológica:

1. visão positivista-empírica, em que imagem e ideia do ser humano são o que é observável e testável pelos métodos das ciências naturais (homem máquina);
2. visão psicológica-behaviorista, enfatiza a subjetividade humana, isto é, uma combinação de sentimentos, intuições e experiência emocional (homem como um ser de sentimentos e emoções);
3. visão filosófica (homem como ser pensante) privilegia a razão humana para captar a realidade da vida moral e deduzir o bem para o ser humano.
4. visão utilitarista pragmática, *homo faber*, o homem enquanto ser cria coisas novas e é capaz de transformar o meio em que vive;
5. visão economicista, *homo economicus*, o homem enquanto um ser capaz de produzir e acumular riquezas.

O diálogo e o respeito às diferenças entre essas diferentes antropologias são a condição *sine qua non* para não cairmos em fundamentalismos, sejam de ordem teológica, filosófica, sejam de ordem científica. Em um contexto marcado pelo pluralismo, é necessário cultivar uma sadia visão secular, que evite secularismo (= fechamento no mundo imanente). Toda antropologia, no fundo, assume algum aspecto essencial da existência humana. A diferença em cada visão é sua contribuição para o melhor entendimento do todo. Embora possamos ser céticos em conseguir um conceito englobante do que constitui a essência de nossa condição humana, enquanto humanidade, precisamos chegar pelo menos a algum acordo em relação ao que é fundamental em nossa humanidade e que valores éticos deveríamos salvaguardar em nossas normas jurídicas e políticas públicas. Perante a hegemonia do fator econômico, o chamado economicismo, em todas as dimensões da vida humana, que não esqueçamos que as coisas têm preço, mas as pessoas possuem dignidade (Kant), e que esta precisa sempre ser reconhecida e respeitada. Que Deus nos livre do cinismo, muito a gosto de certos gestores insensíveis que "sabem o preço de tudo e o valor de nada" (Oscar Wilde).

Referências bibliográficas

BERNEDT, Jason D.; WONG W. 2014: Signaling Breakthroughs of the year. In: *Science*, v. 8, n. 358, 6 jan. 2015.

HOSSNE, William Saad; PESSINI, Leo. Bioethics Education in Brazil. In: *Bioethics Education in a Global Perspective*: Challenges in Global bioethics. Dordrecht, Springer, 2015, p. 23-36.

JENNINGS, Bruce (editor-chefe). BIOETHICS. 4. ed. Macmillan Reference Estados Unidos/Gale: Cengage Learning, 2014. 6 vols. As três versões anteriores desta obra monumental (1978 e 1995, estas duas edições têm como editor-chefe Thomas Reich, a 3ª ed., de 2005, tem como editor-chefe Stephen Post) trazem no título a palavra *"Encyclopedia"*, que não é mais utilizada nesta 4ª edição.

O ESTADO DE S. PAULO. Science lista os mistérios da vida. 1º jul. 2005, A 18.

TEN HAVE, Henk A. M. J.; GORDIJN, Bert (eds.). *Handbook of Global Bioethics*. 4 vols. London: Springer reference, 2014.

# 2

Os novos referenciais da Bioética global: a solidariedade, a vulnerabilidade e a precaução

Em nossa compreensão, e na sua forma mais simples, solidariedade significa práticas compartilhadas que refletem um compromisso coletivo para assumir os "custos" (entre outros, os custos financeiros, sociais e emocionais) para assistir os outros. […] a solidariedade é entendida aqui como uma prática e não meramente como um sentimento interior ou um valor abstrato. Como tal, requer ações. […] O termo "custos" significa a ampla gama de contribuições que grupos ou indivíduos fazem para assistir os outros".

Nuffield Council on Bioethics
Solidarity: reflections on an emerging concept in bioethics
(Solidariedade: reflexões sobre um conceito emergente em Bioética)

Na aplicação e no avanço dos conhecimentos científicos, da prática médica e das tecnologias que lhes estão associadas, deve ser tomada em consideração a vulnerabilidade humana. Os indivíduos e grupos particularmente vulneráveis devem ser protegidos e deve ser respeitada a integridade pessoal dos indivíduos em causa.

Unesco
Declaração Universal sobre Bioética e Direitos humanos (art. 8º)

A HISTÓRIA DA Bioética, tomando-se como referência os acontecimentos do final dos anos de 1960 e início dos anos de 1970 nos Estados Unidos, com Van Renssellaer Potter (Universidade de Wisconsin, em Madison), e no Instituto Kennedy (Georgetown University in Washington D.C.), está quase completando meio século de história. Mais recentemente, com o bioeticista Hans Martin Sass, descobriu-se que a palavra "bioética" já havia sido utilizada na Alemanha, por Fritz Jahr, em 1926, com interessantes escritos de proteção à vida, não somente do ser humano, mas de todos os seres vivos.

Neste nosso recorrido histórico, consideramos o que ocorreu até o presente momento, ao depararmos com o *paradigma principialista norte-americano* (*Relatório Belmont* e a obra clássica de T. Beauchamp e Childress, *Princípios de Ética Biomédica*, que aponta para quatro princípios, quais sejam: autonomia, beneficência, não maleficência e justiça) e com a hegemonia do *princípio do respeito pelas pessoas*, que no concreto, nos Estados Unidos, é o *respeito pela autonomia, ou pela autodeterminação das pessoas*.

À medida que a Bioética foi sendo conhecida e se expandiu para outras terras e outras culturas, foi adquirindo, às vezes de forma mais crítica, outras menos crítica, o colorido cultural do local aonde chegou. Assim começamos a falar de uma Bioética de cunho europeu, asiático, africano e latino-americano. Conforme o "mundo dos países" ditos em desenvolvimento foi entrando em cena, começaram a surgir outros paradigmas de bioéticas, cujos conceitos e valores respondem melhor aos novos contextos sociopolíticos e econômicos, para além do chamado "principialismo" norte-americano que teve grande aceitação principalmente na área de Bioética clínica, resolução de casos, conflitos, nos Estados Unidos. À proporção que ela se torna mais global, passa a se apresentar em paradigmas diferentes (por exemplo, Bioética da intervenção, da proteção, da libertação, somente para mencionar as mais visíveis na América Latina), com conceitos e valores éticos, como a solidariedade, a vulnerabilidade e a precaução, entre outros referenciais éticos, para guiar visões, ações e/ou intervenções, para além do contexto "micro" da Bioética clínica, abraçando o contexto "macro" da sociedade como um todo, mas delimitada prioritariamente no âmbito das ciências da vida e da saúde. E aqui a Unesco, o braço educacional das Nações Unidas, tem prestado um inestimável serviço com seu atuante *comitê internacional de Bioética* e a publicação do histórico documento em 2005, intitulado *Declaração Universal sobre Bioética e Direitos Humanos*, dando definitivamente à Bioética essa perspectiva mais ampliada e em nível global. Na verdade, essa perspectiva recupera a intuição pioneira de Van Rensselaer Potter, cuja perspectiva de pensamento bioética, de uma Bioética cósmica e ecológica, global foi praticamente ignorada pelos norte-americanos. Após essas considerações históricas introdutórias, podemos entender melhor os novos referenciais de solidariedade, vulnerabilidade e precaução, recém-incorporados à reflexão bioética contemporânea.

Nosso programa de pós-graduação em Bioética (mestrado, doutorado e pós-doutorado), do Centro Universitário São Camilo, em São Paulo, sob a coordenação do Dr. Willian Saad Hossne, trabalha a reflexão bioética com base na chamada "teoria dos referenciais", e entre os principais referenciais estão aqueles três: solidariedade, vulnerabilidade e precaução, que são objeto de análise e reflexão neste capítulo.

Comecemos por procurar entender o que significa o referencial bioético da solidariedade no contexto da Bioética. A solidariedade como um conceito, um valor e uma ideia teve importante papel nos campos da Sociologia e da Filosofia social desde o final do século XIX, mas praticamente foi ignorada no âmbito da Bioética até os primeiros anos deste século. Esse conceito é de difícil compreensão no contexto da cultura anglo-americana, berço da Bioética, construída a partir da ótica do indivíduo. O contexto comunitário sugeria que o termo "solidariedade" não combinava com a ideologia liberal autonomista, então hegemônica. A crítica aos modelos liberal e autonomista de Bioética feita por bioeticistas principalmente do Sul do Planeta — América Latina, África e Ásia —, e juntamente com a crescente ênfase em abordagens mais de cunho relacional e sociopolítico, colocou o conceito de solidariedade no centro dos debates bioéticos contemporâneos. Vários filósofos e inúmeras publicações na perspectiva do comunitarismo ajudaram nesse sentido.

Apesar das ainda escassas citações e usos da expressão solidariedade, aos poucos esse cenário vai mudando e esse conceito vai se tornando um importante tópico de discussão em textos, congressos e eventos de Bioética, como os conceitos de autonomia, justiça, privacidade, direitos, entre outros. Essa novidade está ligada ao surgimento de debates de questões que focalizam problemas sociais e coletivos da humanidade e evidenciam a necessidade de uma linguagem que vá para além das relações meramente interindividuais e englobe os desafios sociais e globais.

Desde seu nascedouro, a Bioética priorizou o respeito pela autonomia individual e pela proteção da privacidade. Embora a proteção dos direitos individuais seja importante na prática clínica e na pesquisa com os seres humanos, políticas públicas de saúde e de pesquisa, em contraste, focam os interesses da comunidade como um todo e a proteção de grupos de pessoas que estão em risco por causa de doenças infecciosas, precárias condições de saúde, por exemplo idosos, grupos vulneráveis e minorias étnicas, e epidemias (Sars[1], HIV/aids, ebola etc.).

O conceito de solidariedade nos últimos tempos aparece ligado a quatro contextos específicos e diferentes na literatura bioética.

1. No âmbito da saúde pública, em que é discutido como um valor capaz de justificar o crescente envolvimento do Estado em garantir saúde pública para a população.
2. No contexto de justiça e equidade dos sistemas de saúde (questões de acesso aos serviços e alocação de escassos recursos).
3. No contexto da saúde global, quando é invocada normativamente em conexão como prover assistência para sociedades e países pobres.

---

1   Do inglês *Severe Acute Respiratory Syndrome* (Sars), Síndrome respiratória aguda grave.

4. Finalmente como um valor Europeu, oposto a um valor norte-americano. No contexto Europeu a solidariedade está estritamente ligada aos processos que levam à condição de bem-estar da sociedade. Na sociedade europeia, o conceito de solidariedade é amplamente aceito como um valor público, diferentemente do contexto anglo-saxônico.

Esses quatro contextos representam áreas novas de reflexão para a Bioética. Não é simples coincidência que a solidariedade tenha ganhado maior importância nas últimas décadas, uma vez que é exatamente nesse tempo que essas quatro áreas, antes consideradas questões marginais, passaram para o coração dos debates bioéticos, engajando acadêmicos e os que elaboram políticas públicas na sociedade e nos governos. Essas quatro áreas invocam solidariedade e abordam, para além do indivíduo, as questões sociopolíticas e as diferentes relações que os sujeitos têm neste contexto, incluindo responsabilidades, obrigações e clamores.

Em tempos de globalização econômica excludente, ou globalização da indiferença, segundo outros, urge resgatar o horizonte utópico da possibilidade da globalização da solidariedade. Ao abraçar esse conceito de "solidariedade", a Bioética torna-se nesse contexto a reserva de esperança capaz de mobilizar forças e recursos para os segmentos menos privilegiados de nossa sociedade, bem como a construção de garantias comunitárias e legais de direitos fundamentais que asseguram um viver digno e feliz.

O que entender por solidariedade?

Na importante *Declaração Universal sobre Bioética e Direitos Humanos* da Unesco, publicada em 2005, que tem grande significado simbólico e político no concerto das Nações Unidas, a expressão solidariedade é mencionada três vezes, é apresentada como um princípio de Bioética, no contexto da *Declaração*, mas curiosamente nunca é definida. O mais importante exemplo em que solidariedade é mencionada na *Declaração* diz que:

> os Estados devem respeitar e promover a solidariedade entre Estados, bem como entre indivíduos, famílias, grupos e comunidades, com atenção especial para aqueles tornados vulneráveis por doença ou incapacidade ou por outras condições individuais, sociais ou ambientais e aqueles indivíduos com maior limitação de recursos (Artigo 24 — Cooperação internacional, letra "c").

Outro momento em que a expressão solidariedade é mencionada (duas vezes, uma no título e outra no texto) é o artigo 13, sobre "Solidariedade e cooperação: A Solidariedade entre os seres humanos e cooperação internacional para este fim devem ser encorajadas.".

O que entendemos por solidariedade? O senso comum identifica solidariedade como ajuda a alguém em situação de vulnerabilidade social. Muitos até a identificam como caridade que se faz com uma pessoa pobre, que pede algo e a quem, em retribuição, damos uma esmola. No *Dicionário Houaiss*, entre outros significados desse conceito temos: "sentimento de simpatia ou piedade pelos que sofrem. Manifestação desse sentimento, com o intuito de confortar ou ajudar. Cooperação ou assistência moral que se manifesta ou testemunha a alguém em certas circunstâncias".

Definição de solidariedade do Conselho de Bioética Britânico Nuffield: "Solidariedade são práticas compartilhadas que refletem um compromisso coletivo de assumir os custos, sejam estes, financeiros, sociais, emocionais ou outros, para assistir os outros". É importante ressaltar que solidariedade é entendida aqui como uma prática e não meramente como um sentimento interior ou um valor abstrato, e como tal exige ações. Motivações, sentimentos, como sensibilidade e empatia perante a condição miserável e/ou sofrimento do outro não traduzem plenamente o sentido de "solidariedade", a não ser que eles se manifestem em atos. O termo "custo" é entendido como ampla gama de contribuições que grupos ou pessoas fazem para assistir os outros. Em outro documento, desse mesmo Conselho Britânico de Bioética, sobre Demência: "questões éticas" definem-se solidariedade como a ideia de que "somos todos parceiros-viajantes e temos o dever de nos apoiar e ajudar uns aos outros, em particular aqueles que não têm condições de ajudar-se a si próprios". A solidariedade chama a atenção para "as pessoas mais vulneráveis da sociedade, lembrando-nos que partilhamos da mesma condição 'humana' e de vida e que aqueles que são os mais vulneráveis necessitam de atenção especial".

A solidariedade é um conceito relacional associado a intersubjetividade, ações comuns e obrigações mútuas. Ele se fundamenta em nossa condição antropológica de interdependência de uns para com os outros, representa uma obrigação positiva de agir em favor do outro. Esse significado de solidariedade representa uma abordagem diferente de uma perspectiva individualista e "liberdade negativa" (o direito de não sofrer interferências). O conceito de solidariedade é adotado pelos filósofos comunitários que veem nele uma alternativa para o individualismo reinante na sociedade e a falta de interesse pelos compromissos sociais e políticos. A solidariedade como obrigação mútua, de um lado, e a liberdade individual, de outro, podem andar juntas, mas uma não exclui a outra. A contraposição entre a dimensão individual e comunitária não significa negação de um valor ou outro, mas que fazem parte do quadro maior de sermos sociais, comunitários e interdependentes.

No campo da Bioética, a solidariedade tem uma relevância toda especial em âmbitos em que as pessoas dependem umas das outras, como saúde pública, assistência à saúde, cuidados de longa duração e as questões ligadas à assistência social. A solidariedade não pode substituir a necessidade de proteção de direitos e interesses individuais, mas fornece importante ênfase dialógica e complementar a respeito das obrigações positivas que todos nós temos em relação aos outros, particularmente àquelas pessoas que, destituídas do mínimo necessário para se ter uma vida digna, necessitam de nosso apoio e cuidado. Nessa perspectiva, a solidariedade tem tudo a ver com o resgate da cidadania e dos direitos fundamentais de vida.

Após essas reflexões sobre a solidariedade como um dos referenciais da Bioética, passamos à análise do entendimento de vulnerabilidade.

A vulnerabilidade como um dos referenciais da Bioética

O conceito de vulnerabilidade, hoje, tornou-se chave em vários contextos e discursos, por exemplo na área da assistência à saúde, saúde pública e ciências sociais. Também está sendo utilizado em novos campos de estudo relacionados com HIV/aids, desastres, degradação ambiental, mudanças climáticas, bioterrorismo, pesquisa em seres humanos e segurança humana. O fato de o mundo ter se tornado interconectado e interdependente gerou um senso de vulnerabilidade mútua. Ser vulnerável é frequentemente o resultado de uma série de condições sociais, econômicas e políticas e, portanto, trata-se de algo que está para além da possibilidade de controle das pessoas. Uma vez que está relacionado com a globalização, um conceito mais abrangente de vulnerabilidade se faz necessário. Os processos de globalização resultaram num mundo que não somente apresenta mais e novas ameaças, mas eles também minaram os mecanismos tradicionais de proteção (segurança social, sistemas de saúde, e de suporte familiar), de modo que as habilidades das pessoas e das comunidades para lidar com os novos valores foram profundamente enfraquecidas. Hoje temos no mundo povos inteiros completamente vulnerabilizados e sem voz. Temos que focar a vulnerabilidade a partir desse fenômeno global.

Vulnerabilidade é uma palavra de origem latina, que deriva de *vulnus* (*eris*), "ferida". Pode ser definida como a possibilidade de ser ferido. No âmbito da reflexão bioética, hoje o conceito de vulnerabilidade é discutido a partir de três perspectivas, todas elas importantes e fundamentais. Vejamos sinteticamente cada uma dessas visões.

- *A vulnerabilidade como condição humana universal.* O ser humano é vulnerável, como todo ser vivo. O animal é vulnerável em sua biologia, enquanto o ser humano o é não somente em seu organismo e em seus fenômenos vitais, mas também nas construções de sua vida, em seu projeto existencial.

Além disso, o ser humano sabe de sua vulnerabilidade e compartilha com todos os viventes. Diferentemente de todos os outros animais que vão morrer, o ser humano é o único que reflete sobre o próprio fim. O caráter antropológico da vulnerabilidade foi aprofundado pelo filósofo francês Paul Ricoeur, ao descrever a existência humana como uma "síntese frágil".

- *A vulnerabilidade como característica particular de pessoas e grupos.* Especialmente no âmbito da pesquisa biomédica que envolve seres humanos, a qualificação de pessoas como vulneráveis impõe a obrigatoriedade ética de sua defesa e sua proteção para que não sejam maltratadas, abusadas, feridas e transformadas em cobaias. Por exemplo, nas *Diretrizes Éticas Internacionais para a Pesquisa Biomédica em Seres Humanos* (2002), do Conselho de Organizações Internacionais de Ciências Médicas (CIOMS), definem-se indivíduos vulneráveis como "aqueles com capacidade ou liberdade diminuída para consentir ou abster-se de consentir". Incluem-se aqui as crianças (Diretriz 14) e as pessoas que, por causa de transtornos mentais ou de comportamento (Diretriz 15), são incapazes de dar o adequado consentimento livre e esclarecido.
- *A vulnerabilidade como princípio ético internacional.* Na "Declaração Universal sobre Bioética e Direitos Humanos" da Unesco (2005), o artigo 8º enuncia a obrigatoriedade do respeito pela vulnerabilidade humana e pela integridade pessoal. Esse artigo afirma que a "vulnerabilidade humana deve ser levada em consideração, o que corresponde a reconhecê-la como traço indelével da condição humana, na sua irredutível finitude e fragilidade como exposição permanente a ser ferida, não podendo jamais ser suprimida", e acrescenta que "indivíduos e grupos especialmente vulneráveis devem ser protegidos sempre que a inerente vulnerabilidade humana se encontra agravada por circunstâncias várias, devendo aqueles ser adequadamente protegidos". A vulnerabilidade elevada à condição de princípio visa garantir o respeito pela dignidade humana nas situações em relação às quais a autonomia e o consentimento se manifestam insuficientes.

Quanto maior a vulnerabilidade, maior há que ser a proteção. O resgate da dignidade e do cuidado integral das pessoas vulneráveis, perante crianças, pessoas portadoras de transtornos mentais, idosos, doentes em fase terminal, em estado vegetativo persistente, entre tantas outras situações, em que estamos adiante da consciência e da liberdade diminuídas, deve ser garantido através da proteção. O que fazer com os vulneráveis, em uma cultura que exige que sejamos fortes, capazes, produtivos e competitivos? Não podemos nos esquecer de que a vida não deixa de ser uma passagem constante de uma vulnerabilidade à outra vulnerabilidade. O sentido profundo do ser humano é o acolhimento e a proteção da sua vulnerabilidade.

A Unesco, braço educacional e cultural da Organização das Nações Unidas (ONU), aprovou em outubro de 2005 a *Declaração Universal sobre Bioética e Direitos Humanos*. Esse importante documento estabelece os princípios bioéticos relevantes a partir de uma perspectiva global da Bioética. Um dos princípios, o artigo 8º, diz respeito à "vulnerabilidade humana e integridade pessoal".

De início, registramos que o conceito de vulnerabilidade é relativamente novo no discurso da Bioética. Existem duas abordagens filosóficas principais do conceito. A primeira liga o conceito de vulnerabilidade a sua origem filológica, do latim *vulnus*, cujo vocábulo significa "ferimento", e à capacidade universal de sofrer que é inerente à condição humana. A segunda abordagem filosófica foca a suscetibilidade contingente de determinadas pessoas ou grupos diante de ameaças específicas ou danos pelos outros.

Numa visão universal, ser vulnerável é ser frágil, é ser suscetível de ser ferido e sofrer. Essa fragilidade é uma condição ontológica de nossa humanidade um "aspecto inevitável e permanente da nossa condição humana". A vulnerabilidade surge de nossa condição humana, a partir da possibilidade de o corpo humano ser ferido e da inevitabilidade da fragilidade da velhice e da morte. Por outro lado, nossa vulnerabilidade corporal liga-se à natureza social da vida humana. Como seres sociais, somos vulneráveis às ações dos outros e dependentes do cuidado e do apoio dos outros, em graus diversos em vários momentos de nossa vida. Vulnerabilidade universal desafia a ênfase em muitos debates sobre a autonomia e sugere que a Bioética deve focar as necessidades e a proteção das pessoas vulneráveis.

Contrastando com essa visão do conceito de vulnerabilidade como condição humana, existe outro tipo de vulnerabilidade essencialmente específico e relacional: determinada pessoa é vulnerável em relação a agentes que a ameaçam. Embora todos sejam potencialmente expostos a essas ameaças, algumas pessoas ou alguns grupos têm a capacidade de se proteger diminuída, ou simplesmente não têm nenhuma condição de se proteger (crianças, idosos, pessoas com doenças crônico-degenerativas, deficientes e outros). Para superar essa situação de vulnerabilidade é necessário que priorizemos em nossas ações o cuidado e a assistência.

A primeira visão enfatiza nossa condição humana e a igual suscetibilidade para o sofrimento. A segunda visão de vulnerabilidade enfatiza os caminhos em que as várias desigualdades, por exemplo, em recursos ou poder tornam alguns vulneráveis, especialmente suscetíveis de ser feridos ou explorados pelos outros.

O conceito de vulnerabilidade é relativamente novo no contexto da Bioética. Seu uso pioneiro vem ironicamente do *Relatório Belmont* (1979), que inicia nos Estados Unidos o paradigma da Bioética principialista, com a hegemonia do referencial ético da autonomia, no contexto do princípio do respeito pelas pessoas. Inicialmente vulnerabilidade é uma consideração especial na aplicação dos princípios gerais, vista como respeito pelas pessoas (autonomia), beneficência e justiça, relevante para o âmbito da pesquisa com seres humanos.

A visão política de vulnerabilidade a considera um componente do contexto social. A existência humana é precária, uma vez que vivemos junto com os outros em condições de vida que podem se deteriorar. Em certas condições socioeconômicas e políticas, alguns seres humanos são mais vulneráveis que outros. Hoje temos uma consciência crescente de que a vulnerabilidade liga-se aos processos sociais de globalização. Esses processos produziram mais riscos e ameaças para mais pessoas no mundo e ao mesmo tempo enfraqueceram os mecanismos sociais de lidar com essa realidade. Esse contexto exige muito mais do que uma resposta individual, o que é necessário é uma ação sociopolítica.

No contexto hodierno da globalização, a vulnerabilidade cresceu e é alimentada pelas mudanças econômicas e políticas, associadas à globalização. O discurso da Bioética concentra-se no desafio de "empoderar" as pessoas em face do crescente poder da ciência e da tecnologia. Confrontado com a globalização e enfrentando os desafios da pobreza, da desigualdade, da degradação ambiental, da fome, das pandemias e do tráfico de órgãos, esse discurso ficou insuficiente para conhecer, interpretar e superar essa realidade. Daqui nasce a necessidade de trabalhar a partir de um paradigma ampliado, que apresenta ampla gama de princípios éticos. Essa perspectiva vai além de diretrizes e princípios éticos que privilegiam uma perspectiva individual, para incluir o referencial ético da vulnerabilidade humana, que inevitavelmente abarca a dimensão relacional e social da existência humana.

O conceito de vulnerabilidade tornou-se um referencial ético fundamental para a reflexão bioética de hoje. Algumas abordagens teóricas procuram explicitar esse conceito como uma característica universal da condição humana ou, então, como emergindo de contextos específicos, como na área clínica e no âmbito da saúde pública, em que deparamos com pessoas vulnerabilizadas por causa de doenças, sofrimento e deficiências, entre outros elementos. Dar uma resposta à vulnerabilidade inclui ações de incentivar a autonomia, sem cair no autonomismo e evitar a discriminação e o paternalismo que frequentemente acompanham as ações que tentam responder às situações de vulnerabilidade.

Em face desse contexto, alguns bioeticistas da América Latina diante da vulnerabilidade, seja ela considerada universal, no sentido de que diz respeito a toda nossa condição humana, seja em uma situação ou um contexto específicos, de pessoas e grupos, vão adjetivar a Bioética, cunhando a expressão *Bioética de proteção*!

O conceito de vulnerabilidade na *Declaração da Unesco sobre Bioética e Direitos Humanos*

O artigo 8º da *Declaração Universal sobre Bioética e Direitos Humanos* da Unesco (2005) trata do conceito de vulnerabilidade e integridade pessoal. Reforça o compromisso de respeitar a integridade pessoal e a necessidade de proteger pessoas e grupos vulneráveis.

Na aplicação e no avanço dos conhecimentos científicos, das práticas médicas e das tecnologias que lhes estão associadas, deve ser tomada em consideração a vulnerabilidade humana. Os indivíduos e grupos particularmente vulneráveis devem ser protegidos e deve ser respeitada a integridade pessoal dos indivíduos em causa.

A condição humana implica vulnerabilidade. Todo ser humano é exposto ao permanente risco de "ferimentos" à sua integridade física e mental. A vulnerabilidade é uma dimensão inescapável da vida das pessoas e no desenho das relações humanas. Ao levarmos em conta a vulnerabilidade humana estamos reconhecendo que todos podemos carecer em algum momento de habilidade ou mesmo corremos riscos no processo de proteção de nossa saúde e bem-estar. Todos somos constantemente confrontados com a possibilidade de adoecer, sofrer com deficiências e riscos ambientais. Ao mesmo tempo, vivemos também com a possibilidade de que mesmo a morte pode ser causada por outras pessoas.

A humanidade em si é vulnerável, mas existem indivíduos, grupos e situações que exigem maior atenção. O artigo 8º da Declaração da Unesco nos lembra que na aplicação dos conhecimentos científicos e tecnologias afins não se negue situações de vulnerabilidade.

Existem duas categorias relevantes para essas responsabilidades especiais e obrigações:

1. deficiências especiais (temporárias ou permanentes), doenças e limitações impostas pelos diversos estágios da vida humana;
2. determinantes sociais, políticos e ambientais, por exemplo cultura, economia, relações de poder e desastres naturais.

Quanto à primeira categoria, as crianças são vulneráveis independentemente de suas condições sociais. Os idosos podem ser mais vulneráveis por causa da redução de suas capacidades físicas e algumas vezes mentais (doenças crônico-degenerativas). Pessoas com deficiências necessitam de ajuda para avaliar e sustentar o exercício de sua determinação. Pessoas com desordens mentais podem não ser capazes de se autodefender ou de exigir seus direitos. Todas essas situações podem ser "consideradas" determinantes "naturais" de vulnerabilidades especiais individuais.

As situações de vulnerabilidade social normalmente interferem na autodeterminação das pessoas e conduzem a um aumento significativo dos riscos causados pela exclusão social. A vulnerabilidade é causada ou exacerbada pela falta de meios e da capacidade de proteger-se a si próprio, como nos seguintes exemplos: pobreza, condições sociais, educação e acesso à informação (pessoas desempregadas, sem casa, analfabetos etc.); discriminação de gênero (falta de acesso equitativo aos serviços de saúde); situações de privação de liberdade (prisioneiros); marginalização em vários âmbitos da sociedade (imigrantes, nômades, minorias raciais e étnicas); exploração de recursos em países em desenvolvimento; situações de guerra e impacto dos desastres naturais, como terremotos, tufões e *tsunamis*.

O conceito de vulnerabilidade tem desafiado a Bioética a se desenvolver e expandir sua perspectiva conceptual teórica para além dos princípios e abordagens estabelecidas no início dos anos de 1970 nos Estados Unidos (principialismo). Muita reflexão teórica está em curso hoje no sentido de ampliar o modelo teórico da Bioética para a questão dos direitos humanos, de justiça social e ética do cuidado, entre outras áreas. Na era da globalização, enfrentamos novos desafios e problemas, como pobreza, corrupção, iniquidade, comércio internacional de órgãos, turismo médico, questões ecológicas ambientais, para os quais as respostas da Bioética tradicional principialista são inadequadas. O objetivo e a agenda da Bioética ampliaram-se inevitavelmente para incluir a realidade maior da globalização para além das questões de tecnologia médica. É precisamente o conceito de vulnerabilidade que provoca essa abertura (Ten Have, 2014).

Esse redirecionamento do conceito de Bioética a partir do conceito de vulnerabilidade tem duas implicações fundamentais: a primeira implica uma *visão das pessoas humanas como seres sociais*. Vulnerabilidade significa que estamos abertos para o mundo, que nos engajamos em relações com os outros, que podemos interagir com o mundo. Isso é um fenômeno positivo, pois é a base para a troca e a reciprocidade entre os seres humanos. O conceito de vulnerabilidade, portanto, refere-se à solidariedade em relação às necessidades de grupos e comunidades e não somente às necessidades individuais. A segunda implicação é que o conceito de vulnerabilidade mobiliza uma resposta diferente: se a vulnerabilidade é um sintoma da crescente precariedade da existência humana e é exacerbada em determinadas condições, o contexto social não pode mais ser ignorado pela análise bioética. Pelo contrário, a Bioética deve focar a distribuição e a alocação da vulnerabilidade em nível global, em vez de focar uma análise de déficits individuais. Essa análise bioética deve criticar os determinantes externos que expõem as pessoas aos danos. Isso também significa que respostas individuais são insuficientes e que é necessária uma resposta coletiva; em outras palavras, ação social e política

Enfim, o conceito de vulnerabilidade reflete a precariedade da condição humana e a fragilidade da espécie humana. Ele é também uma reflexão a respeito das mudanças radicais na existência humana contemporânea em decorrência do processo de globalização (Ten Have, 2014).

Após essas reflexões em torno dos referenciais de solidariedade e vulnerabilidade, passemos à análise do referencial da precaução.

Sobre o referencial bioético da precaução: evitar danos à biosfera e proteger os seres vivos, em especial o ser humano, de danos potenciais

A vida humana é, sempre tem sido e sempre será repleta de riscos. Enfrentar esses riscos é uma condição básica de nossa existência. Os marinheiros navegam em barcos com salva-vidas não porque esperam naufragar, mas porque sabem que seria irracional não estar preparados perante potenciais riscos de naufrágio que eles poderiam enfrentar durante a viagem. A ciência e a tecnologia não somente eliminaram muitos riscos de vida, mas também contribuíram para evitar ou diminuir alguns dos riscos mais ameaçadores da natureza. A história recente nos dá amplos exemplos dos efeitos benéficos do progresso científico e tecnológico. A expectativa de vida aumentou significativamente nos últimos anos, e muitas ameaças contra a vida humana hoje pertencem ao passado. Contudo, não obstante esse lado positivo, cresceu a consciência mundial de que a ciência e a tecnologia também contribuíram para o surgimento de novas ameaças e novos riscos para a existência humana ou para a qualidade de vida. O desenvolvimento humano atingiu um ponto em que seus efeitos sobre a biosfera, base de toda existência humana, devem ser controlados. É nesse contexto que surge o referencial da precaução. Nem tudo o que é científica e tecnicamente possível realizar pode ser realizado, mas temos de utilizar um critério ético de avaliação em relação à preservação e à proteção da vida humana e da qualidade de vida.

Vivemos hoje num mundo de rápido desenvolvimento científico e tecnológico que nos seduz e encanta e, ao mesmo tempo, inquieta-nos. Infelizmente, esse progresso não tem beneficiado parcelas significativas da população, que continua sendo excluída das benesses dos avanços da tecnociência. Além do mais, esse progresso nem sempre é acompanhado dos valores éticos, promotores de vida e respeitadores da dignidade humana. Inovações que se apresentam como novos desafios e possibilidades de viver melhor são constantemente introduzidas na vida humana. Contudo, nem sempre é o que ocorre.

Com o aumento do poder de escolher novas possibilidades, crescem também a possibilidade de manipulação e as possibilidades de riscos potenciais geradores de danos eticamente inaceitáveis para a humanidade. Esse contexto faz que aumente muito a responsabilidade humana. Estamos diante de um cenário "cinza" de múltiplas incertezas, em que precisamos de luz para um discernimento em relação ao que deveríamos incentivar em termos de avanço científico, bem como exigir uma moratória no desenvolvimento, se necessário. Aqui a prudência ética tem de ser uma aliada da ousadia científica.

Nesse cenário, a Unesco invoca o chamado "Princípio da Precaução" (PP), que denominamos "referencial". Este deve ser aplicado quando existem incertezas científicas consideráveis sobre causas, probabilidade e natureza de possível dano. Ou seja, quando determinadas atividades humanas podem ser cientificamente plausíveis e interessantes, mas provocam danos moralmente inaceitáveis, deve-se agir para evitar ou diminuir esse dano. Aplicar o "referencial da precaução" é agir procurando evitar ou diminuir esses "danos moralmente inaceitáveis", por sua seriedade e irreversibilidade que afetariam a vida dos seres humanos e causariam danos ao meio ambiente. Essas atividades se apresentam como verdadeiras ameaças à vida e à saúde humanas; são impostas de "cima para baixo" pelo poder científico hostil aos valores éticos, sem considerar os direitos humanos dos atingidos pelas pesquisas, e acabam dessa forma comprometendo a vida das futuras gerações no planeta.

Vejamos a definição de precaução na perspectiva da Comissão Mundial para a Ética do Conhecimento Científico e Tecnológico (Comest), da Unesco (*"a working definition"*):

> Quando atividades podem conduzir a dano moralmente inaceitável, que seja cientificamente plausível, ainda que incerto, devem ser empreendidas ações para evitar ou diminuir aquele dano. "Dano moralmente inaceitável" refere-se a dano para os seres humanos ou para o ambiente, que seja uma ameaça à vida ou à saúde humanas, ou que seja sério e efetivamente irreversível, ou injusto com as gerações presentes e futuras, ou imposto sem a adequada consideração dos direitos humanos daqueles afetados. O juízo de plausibilidade deve estar fundado em análise científica. As análises devem ser contínuas, de modo que as ações escolhidas sejam submetidas a revisão. "Incerteza" pode aplicar-se, mas não necessita limitar-se, à causalidade ou aos limites do dano possível. "Ações" são intervenções empreendidas antes que o dano ocorra que buscam evitar ou diminuir esse dano. Devem-se escolher ações que sejam proporcionais à seriedade do dano potencial, com consideração de suas consequências positivas e negativas, e com uma avaliação tanto da ação como da inação. A escolha da ação deve ser o resultado de um processo participativo (COMEST, 2005, p. 14).

Neste fascinante mundo da pesquisa científica é preciso sabedoria ética, bem como controle social (políticas públicas). Essas são as ferramentas necessárias para discernir as ações proporcionalmente em relação à seriedade do dano potencial, levando em conta as consequências positivas e negativas, avaliando as implicações morais das intervenções. O Princípio da Precaução nesse contexto se aplica a todos os produtos da biotecnologia, bem como à nanotecnologia, que constituem hoje área de inovações que até pouco tempo atrás eram consideradas meramente ficção científica.

Hans Jonas, notável filósofo alemão que refletiu muito sobre as interfaces da tecnologia com a vida humana, introduz a "heurística do medo", centrada no mal a evitar, que deveria no futuro alimentar uma ética da esperança. A representação de uma catástrofe possível, ainda que longínqua, deveria ser o principal fundamento daquilo que ele denominou de "princípio de responsabilidade". Ele reformula o imperativo Kantiano ao afirmar: "Age de tal modo, que os efeitos de tua ação sejam compatíveis com a permanência de uma vida autenticamente humana na terra [...] e de modo que os efeitos da tua ação não sejam destruidores da possibilidade futura dessa vida".

Assim, proteger a vida, prevenir e precaver riscos e agravos e promover a saúde humana tornam-se pilares éticos da sustentabilidade. Enfim, o futuro da vida é uma esperança concreta, quando precaução, cuidado e responsabilidade andam juntos com a ousadia científica.

Referências bibliográficas

PESSINI, Leo. Bioética: das origens à prospecção de alguns desafios contemporâneos. In: PESSINI, L.; BARCHIFONTAINE, C. de P. *Bioética de Longevidade Humana*. São Paulo: Loyola e Editora do Centro Universitário São Camilo, 2006.

PRAINSACK, Barbara; BUYX, Alena. *Solidarity: reflections on an emerging concept in bioethics*. Londres: Nuffield Council on Bioethics, 2011.

TEN HAVE, Henk. Vulnerabilidad como antidoto al neoliberalismo en bioética. In: *Revista Redbioética*/Unesco. Red Latinoamericana y del Caribe de Bioética/Unesco. Ano 5, v. 1, n. 9, jan.-jun. 2014, p. 87-92.

THAN, J. Joseph; GARCIA, Alberto; MIRANDA, Gonzalo (eds.). *Religious Perspectives on Human Vulnerability in Bioethics*. Advancing Global Bioethics 2. Dordrecht: Springer, 2014.

UNESCO — UNITED NATIONS EDUCATIONAL, SCIENTIFIC AND CULTURAL ORGANIZATION. WORLD COMISSION OF THE ETHICS OF SCIENTIFIC KNOWLEDG AND TECHNOLOGY (COMEST). *The Precautionary Principle*. UNESCO, Paris, 2005.

UNESCO — UNITED NATIONS EDUCATIONAL, SCIENTIFIC AND CULTURAL ORGANIZATION. International Bioethics Committee (IBC). *The Principle of Respect for Human Vulnerability and Personal Integrity*. Report of the International Bioethic Committee of Unesco (IBC). Paris, 2013.

3

Perfil da Bioética asiática a partir da China e de Taiwan

A Bioética asiática deve construir seus próprios fundamentos culturais, etnológicos e filosóficos.
Hyakudai Sakamoto

Para a cultura asiática a natureza não é algo a ser conquistado, mas algo com que temos de aprender a conviver. Essa cultura valoriza mais uma felicidade holística e o bem-estar do grupo ou nação, antes que seus direitos humanos individuais.
Julia To Lai Po Wah

Introdução

Ao FAZER ESTAS anotações a respeito de um mundo tão diferente do nosso, lembro-me da leitura e do estudo há alguns anos, de um autor norte-americano de Sociologia religiosa, que discorreu sobre a tese de que o primeiro milênio da era cristã foi da civilização do Mediterrâneo, o segundo, das civilizações do Atlântico, e o terceiro dos povos habitantes da região do oceano Pacífico (Ásia). Hoje não faltam evidências nesse sentido. Percebe-se uma frenética evolução econômica nas megacidades, com aeroportos enormes, amplos viadutos, túneis e vias públicas limpíssimas com milhões de carros, trens de alta velocidade, metrô, mas com os costumeiros congestionamentos e a poluição atmosférica, muito ao gosto dos ocidentais. Por todos os lados veem-se construções com enormes guindastes e gruas que dão vida a gigantescos complexos de edifícios de apartamentos de quarteirão inteiro. Adeus às bicicletas, agora substituídas por milhares de modernas motocicletas, principalmente em Taipei. Sinteticamente, apresentamos alguns dados de cunho sócio-histórico-político e econômico que nos ajudam a entender o protagonismo da China e de Taiwan na Ásia.

Uma leitura bioética desse mundo Asiático é feita a partir da experiência de participação em quatro Congressos Mundiais de Bioética, quando ainda fazíamos parte da comissão diretiva da Associação Internacional de Bioética (IAB), entidade internacional que realiza esses congressos em nível internacional. Foram os seguintes eventos de que participamos: IV Congresso Mundial, realizado em Tóquio (Japão) em 1998, que abordou o tema: "Bioética Global: Norte-Sul, Leste-Oeste"; VII Congresso Mundial, em Sidney (Austrália) em 2004, com o tema: "Ouvir profundamente: estabelecendo pontes entre Bioética local e global"; VIII Congresso Mundial, realizado em Pequim (China) em 2006, que abordou o tema: "Em busca de uma sociedade justa e saudável"; 10º Congresso Mundial realizado na cidade-estado de Singapura em 2010, que abordou o tema: "Bioética num mundo globalizado"; e o último, o XII Congresso realizado em 2014, na Cidade do México que abordou a temática: "Saúde global, ciência e sociedade". O próximo, o XIII, está programado para Edimburgo, na Escócia, em 2016. A temática a ser abordada gira em torno das pesquisas em genética, das pandemias globais, da realidade de escassos recursos em saúde até as mudanças climáticas que afetarão todos nós, bem como a necessidade de considerar o lugar certo de interesses e bens públicos.

Nosso roteiro se inicia com a apresentação de alguns aspectos socioculturais e históricos da China, sem esquecer-se do Tibete e de Taiwan [1], avança apresentando a política demográfica chinesa do filho único (one-child policy) e suas consequências e relembra a questão grave de violação dos direitos humanos a partir do massacre de 1989, na praça da Paz Celestial, que completou 25 anos em 2014, em que o governo chinês promoveu verdadeira "lavagem cerebral" de modo que poucos chineses soubessem do fato [2]. É simplesmente impossível compreender os valores, a cultura e as subculturas asiáticas sem conhecer, ainda que de maneira introdutória, o confucionismo, o taoísmo e o budismo. Para alguns estudiosos das Ciências das Religiões estaríamos diante de "filosofias de vida", que nos ensinam como nos comportar virtuosamente e cultivar harmonia e paz interior, que propriamente "religiões", pois não falam de Deus. O que aconteceu com o cristianismo na China?, nós nos perguntamos [3]. Sublinhamos algumas características do budismo e semelhanças entre Jesus e Buda [4]. Avançando em nossa reflexão, perguntamos se podemos aprender algo com os valores da cultura chinesa? [5] e finalizamos elencando algumas características de uma Bioética asiática confuciana [6] confrontando-as com a cultura ocidental europeia e norte-americana, identificando alguns fundamentos de uma possível Bioética asiática [7].

1. Alguns aspectos socioculturais e históricos da China

A Ásia cobre uma imensa massa de água (Pacífico) e terra, contém cinco das nações mais populosas do planeta e possui atualmente 60% da população mundial. A China tem hoje 1,354 bilhão de habitantes (2012), e a Índia, 1,258 bilhão (2012). Ela ocupa a posição nº 101, no Índice de Desenvolvimento Humano (IDH). Note-se que o Brasil ocupa o posto número 85. Todas as maiores religiões mundiais são originárias da Ásia: hinduísmo, budismo, judaísmo, cristianismo e islamismo. Nessa região do planeta os cristãos são minoria, não passam de 3% a 5% da população, enquanto as crenças populares chinesas correspondem a 32,1%, o budismo, a 13,5%, filosofias de vida como confucionismo e taoísmo, a 32,2%, o ateísmo, a 7,3% e as crenças tradicionais, a 8,6%. Há ainda outras que correspondem a 2%. Estamos diante de um perfeito mosaico multirreligioso, marcado pela diversidade de crenças. Esse continente também tem disseminada a prática da medicina tradicional chinesa, especialmente na China e em outros países com maioria da população chinesa, e, no subcontinente indiano, a medicina ayurvédica. Ao mesmo tempo, a globalização econômica e a rápida disseminação dos meios de comunicação social trouxeram dramáticas mudanças às culturas tradicionais e colocaram vários países asiáticos na liderança do crescimento econômico mundial. Falamos dos "tigres asiáticos"; a China continental é hoje a segunda economia do mundo, superando o Japão, e deverá em breve, segundo economistas ocidentais, ser a primeira, ultrapassando os Estados Unidos. Até 2020, a China, que hoje já é líder mundial na produção de nanotecnologia e está em terceiro lugar na produção de biotecnologia, terá um PIB igual ao dos Estados Unidos e as maiores reservas financeiras do mundo, será o maior comprador de automóveis e o principal produtor de *reserve innovation*. Possuirá os maiores bancos do mundo e 15 megalópoles com mais de 25 milhões de habitantes. O número de ricos hoje na China equivale a toda a população da Alemanha e em poucos anos será dobrado. O ingresso da China na economia global representa, segundo Larry Summers, Reitor da Universidade de Harvard (Estados Unidos), "o terceiro acontecimento mais importante na história da humanidade, depois do Renascimento Italiano e da Revolução Industrial Inglesa do século XIX".

Não obstante o extraordinário progresso da economia nos últimos anos, o país convive com desigualdades sociais alarmantes. Os 10% dos domicílios mais ricos detêm 57% da renda e 85% de toda a riqueza do país, com 400 milhões de chineses vivendo abaixo da linha de pobreza, ou seja, com renda inferior a dois dólares por dia. Uma questão espinhosa na China são os direitos humanos. Embora o governo não confirme, a organização Anistia Internacional afirma que a China é o país que mais executa pessoas no mundo hoje, em torno de 2 mil a 2.500 execuções anuais.

Em termos de energia, desde 2009 a China é o país que mais consome energia no mundo, suplantando os Estados Unidos no posto que ocupou por mais de um século, segundo a Agência Internacional de Energia. Cerca de 70% de seu consumo energético vem do carvão, fonte altamente poluidora, e 20%, do petróleo, do qual um terço é importado da África. O governo prioriza a energia eólica e solar, mas também planeja construir usinas nucleares e ampliar a produção de hidrelétricas (6,4% da matriz). A usina de Três Gargantas, no rio Yang-Tse, inaugurada em 2006, é hoje a maior hidrelétrica do mundo, superando a de Itaipu, em nosso país.

A China é, por assim dizer, um verdadeiro continente em si mesma; ela nos assusta pela sua grandeza e nos atrai pelo seu sincretismo, como nação mais populosa do planeta e a terceira maior em extensão territorial; um país multiétnico, cuja população é constituída por chineses han (91,5%) manchus, mongóis, tibetanos, aborígenes, uigures, e muçulmanos, entre outros. Politicamente, o país é dividido em vinte e duas províncias, cinco regiões autônomas (incluindo o Tibete), duas regiões administrativas especiais (Hong Kong e Macau) e quatro municipalidades. Tem como idioma oficial o mandarim e vários dialetos regionais, entre os principais: min, vu e cantonês. Este país sempre se entendeu como "tudo quanto existe debaixo do céu: o centro do mundo por excelência!" A Grande Muralha, nas vizinhanças de Pequim (60 quilômetros), é a única obra humana que pode ser vista da Lua. Foi construída há 2.200 anos, com seus 5 mil quilômetros de extensão; é obra do primeiro imperador da China, desde sua unificação. Hoje ela não protege mais ninguém de invasões e muito menos isola ou separa; tornou-se símbolo da identidade histórica e orgulho chinês e cartão-postal de visita obrigatório a todos quantos visitam o país.

O Tibete é uma região de tradição budista. A prática religiosa define a identidade do povo tibetano, para quem o Dalai Lama é a autoridade suprema. Para a China, o Tibete é parte da nação desde o século XIII. Em 1720, os dirigentes tibetanos pediram ajuda chinesa contra a presença dos mongóis e, com isso, os governantes chineses passaram a controlar a região. No século XX, o Tibete tentou ser reconhecido como país independente, mas a China ocupou o território em 1950. O domínio chinês sempre foi rejeitado pelos tibetanos. Em 1959, a repressão chinesa a uma rebelião de monges budistas forçou 100 mil tibetanos ao exílio. O líder espiritual, o décimo quarto Dalai Lama, Tenzin Gyatso, refugiou-se em Dharamshala, no norte da Índia, onde instalou a sede do governo no exílio. Em 1989, o Dalai Lama recebeu o Prêmio Nobel da Paz (Almanaque Abril, 2013).

A ilha de Formosa, hoje chamada de Taiwan, é uma grande ilha com dezenas de outras menores, a 160 quilômetros da China continental. Ela se tornou refúgio dos governantes chineses depois da tomada do poder, em 1949, pelos comunistas. Mao Tsé-Tung, Chiang Kai-shek e os remanescentes de seu governo fugiram para Taiwan, formando um Estado à parte, que se intitula a verdadeira República da China. É interessante registrar que a esposa de Mao Tsé-Tung e a de Chiang Kai-shek eram irmãs. Com a derrota na guerra sino-japonesa, em 1895, a China foi obrigada a entregar Taiwan ao Japão. No final da Segunda Guerra Mundial, a ilha voltou à soberania da China. O arquipélago recebeu milhares de chineses continentais, incluindo parte da elite econômica e intelectual (menciona-se a cifra de dois milhões de chineses que migraram do continente para a ilha). Após décadas de rusgas militares e políticas e "bloqueios" entre os dois países, aos poucos as relações comerciais e os voos regulares entre os dois estão sendo retomados. Hoje Taiwan tem uma população de 23,2 milhões (2012); 84% dela é composta de chineses taiwaneses, 14%, de chineses continentais, e 2%, de grupos étnicos autóctones. Em termos de religião, tem-se o seguinte: crenças populares chinesas constituem 43,1%, budismo, 26,5%, taoísmo, 12,6%, cristianismo, 6%, novas religiões, 6,7%, agnosticismo e ateísmo, 4,4% da população, outras, 0,7% (2010) (ALMANAQUE ABRIL, 2013).

A medicina ocidental também é muito desenvolvida na Ásia, e muitos países se transformaram hoje em "centros de turismo da saúde", com qualidade, custos menores de práticas médicas e cirúrgicas comparando-se com os Estados Unidos e a Europa, atraindo pacientes de todo o mundo. É o que ocorre hoje na Índia, por exemplo, com centros de saúde certificados pela Joint Comission norte-americana, empresa que assegura qualidade e excelência de serviços de saúde, nos Estados Unidos e mundo afora. É no âmago dessa realidade que surgem muitas denúncias em nível internacional da existência do hediondo tráfico internacional de órgãos.

Em decorrência do tamanho, da diversidade cultural, social, política e religiosa, em frenética evolução na Ásia, torna-se um tanto arriscado falar de uma "Bioética asiática", embora alguns pensadores o façam. Usualmente desenha-se um contraste com a "Bioética ocidental", com sua ênfase na autonomia, nos direitos individuais e na justiça garantidos através de contrato e negociação. A Bioética asiática, por outro lado, baseia-se na harmonia social, refletida numa visão de sociedade bem ordenada, em que há o predomínio dos deveres sobre os direitos individuais e as preferências individuais subordinando-se ao bem-estar da família e da sociedade como um todo. Esses elementos juntos podem ser sumarizados no "comunitarismo familiar". Assim como no Ocidente criticamos a ênfase exagerada na autonomia e no individualismo que obstaculizam a construção de um projeto comunitário (sociedade do "eu" sem o "nós"), pensadores orientais também criticam a ênfase perigosa na ordem social que alimenta facilmente o paternalismo e patriarcalismo no aconchego familiar e no contexto da saúde, bem como a supressão do ato de "dissentir ou protestar" na sociedade civil (sociedade do "nós" sem o "eu"). Uma abordagem e visão antropológica cultural mais aprofundada (inculturação) poderia nos mostrar que alguns dos valores tradicionais das sociedades asiáticas podem assegurar uma visão mais equilibrada do lugar do indivíduo na sociedade. Esse exercício pode ser benéfico tanto para a cultura ocidental como para a oriental.

Ninguém duvida que nossas crenças morais e nossas decisões éticas são influenciadas pelo nosso contexto cultural, e este inclui crenças e práticas de determinada tradição religiosa. No caso ocidental, em geral trata-se do cristianismo. Em nossa cultura, frequentemente não aceitamos muitas práticas culturais presentes em alguns países asiáticos. Por exemplo, a mutilação genital de meninas, prática apoiada pelas mães em algumas culturas por temerem que suas filhas não se casem se não passarem por esse ritual. As condições sociais que incentivam esses danos são também muito difíceis de superar. Por exemplo, nos países em que a violação de jovens é muito comum, existem mães que queimam a face e os seios de suas filhas, na esperança de que se tornem menos atrativas para os que procuram violentar as meninas. É claro que isso nos causa repulsa e estamos diante de um relativismo moral inaceitável. Outro exemplo é a discriminação racial. Novamente essa questão não nos parece ser uma questão relativa moralmente. Defendemos que reconhecer os direitos civis e políticos de todas as pessoas, independentemente da cor de sua pele, seja seguramente um valor moral universal.

2. A política do filho único e o massacre de 1989 na Praça da Paz Celestial

Na China, se o nascituro é mulher tem grande chance de ser abortado ou desprezado, em decorrência de valores culturais e da política de governo que valorizam basicamente o "nascituro masculino". Embora exista rígido controle de natalidade a partir da "política do filho único", que está sendo flexibilizada com a possibilidade de um segundo filho, se o primeiro for mulher. Aborto coercitivo em caso de meninas e rígido controle de natalidade são duas questões assumidas como política de Estado, e ninguém ousa "dissentir"! Aliás, é impressionante o livro de Nie Jing-Bao, *Atrás do silêncio: vozes chinesas sobre o aborto* (2005). Hoje uma geração inteira de chineses não tem irmãos, são filhos únicos. Na primeira vez em que estivemos em Pequim, em 2006, por ocasião da realização do VIII Congresso Mundial de Bioética, que tinha como tema: "Em busca de uma sociedade justa e saudável", sinceramente admirei a postura da bela jovem guia turística chinesa que nos acompanhava, na monumental Praça Tiananmen. Em mandarim, ela disse: "Faço parte de uma geração de chineses que se sentem sós!".

A Praça da Paz Celestial foi palco da revolta estudantil de 4 de junho de 1989, em que teriam sido massacrados de 2 a 7 mil jovens, segundo vozes não oficiais. Pelas contas oficiais, houve 241 mortos apenas. A imagem do jovem estudante em frente à fila de tanques de guerra, "toureando" o comboio de blindados de guerra, correu o mundo e fez história. Ninguém sabe o que aconteceu ou o paradeiro desse jovem até hoje. Essa imagem virou símbolo da repressão chinesa. Tudo começou com a morte do líder reformista Hu Yaobang, de 73 anos, ex-secretário-geral do Partido Comunista, que havia sido afastado do cargo porque defendia reformas políticas. Chineses reúnem-se na Praça Tiananmen em Pequim. O luto por Hu converte-se em protesto por democracia e reúne milhares na praça. Manifestações se espalham por universidades e outras cidades do país. Em 4 de maio, dezenas de milhares de estudantes em cinco cidades fazem o maior protesto político desde 1949, quando o Partido Comunista, com Mao Tsé-Tung, assumiu o poder. Em 29-30 de maio, os estudantes erguem estátua à deusa da Democracia na praça. Em 3-4 de junho, tropas do governo usam força bélica contra os manifestantes na praça. Vinte e cinco anos depois do massacre da Praça da Paz Celestial, o assunto continua um tabu na China. Na internet qualquer menção à data, 4 de junho, é rapidamente apagada pela censura. O aniversário é lembrado em todo o mundo, exceto na China. Segundo Marcelo Ninio, repórter do jornal *Folha de S.Paulo*, em sua reportagem "Maioria de estudantes chineses vive alheia ao massacre de 1989": "Na memória coletiva do país, os protestos estudantis de 1989 estão enterrados sob anos de censura e pelo triunfo da narrativa oficial de que enriquecer, afinal, é o que importa" (NINIO, *Folha de S.Paulo*, 1º de junho de 2014, A22). A brasileira Raquel Martins — filha do jornalista Jaime Martins —, que vive em Pequim desde seu primeiro ano de vida e testemunhou o massacre da Praça da Paz Celestial em 1989, diz que "o governo chinês conseguiu fazer lavagem cerebral no país". Seu relato do massacre: "No início, pensamos que era jato d'água. Mas eram os tanques chegando. Um rapaz tentou atravessar a rua e o tanque passou por cima, na nossa frente. Pediam para tirarmos fotos. 'Estrangeiros, mostrem ao mundo o que o nosso governo está fazendo'. [...] Continuo achando que poucos chineses sabem do massacre", conclui Raquel (NINIO, *Folha de S.Paulo*, 2 de junho de 2014, A12).

Nós, ocidentais, temos na Declaração Universal dos Direitos Humanos da ONU (10 de dezembro de 1948) um "exemplo de progresso moral"; a carta magna da defesa da dignidade intrínseca de todo e qualquer ser humano. No entanto, muitos escritores e políticos asiáticos veem esse movimento Ocidental dos direitos humanos como "uma forma de imperialismo cultural", uma imposição de um conjunto de valores liberais da sociedade Ocidental para o mundo oriental, que culturalmente há milênios opera de maneira mais hierárquica (por exemplo, dinastias, castas etc.) e autoritária (governantes com direitos divinos), baseada nas tradições multimilenares.

Com o objetivo de combater a pobreza e a superpopulação, o governo comunista chinês impôs a política do filho único (*one-child policy*) para seus cidadãos a partir de 1979, mas esse programa tem criado inúmeros problemas sociais que somente agora começam a aparecer: há muito poucos jovens e mulheres, sobram homens e faltam mulheres e aumenta a população de idosos. Demógrafos chineses que vivem no Ocidente (Estados Unidos) preveem que a política do filho único será considerada outro erro fatal de política social do governo chinês, juntamente com outros erros trágicos da recente histórica chinesa: a fome devastadora dos anos de 1959 e 1961 e a turbulenta revolução cultural da década de 1966-1976, nos tempos de Mao Tsé-Tung. Enquanto esses dois graves erros custaram centenas de milhares de vidas — estimam-se em torno de 80 a 100 milhões de mortos, tragédia ocorrida num período relativamente curto que o governo procurou corrigir rapidamente —, a política do filho único, em contraste, vai superá-los em impacto, com consequências sinistras para o futuro da China, afirmam os demógrafos chineses que vivem nos Estados Unidos.

A política do filho único, junto com as reformas de mercado, lançadas praticamente ao mesmo tempo, são vistas pelo governo chinês como responsáveis e catalisadoras da transformação econômica pela qual a China passa. A renda *per capita* na China era inferior a 200 dólares em 1989 e em 2012 chegou a 6 mil dólares. A China tirou milhões de pessoas da pobreza desde que a política do filho único foi implantada, alardeiam vozes oficiais do governo chinês. Hoje a mulher chinesa em média tem 1,5 criança, segundo estimativas independentes, comparada com 6 filhos no final da década de 1960. Sabemos que para um país manter o equilíbrio de sua população é necessário que a taxa de fertilidade seja de pelo menos 2,1 filhos por mulher. Nessa toada, a China atingirá em breve uma população de 1,4 bilhão e em seguida começará a passar por um longo e perigoso declínio!

Profissionais de estatística do governo comunista chinês afirmam que a política do filho único evitou o nascimento de 400 milhões de chineses. Os efeitos negativos dessa política não são sequer mencionados para os cientistas sociais que visitam a China para estudar o fenômeno da população. Demógrafos, mesmo os que trabalham para o Partido Comunista Chinês, sabem que em qualquer país que se torna mais rico e com melhor educação para a população as mulheres naturalmente têm menos filhos. No Japão e na Itália, por exemplo, as taxas de fertilidade diminuíram sem que os governos obrigassem as mulheres a abortos.

Desde a implantação da política do filho único, tivemos pelo menos 335 milhões de abortos provocados oficialmente, 200 milhões de mulheres esterilizadas e uso de frequentes *check-ups* médicos para detectar e desencorajar gravidezes em mulheres que já preencheram suas cotas. Nas cidades, as famílias geralmente têm uma só criança, enquanto os que residem no campo, cujo primeiro filho é uma menina ou então uma criança que nasceu com problemas mentais ou físicos, têm autorização legal para conceber um segundo filho. Casais em que ambos são filhos únicos podem também ter dois filhos, enquanto as minorias étnicas são encorajadas a ter múltiplas crianças.

Os valores tradicionais da cultura chinesa prezam mais os meninos que as meninas porque são os homens que levam adiante a linhagem familiar. Através de ultrassons já populares, mas ilegais, e abortos seletivos com base no sexo do feto, mais os casos de infanticídio feminino e de abandono de bebês, está ocorrendo profundo desequilíbrio na porcentagem de gênero. Em algumas áreas rurais nascem 135 meninos para cada 100 meninas. Como esses meninos no futuro encontrarão uma esposa se não existem mulheres suficientes?, pergunta-se. Esses chineses que não encontrarão uma companheira para continuar suas famílias são denominados "ramos inférteis". Por volta do ano de 2050, um em cada cinco chineses será idoso com mais de 60 anos e, por volta do ano 2020, aproximadamente 30 milhões de homens em idade de casamento correm o risco de não encontrar uma companheira.

Ainda hoje, mulheres da zona rural são obrigadas a se submeter a *check-ups* quatro vezes ao ano para se assegurar de que não estão grávidas. Em havendo gravidezes ilegais, são obrigadas a abortar e são punidas com perda de emprego em instituições governamentais, com pagamento de pesadas multas, além de ser estigmatizadas. Na área urbana, nas fábricas, existe rigoroso controle oficial do ciclo menstrual das mulheres. Hoje, mais de meio milhão de chinesas trabalham nessa política, em suas estruturas de funcionamento chamadas de "clínicas governamentais de planejamento familiar", e elas não desejam perder seus postos de trabalho. O montante de multas desde que a política do filho único foi implantada está em torno de 330 bilhões de dólares, e esse dinheiro acaba ficando nas mãos das autoridades locais sem necessidade de prestação de contas. O curioso é que essa política do filho único criou uma estrutura policialesca gigante para "vigiar o útero feminino" das chinesas, tornando-se praticamente autossuficiente e de difícil desmobilização, sem que se provoque outra crise (BEECH; JIUQUAN, 2013; JINB-BAO, 2005; MCLEAN, 2006).

3. As "religiões chinesas" (filosofias de vida virtuosa?) e o cristianismo

O confucionismo é uma filosofia poderosa e com enorme influência social em muitas partes da Ásia. É uma filosofia antiga, originária da China, há 2.500 anos e muito ativa e estudada na contemporaneidade. Confúcio (ca. 551-479 a.C.) continua a ser um iluminado mestre da sabedoria, entre muitos sábios. Podemos conhecer o perfil espiritual de Confúcio a partir dos *Analectos* (*lun yu*: "palavras escolhidas") escritos por seus discípulos. Um de seus aspectos característicos é que não é uma "teoria moral", com o objetivo de resolver dilemas éticos, nem é descrita como uma religião. Sua preocupação refere-se à prática da virtude da benevolência e se trata de uma orientação ética que abarca e guia todas as outras virtudes. Fan, um estudioso e proponente de uma "Bioética confuciana", diz: "A moralidade do confucionismo está inserida numa forma de vida direcionada para a virtude e sustentada por rituais ou ritos.

O foco não é resolver primariamente casos controversos, mas compreender o que é viver como um ser humano virtuoso". A humanidade para Confúcio deve ser entendida como "reciprocidade", como atenção mútua, tal como é a explicação na Regra Áurea: "O que não desejas para ti mesmo, não o faças também a outros". Jesus, cinco séculos mais tarde, vai falar o mesmo. Segundo Domenico de Masi, notável pensador e sociólogo Italiano, é impossível compreender a China sem compreender o confucionismo. "Este não se trata de uma religião propriamente dita, mas de uma visão filosófica, ética, política e ritualística, um modelo de vida baseado na antiga sabedoria chinesa e nos ensinamentos de Confúcio, que jamais tratou de questões sobrenaturais, limitando intencionalmente suas reflexões à experiência humana" (MASI, 2014, p. 61).

Na dinastia Tang, fundada em 618, o confucionismo foi considerado a "dimensão exterior", isto é, a dimensão social e política da vida humana, enquanto o taoísmo e o budismo representavam a "dimensão interior".

O confronto com o Ocidente induziu muitos intelectuais chineses a considerar o confucionismo culpado do atraso tecnológico, social e político da China. "Demolir a oficina de Confúcio" tornou-se o *slogan* do movimento 4 de Maio de 1919. Com a chegada de Mao Tsé-Tung ao poder, o conflito se agudizou, não eliminou os textos sagrados, mas considerou-os a causa do atraso chinês e o "veneno deixado pelo feudalismo". Durante a chamada Revolução Cultural (1966-1976), professar o confucionismo significava arriscar-se a morrer, por isso muitos intelectuais refugiaram-se no exterior, retomaram os valores clássicos confucianos, sustentaram que este não era inconciliável com o progresso tecnológico, com a democracia e com a liberdade e condenaram a adequação da China à rápida expansão da cultura ocidental, que negligencia a ética.

Na China a grande maioria de ritos e rituais são familiares, como os ritos funerais. Para os mais próximos da família, a cor do luto é o branco. O retrato do(a) falecido(a) é colocado sobre o altar da casa, ao lado dos deuses domésticos. Dessa forma, o falecido assume seu lugar como ancestral da família. Outros ritos tratam das relações com os outros, por exemplo rituais de acolhida, mas o importante é que espírito e forma são necessários para o cultivo de uma personalidade humana e o ordenamento das relações humanas em direção a uma vida florescente e significativa. Essa filosofia antiga provê *insights* e recursos interiores para as pessoas e as famílias no enfrentamento de problemas existenciais e doenças, apelando para a sabedoria do passado e para a força dos rituais.

A veneração aos ancestrais está no centro da religiosidade chinesa. Para os chineses nem tudo se acaba com a morte. A morte é a passagem para uma vida diferente, e as relações entre os vivos e os mortos continuam a existir. O conceito de família também se estende, em essência, aos antepassados e ao tempo anterior. "A veneração aos mortos está no centro da piedade chinesa desde tempos remotíssimos. Para muitos chineses, não poder mais se comunicar com os mortos foi e continua a ser a razão mais importante para não se converterem ao cristianismo", afirma o teólogo católico Hans Kung (KUNG, 2004, p. 98).

Temos ainda na China o taoísmo (lendário sábio Lao-Tsé: "Velho mestre", supostamente do século IV a.C.), uma religião da imortalidade. Sua grande promessa: ao morrer, o taoísta vai para um dos paraísos ou para as ilhas da bem-aventurança fora da China. A "Igreja taoísta" é a principal herdeira da antiga religião popular chinesa, que hoje festeja seu renascimento na população campesina chinesa (75% de 1,3 bilhão), que não se deixou abater pelos 50 anos de perseguição comunista à religião. Para o povo existem a água benta e o incenso, as festas pomposas com base no ritmo anual, a festa do Ano-Novo chinês, com a dança dos leões ou dos dragões para a expulsão dos demônios. Além do taoísmo, temos na China o budismo, única religião que veio de fora, e ele, juntamente com o confucionismo e taoísmo, formam o tríplice rosto da religião chinesa.

A tão propalada "revolução cultural" liderada Mao Tsé-Tung (1949-1976), que com a revolução comunista aboliu o mandato celeste dos mandatários e passou a ocupar o lugar "Do Filho do Céu", provocou a morte de aproximadamente 80 milhões de chineses, segundo historiadores. A chamada "grande revolução cultural proletária" (1966-1976), empreendida pela mulher de Mao, contra os "quatro velhos": velhos usos, velhos costumes, velhas ideias, velha cultura, e naturalmente também contra toda religião e contra tudo o que é ocidental. Com Mao Tsé-Tung, implanta-se um culto idolátrico à sua personalidade, alimentado até hoje. No centro da Praça da Paz Celestial, atualmente se localiza o enorme e pomposo mausoléu a ele dedicado, onde está seu corpo embalsamado, recoberto com a bandeira vermelha com os símbolos comunistas da foice e do martelo. Diariamente, centenas de milhares de chineses fazem filas quilométricas e caminham várias horas até chegar à "sala do respeito eterno" para prestar uma homenagem ao fundador da China moderna, depositando lá uma flor. Na entrada da "cidade proibida", existe uma grande foto colorida de Mao Tsé-Tung. Esse local é onde se encontram inúmeros palácios da China antiga, do tempo das dinastias dos imperadores. Aí há vários museus históricos da vida do povo chinês. Entretanto, parte significativa do acervo artístico e histórico da China foi levada para Taiwan, em 1949, com Chiang Kai-shek, que fugiu para lá com todos os seus familiares, correligionários de partido e simpatizantes com a subida dos comunistas ao poder com Mao Tsé-Tung. Estima-se que dois milhões de chineses, temendo perseguição, deixaram o continente nessa época e foram para Taiwan.

Para os cristãos católicos é bom lembrar-se da presença na China do missionário jesuíta italiano, Matteo Ricci (acompanhado de Michele Ruggieri), a partir de 1583. Ele dominava a língua chinesa falada e escrita, habilmente se manifestava mais como filósofo e moralista, mais como matemático e astrônomo do que como missionário cristão. Ricci gozava de grande prestígio na corte do Imperador Chinês. Até o modo de vestir ele e companheiros assimilam. Infelizmente o destino dos jesuítas na China acaba quando, em 1707, o Papa Clemente XI proíbe aos cristãos chineses os seus ritos, assim como a veneração dos ancestrais e de Confúcio e o uso dos dois nomes tradicionais de Deus: Senhor nas Alturas e Senhor do Céu. Quem quiser permanecer ou se tornar cristão terá de deixar de ser chinês. É toda a problemática da inculturação e da missão. Em 1717, ocorre a reação chinesa com a expulsão dos missionários, a destruição das igrejas e a abjuração forçada da fé cristã. A obra da vida de Ricci e dos jesuítas é reduzida a pó! Hoje existe a Igreja patriótica oficial e a "subterrânea", clandestina, com um Estado mais tolerante em relação a existência e convivência com diferentes cultos religiosos (KUNG, 2004, p. 142-143).

A chamada ocidentalização da China difunde um novo materialismo e um consumismo disposto a abdicar de todos os valores, causando a perda da chamada "pátria social e espiritual" do povo. Apesar do crescente bem-estar para uma pequena camada de ricos, milhões ainda estão diante da ameaça de uma nova pobreza, do desemprego, da fuga maciça para as grandes cidades, ao mesmo tempo em que aumenta o sentimento de falta de sentido, da permissividade moral, da criminalidade, da corrupção, do consumo de drogas e de crise da tão valorizada culturalmente "família". Contrariando todas as profecias "científicas" de uma "morte" da religião, manifesta-se, contudo, no novo contexto secular aquela força de sobrevivência das grandes religiões. E mesmo os marxistas chineses reconhecem hoje que as religiões não são simplesmente um "ópio para o povo", mas fenômenos complexos e resistentes, com profundas raízes étnicas; constituem um elemento fundamental da multimilenar cultura chinesa, que não pode ser compreendida sem a presença do confucionismo, do taoísmo e do budismo.

O sábio é o tipo característico das religiões sapienciais no extremo Oriente. Muito diferente dele é o místico, tipo característico das religiões indianas: hinduísmo e budismo. E ainda muito mais diferente é o chamado profeta, tipo característico das chamadas três religiões oriundas do Oriente Próximo: judaísmo, cristianismo e islamismo. As religiões chinesas possuem um caráter sapiencial, pois o valor atribuído à velhice e à sabedoria representa uma constante na cultura chinesa.

4. Algumas notas sobre o budismo e semelhanças entre Jesus e Buda

As Quatro Nobres Verdades existenciais do budismo constituem-se numa resposta às perguntas fundamentais do ser humano. Primeira: O que é o sofrimento? É a própria vida — nascimento, trabalho, separação, velhice, doença e morte. Tudo isso é sofrimento. Segunda: De onde vem o sofrimento? Ele vem da ânsia de viver, do apego às coisas, da ambição, do ódio e da cegueira. Entretanto, isso leva a uma encarnação após a outra. Terceira: Como o sofrimento pode ser superado? Desfazendo-se do desejo. Só assim se pode evitar um novo carma, resultado de boas e más ações; somente dessa maneira se consegue impedir uma volta ao ciclo dos nascimentos. Quarta: Qual é o caminho para chegar a isso? A via média da razão — sem ser escravo do prazer nem da autopunição. As célebres oito ramificações que conduzem ao nirvana: *reto conhecimento* e *reta intenção*: saber; *reto falar, reto agir* e *reto viver*: moralidade, ética; *reto esforço, reta atenção* e *reta concentração*. Analisando a condição humana como um caso médico, as quatro nobres verdades espelham os passos para diagnosticar uma doença (sofrimento), compreender sua causa (desejo), identificar sua cura (cessação do desejo) e prescrever o remédio que garanta a cura (o caminho dos oito elementos). Trata-se de uma prática mental e física necessária para alcançar a libertação deste mundo.

Tanto Jesus como Gautama (Buda) em sua pregação não utilizam uma língua sacra, mas uma língua vulgar. Jesus usa o aramaico do povo e Buda o dialeto indo-ariano. Ambos não codificaram nem chegaram a lançar por escrito sua doutrina. Seus ensinamentos foram escritos de memória pelos seus discípulos após a morte deles. E expõem seus valores utilizando provérbios, narrativas breves e parábolas simples, que todos entendem, tiradas da vida cotidiana, acessíveis a todos, sem se prenderem a fórmulas ou dogmas. Ambos se opõem à tradição religiosa e seus guardiões, à casta ritualista dos sacerdotes e aos doutores da lei, que são insensíveis aos sofrimentos do povo. Ambos reúnem amigos em torno de si, um círculo de discípulos e um grupo maior de seguidores.

Para além dessas semelhanças em suas condutas, temos também semelhanças em sua pregação. Eis algumas que Jesus e Buda comungam:

- apresentam-se como mestres. A autoridade não vem de sua formação escolar, acadêmica, mas da experiência extraordinária de uma realidade completamente diferente;
- oferecem uma mensagem de alegria (o Darma — o Evangelho), que exige das pessoas uma mudança de atitude (metanoia — "andar contra a corrente") e uma confiança (*shraddha* — fé). Não se trata de uma ortodoxia, mas de uma ortopraxia;
- partem da condição provisória e efêmera do mundo, do caráter transitório de todas as coisas e da não redenção do homem. Tudo isso se evidencia na cegueira e na loucura, na situação caótica, no envolvimento com o mundo e na falta de amor para com os semelhantes;
- não pretendem dar uma explicação do mundo ou pôr em prática especulações filosóficas profundas ou uma casuística legal erudita;

- apontam um caminho de libertação do egoísmo, da dependência do mundo, da cegueira. Isso se consegue não por uma especulação teórica, nem pelo raciocínio filosófico, mas por uma experiência religiosa e por uma transformação interior;
- para chegar à salvação, nem Jesus nem Buda exigem condições especiais de caráter intelectual, moral ou ideológico. Basta que o ser humano ouça, entenda e daí tire suas conclusões. Ninguém é interrogado sobre sua fé, nem se exige nenhuma declaração de ortodoxia;
- o caminho é o do meio-termo entre o hedonismo e o ascetismo. Um caminho que permite que o ser humano se volte para o próximo com uma nova atitude de acolhimento! Para além dos mandamentos que se correspondem amplamente em ambos, temos as exigências básicas de bondade e de alegria compartilhada, de compaixão amorosa (Buda) e de amor compassivo e samaritano (Jesus).

Desde seus inícios, o Budismo, que rejeita um deus criador todo-poderoso, uniu-se em parte à religião popular e aos seus deuses, como à crença religiosa xamânica, oriunda do Tibete, e ao tantrismo indiano. Os poderosos deuses da natureza, das montanhas, das tempestades e do granizo sempre precisam ser aplacados com invocações e dádivas. Os templos budistas muitas vezes são defendidos por dragões e serpentes, que no Oriente são venerados como seres sobrenaturais e benfazejos! (KUNG, 2004, p. 153-155).

Segundo Hans Kung, a contribuição original do budismo para uma ética mundial seria a de que a pessoa sempre é desafiada a crescer e se autossuperar. Cada um tem de percorrer por si próprio o seu caminho. O que importa e também é decisivo é esquecer o eu, exercitar-se na abnegação, na renúncia e suscitar benevolência, em vez de rejeição e exclusão; compaixão, em vez de indiferença e insensibilidade; abertura e acolhida, em vez de inveja e ciúme; equilíbrio e segurança, em lugar de sede de poder, sucesso e prestígio (KUNG, 2004, p. 179).

Japão, China e Índia encontram-se em profundo processo de transição para uma nova realidade socioeconômica no contexto mundial. Nessa transição é necessário que não sejam abandonadas as grandes conquistas da era moderna, mas superadas as limitações e suas desumanidades. A transição, que garanta um futuro para a humanidade na parte oriental do globo, tem de obrigatoriamente levar consigo como exigência: não apenas ciência, mas também sabedoria, para evitar os abusos da pesquisa científica que transformam o ser humano em cobaia; não apenas tecnologia, mas também energia espiritual, para controlar os riscos imprevisíveis de uma tecnologia de alta eficiência; não apenas indústria, mas também respeito pela natureza e ecologia; não apenas democracia, mas também ética, capaz de enfrentar os interesses de pessoas e grupos que estão no poder. Em um mundo sempre mais globalizado, temos o desafio fundamental pela frente de elaborar uma ética de cunho global e mundial (KUNG, 2004, p. 179).

5. O que podemos aprender com os valores da cultura chinesa?

A China possui a cultura viva mais antiga da face da Terra, com seus cinco mil anos de história. Todas as culturas e as religiões da Mesopotâmia, dos sumérios, dos babilônicos e dos assírios, dos egípcios, dos gregos e dos romanos sumiram. Em museus encontramos vestígios de sua vitalidade e seus valores. A cultura chinesa conserva-se até hoje, não obstante as rupturas pelas quais passou, mas sobreviveu.

Um dos valores da cultura oriental, em grande parte propalados pelo budismo e outras religiões de cunho panteísta como o xintoísmo (principalmente no Japão), é o culto e respeito pela natureza. Prega-se um progresso com o "convívio harmônico com a mãe natureza". Nós, ocidentais, perante a natureza temos sempre um projeto de intervenção, transformação e mudança. Aqui está a raiz da crise ecológica de hoje com toda a questão ambiental e o aquecimento global. O frenético desenvolvimento material da China faz que em determinados dias, com a mistura de névoa com poluição, Pequim praticamente fique cinzenta e sem possibilidade de ver a cor do céu! Que tragédia! Essa aula sobre a Ásia, suas culturas e religiões, valores éticos e estilos de vida, não tivemos quando estudamos Filosofia, Filosofia das Religiões e muito menos no curso superior de Teologia. Hoje, sem conhecer o outro lado do mundo, torna-se difícil entender a humanidade como um todo. Muitos estudiosos de religião se perguntam se o cristianismo na versão católica, após a preciosa chance histórica perdida com Matteo Ricci, teria ainda um futuro na China, levando em conta o sentido que hoje damos de "missão".

A China está realizando o maior experimento de desenvolvimento econômico jamais tentado pela humanidade. Até agora, na história da humanidade, todo progresso trouxe números intoleráveis de vítimas, e diante dessa regra desumana a China não é exceção. Contudo, aprendendo com seus sucessos e fracassos, talvez seja finalmente possível projetar um futuro sem vítimas.

Do grande experimento chinês em realização, podemos aprender como fazer dar certo uma economia que conjuga socialismo de Estado e capitalismo de mercado. Dos erros da China, podemos aprender como é possível estabelecer a liberdade econômica sem recorrer à opressão política; como é possível sair da miséria sem violar os direitos humanos.

Do espírito confuciano da China, podemos aprender lealdade e empatia, benevolência e sabedoria, modéstia e sinceridade, lealdade e gentileza, paz interior e integridade moral, capacidade de indignação diante da injustiça, priorizar a coletividade e a família antes dos interesses individuais egoístas, respeito à integridade da natureza, renúncia a um em estar ilusório e infinito. Em suma, busca da felicidade aqui e agora, na vida cotidiana. Do espírito taoísta da China, podemos aprender a espontaneidade, o controle dos desejos, a meditação, as técnicas respiratórias, a honestidade no reconhecimento de nossos erros, a busca pelo essencial e a libertação do supérfluo, a autodisciplina, o profissionalismo e o inabalável respeito à natureza (MASI, 2014, p. 73-74).

6. Algumas características de uma Bioética asiática confuciana

Partilhamos algumas ressonâncias de valores de vida asiáticos, com base em algumas anotações fragmentárias de viagem recente à China (Pequim e Xangai) e Taiwan, bem como em participações de eventos mundiais de Bioética na Ásia. Estamos diante de um mundo profundamente diferente e surpreendente de nossa cultura ocidental. Confúcio foi um grande mestre e sábio chinês (551-479 a.C.) e viveu num tempo de imensos conflitos e desordens sociais na China. O conceito de *Jen* é o mais fundamental para a filosofia chinesa. Todas as outras discussões sobre princípios e forças matérias servem ao objetivo de ajudar o ser humano a descobrir *Jen*. A partir desse conceito, as virtudes de Confúcio, como benevolência, honradez, adequação, sabedoria, veracidade, são derivadas para servir como princípios de Bioética, identificados a seguir.

1. *Compaixão*. Baseada na benevolência (*Jen*). Um ser humano sem comiseração não é um ser humano. O sentimento de comiseração é o início da humanidade. A Medicina chinesa consiste em humanidade e habilidade. Médicos confucianos procuram sempre colocar a compaixão (empatia) em primeiro lugar.
2. *Honradez*. Trata-se do modo oriental de expressar justiça. Ela significa "a coisa certa a fazer" tanto quanto "fazer as coisas certas". A honradez no entendimento chinês também se refere à disposição da pessoa de sacrificar-se em prol de uma causa nobre, como patriotismo ou devoção filial. No cristianismo esse ideograma chinês, a honradez, é utilizado para descrever como o cordeiro de Deus morre pela humanidade. Um médico bom e justo fará o máximo para cuidar do dente sem considerar o ganho e o proveito!
3. *Respeito*. Trata-se da conduta ou do comportamento certo nas interações sociais. É o cumprimento do papel dado a cada pessoa em cada condição de vida, por exemplo respeito como o encontrado no espírito da devoção filial. Segundo a tradição confuciana, as crianças devem respeitar os pais e os mais velhos e estender esse respeito ao âmbito maior da família, na qual o amor fraterno é enfatizado junto com o respeito mútuo necessário às relações sociais. Os médicos não são apenas profissionais da cura, mas também conselheiros em muitas instâncias. O respeito é a base para um relacionamento interpessoal apropriado e é esperado como uma norma social de vida.

4. *Responsabilidade*. A veracidade se refere à responsabilidade de uma pessoa. A pessoa deve agir de acordo com suas promessas e suas condições de vida. Saber e fazer devem concordar entre si. Assim, uma pessoa deve ser responsável pelo que faz. Um médico responsável cura de acordo com sua habilidade e sua consciência, e essa responsabilidade se baseia em confiança mútua entre o médico e o doente. Cada pessoa deve agir de acordo com o que é esperado dela em sua profissão e sua condição de vida. Nossa responsabilidade inviolável é cuidar bem de nosso corpo. Falhar nessa tarefa é irresponsabilidade.
5. *Ahimsa*. Não faça o mal. Na verdade, é um ensinamento típico hindu e budista. Em Sânscrito, *Ahimsa* é traduzido como não violência e reverência pela vida. Na prática, significa abster-se de comida animal, renunciar à guerra, rejeitar todos os pensamentos de tirar a vida e considerar todos os seres vivos como semelhantes, mostrando, assim, respeito pela vida. No ensinamento de Confúcio o entendimento é de devoção filial. Um filho obediente preservaria cuidadosamente o que foi dado por seus pais, e o mais óbvio é o corpo humano. A pessoa tem de cuidar do próprio corpo e não machucar o corpo dos outros (TAI, 2013, p. 165-168; ZHOU, 2006; FAN, 2004).

Sempre podemos aprender algo de novo a partir de diferentes culturas, religiões e filosofias de vida, como pudemos ver a partir desses princípios de vida da cultura asiática.

7. Fundamentos de uma possível Bioética asiática

Hyakudai Sakamoto, ilustre filósofo japonês e um dos respeitados estudiosos de Bioética asiática, afirma que "a Bioética asiática deve construir os próprios fundamentos culturais, etnológicos e filosóficos" (SAKAMOTO, 2004, p. 488; SAKAMOTO, 2004, p. 45-48).

Esse estudioso apresenta três aspectos fundamentais dessa "nova Bioética asiática": [1] Apoiar-se na nova filosofia relacional entre natureza e seres humanos. O antropocentrismo kantiano do século XVIII deve ser abandonado. Também o naturalismo do *laissez faire* é impossível, pois já temos a habilidade e a tecnologia para controlar o futuro e evolução humana. Necessitamos agora estabelecer um novo humanismo, sem que seja "antropocêntrico", e também cultivar uma nova metodologia para comprometer esse novo humanismo e a ciência moderna e as tecnologias para controlar a evolução humana.

A segunda característica fundamental seria a de reconsiderar a natureza dos seres humanos separada dos outros seres não humanos. A antropologia filosófica do século XVIII gerou o contexto para a ideia da universalidade dos direitos humanos. Em vez disso, levar em conta a igualdade dos direitos dos seres não humanos. Por que somente o ser humano teria "dignidade"?, pergunta Sakamoto. Em muitas formas de pensamento na Ásia, não existe a ideia de dignidade humana distinta da dignidade dos animais. Em muitos países asiáticos, o senso de "direitos humanos" é muito fraco, eles não têm uma fundamentação teórica para o conceito. Eles se preocupam, sim, em superar a fome e a pobreza, mas não pelos direitos humanos, e sim pela ajuda mútua e por novas tecnologias.

A terceira característica, que, ao mesmo tempo, constitui-se em um desafio, tem a ver com a busca de uma nova fundamentação filosófica para a Bioética asiática. Sakamoto diz que esta deve estar enraizada no *"ethos asiático"* que é fundamentalmente diverso do *"ethos* europeu e ocidental" em muitos aspectos. Quais seriam então algumas características fundamentais do assim chamado *"ethos* asiático"? Sua característica original é o holismo em contraste com o "individualismo" ocidental. Taoísmo, confucionismo e budismo ainda influenciam profundamente o *"ethos* asiático". Suas doutrinas e seus preceitos são todos de caráter holístico e valorizam mais a natureza, a sociedade, a comunidade, a vizinhança e a ajuda mútua do que indivíduos com direitos. Seria uma espécie de "antiegoísmo", mas não é altruísmo. Alguns poderiam temer essa espécie de holismo como uma forma de paternalismo, rejeitado já no berço da Bioética ocidental em favor da *autonomia pessoal*. Contudo, devemos registrar que em algumas questões bioéticas novas, como genética e ecologia, meio ambiente, necessariamente exigem alguma espécie de paternalismo, não aquele de cunho ocidental, mas do tipo oriental. Aqui, a palavra-chave é "harmonia", e a Bioética asiática iniciará assim não somente negando o conceito de "autonomia individual", mas também procurando "harmonizá-lo com o novo paternalismo holístico de nosso próprio *ethos* tradicional asiático". Para a cultura asiática "a natureza não é algo a ser conquistado e transformado, mas algo com que temos de aprender a conviver e respeitar". Esta cultura valoriza mais uma felicidade holística e o bem-estar do grupo ou nação, antes que seus direitos humanos individuais.

A Bioética de cunho asiático, desde a metade do século XX, adquiriu uma gama de distintas características universais que transcendem as fronteiras nacionais, indo para além da religião e da oposição política, e desenvolveu um contexto comum de casa espiritual enraizada na filosofia cotidiana (QIU, 2003). Como dizem dois dos estudiosos de Ética e Bioética chineses, Hongqi Wang e Xin Wang, "a China agora está no estágio de discutir como desenvolver a própria ética tradicional num contexto de globalização, mas precisamos reconhecer que, com o fortalecimento da cooperação internacional, o desenvolvimento contínuo de diretrizes universais de ética médica, a educação em ética médica na China ainda está longe de ser a terra prometida. Existem muitas coisas que os estudiosos em Ética Médica necessitam realizar para desenhar a direção futura da Bioética e promover sua difusão entre os profissionais da ciência biomédica e sociedade" (WANG; WANG, 2013, p. 137).

Quando falamos hoje da necessidade de elaborar uma Bioética global, isso seria impossível somente a partir no modelo euro-americano de Bioética. Torna-se necessário dialogar e articular com os valores dessa Bioética de cunho asiático. Esperamos que este olhar introdutório a respeito de alguns aspectos da vida, cultura e valores chineses, a partir de um olhar ocidental, que quis despir-se de preconceitos e não impor valores ocidentais, mas tão somente contrapor para entender melhor as questões, sirva como instigação e provocação para mais aprofundamento e maior entendimento da cultura e dos valores da população dessa parte do planeta, praticamente desconhecida pelos ocidentais. Como desconhecer os valores éticos de vida, ou melhor, uma ética da vida, ou Bioética, que corresponde a 60% da população mundial hoje?

Referências bibliográficas

ALMANAQUE ABRIL 2013. China — *Países*. Abril, São Paulo, n. 213, p. 427-431.
———. Taiwan (Formosa) — *Países*. Abril, São Paulo, 2013, p. 605-606.
BEECH, Hannah; JIUQUAN, Why China Needs More Children? After decades of the one-child policy, Beijing wants its people to have more kids. It may be too late for that. In: *Time*. 3 dez. 2013, p. 14-19.
CHUN, Shan. *Major Aspects of Chinese Religion and Philosophy: Dao of Inner Saint and Outer King*. Dordrecht: Springer, 2012.
ENGELHARDT, Tristram H. Jr. (org.). *Bioética Global: O colapso do consenso*. São Paulo: Centro Universitário São Camilo e Paulinas, 2012 (cf. especialmente artigo de Julia To Lai Po Wah. Uma abordagem confuciana a um modelo de decisão compartilhada em família na assistência à saúde: reflexões sobre o pluralismo moral, p. 211-241).
FAN, Ruiping. Rights or virtues? Towards a Reconstructionist Confucian Bioethics. In: QIU, Ren-Zong (ed.). *Philosophy and Medicine*. Bioethics: Asian Perspectives: A quest for Moral Diversity. Dordrecht, Holanda: Kluwer Academic Publishers, 2004, v. 80, p. 57-68.
INTERNATIONAL ASSOCIATION OF BIOETHICS (IAB). Fourth World Congress of Bioethics. Global Bioethics. *Book of Abstracts*. 4-7 nov. 1988 at Nihon University Hall, Nihon University.
———. Seventh world Congress of Bioethics. Theme: Deep Listening; Bridging Divides in Local and Global Ethics. *Book of Abstracts*. 9-12 November 2004. The University of New South Wales, Sidney Australia.
———. Eighth World Congress of Bioethics. Theme: In quest for a just and Health Society. *Book of Abstracts*. 4-9 August 2006. Pequim, China.
———. Tenth World Congress of Bioethics. Theme: Bioethics in a Globalized World. Book of Abstracts. 28-31 July, Singapore.

JING-BAO NIE. *Behind the Silence*: Chinese Voices on Abortion. Nova York: Rowman and Littlefield, 2005.

KUNG, Hans. *Religiões do mundo: em busca dos pontos comuns*. Campinas: Papirus, 2004 (cf. especialmente o cap. III — Religiões Chinesas, p. 96-148).

MASI, Domenico de. *O futuro chegou*: modelos de vida para uma sociedade desorientada. Rio de Janeiro, Casa da Palavra, 2014 (cf. especialmente o capítulo dois, que fala da "A grandeza composta — O modelo chinês", p. 57-74).

MCLEAN, Sheila. The complexity of women's reproductive lives in Chine. In: *The Lancet*, v. 368, n. 9533, p. 357-358.

NINIO, Marcelo. Maioria de estudantes chineses vive alheia ao massacre de 1989: repressão a protestos na Praça da Paz Celestial, que completa 25 anos, ainda é tema tabu. In: *Folha de S.Paulo*, 1º jun. 2014, A 22 — Mundo.

———. Minha história Raquel Martins, 49. Memórias de Tiananmen. In: *Folha de S.Paulo*, 2 jun. 2014, A12 — Mundo.

PO-WAH, Julia Tao Lai. Confucian and Western Notions of Human Need and Agency: Health Care and Biomedical Ethics in Twenty-First Century. In: *Philosophy and Medicine*. Bioethics: Asian Perspectives: A quest for Moral Diversity. Dordrecht, Holanda: Kluwer Academic Publishers, 2004, v. 80, p. 13-28.

QIU, Ren-Zong (ed.). Bioethics: Asian Perspectives: a Quest for Moral Diversity. In: *Philosophy and Medicine*. Dordrecht, Holanda: Kluwer Academic Publishers, v. 80, 2004.

———. Introduction: Bioethics and Asian Culture — A quest for Moral Diversity, in: QIU, Ren-Zong (ed.). *Philosophy and Medicine*. Bioethics: Asian Perspectives: A quest for Moral Diversity. Dordrecht, Holanda: Kluwer Academic Publishers, 2004, v. 80, p. 1-9.

SAKAMOTO, Hyakudai. Globalization of Bioethics — from the Asian perspective. In: *Eubios — Ethics Institute Publication*, 2004, p. 488-494.

———. The Foundations of a Possible Asian Bioethics. In: QIU, Ren-Zong (ed.). *Philosophy and Medicine*. Bioethics: Asian Perspectives: A quest for Moral Diversity. Dordrecht, Holanda: Kluwer Academic Publishers, 2004, v. 80, p. 45-48.

TAI, Michael Cheng-tek, Consultoria ética: uma abordagem baseada na perspectiva asiática (Cheng, Li, Fa), In: PESSINI, Leo; BARCHIFONTAINE, Christian de P. (orgs.). *Bioética clínica e pluralismo* — com ensaios originais de Fritz Jahr. Centro Universitário São Camilo e Loyola, 2013, p. 159-173.

WANG, Hongqi; WANG, Xin. Medical ethics education in China. In: TEN HAVE, Henk. *Bioethics education in a global perspective — challenges in global bioethics*. Bookseries: Advances in Global bioethics, 2013, p. 137.

ZHU, Chen. Unity but Not Uniformity: Globality and Locality of Bioethics. Dirigido ao 8º Congresso Mundial de Bioética — IAB (International Association of Bioethics), Beijing, ago. 2006.

4

A Bioética global e a cosmovisão de valores africanos "Ubuntu"

> Ubuntu é uma antiga cosmovisão do mundo africano que se baseia nos valores humanos fundamentais, como humanidade, cuidado, partilha, respeito, compaixão, [...] assegurando a existência de uma comunidade de vida humana feliz, em espírito de família.
> **Johann Boodry**

> Um ser humano é humano por causa dos outros seres humanos.
> Eu sou porque nós somos, e nós somos porque eu sou.
> **Máximas Ubuntu**

O QUE SIGNIFICA Ubuntu? Não é uma expressão ou um conceito popular. Muitos de nós ainda desconhecemos seu significado; no entanto, essa cultura, filosofia de vida ou cosmovisão de valores apresenta interessante contribuição para a Bioética contemporânea, principalmente como um Ubuntu é uma cultura africana dos povos que vivem ao sul do deserto do Saara, com uma cosmovisão, crenças, costumes, sistema de valores e estilo de vida que lhes são únicos. Ubuntu é uma expressão linguística em Zulu, que significa "humanidade", que prioriza a dimensão relacional e de reciprocidade dos seres humanos, uns em relação aos outros e com o cosmos. Ubuntu é o elo entre a diversidade cultural e os vários sistemas de valores da grande maioria dos grupos étnicos africanos ao sul do Saara.

Esse conceito assumiu o significado de compaixão, consenso, perdão, diálogo, humanidade, cooperação, hospitalidade, aceitação das diferenças, apoio mútuo, fraternidade universal, harmonia interpessoal, reciprocidade, generosidade e respeito para com os idosos. Desmond Tutu, bispo anglicano sul-africano, Nobel da Paz, afirma que Ubuntu "representa a essência do ser humano". Vejamos de forma introdutória e resumida algumas características fundamentais dessa cultura e cosmovisão de vida africana. A presente reflexão em sua substância assume o pensamento de Leonard Tumaini Chuwa, expresso em sua obra: *Ética nativa africana na Bioética global: interpretando Ubuntu* (African Indigenous Ethics in Global Bioethics: Interpreting Ubuntu). Percorremos, ainda que introdutoriamente, algumas das questões-chave da cosmovisão de valores Ubuntu: visão do ser humano, interdependência humano-cósmica; sobre o cuidado, sobre os conceitos de saúde, doença e cura; a vida para além da morte física e finalmente a importância do casamento e procriação.

Vários elementos da cultura Ubuntu são comuns com o discurso da Bioética global contemporânea. O primeiro componente da cultura Ubuntu lida com a tensão entre direitos individuais e universais. O segundo, com as preocupações em relação ao contexto cósmico e global da vida. O terceiro tem a ver com o papel da solidariedade que une indivíduos e comunidades. A cultura Ubuntu pode inspirar e nos inspirar no diálogo em curso sobre dignidade humana, direitos humanos e ética nesse contexto, em questões relacionadas com o meio ambiente que ameaçam a biosfera. Neste sentido, não deixa de ser uma crítica à Bioética principialista norte-americana. A cosmovisão Ubuntu pode criar as bases para o diálogo e mutuamente iluminar o discurso entre Bioética global e culturas nativas.

Alguns aspectos antropológicos: quem é o ser humano?

A importância da dimensão relacional relativa à humanidade é resumida por duas máximas Ubuntu. A primeira: "Um ser humano é humano por causa dos outros seres humanos". A segunda máxima é uma elaboração da primeira e tem o seguinte conteúdo: "O ser humano é humano por causa da alteridade dos outros seres humanos". John Mbiti combina essas duas máximas em apenas uma: "Eu sou porque nós somos, e nós somos porque eu sou". Em outra formulação se diz que: "uma pessoa é pessoa através das outras pessoas", ou então: "eu sou porque você é". Aqui se percebe a importância da dimensão da interconexão entre as pessoas, o significado.

A ética africana respeita a dignidade da pessoa humana, incluindo-a no contexto da criação, de modo que a dimensão cósmica é um dos seus componentes básicos. Consequentemente, a ética africana somente pode ser compreendida na perspectiva de ser antropocêntrica, social, cósmica e teocêntrica.

Por causa de sua profunda convicção na importância da unidade como um valor fundamental, a cultura Ubuntu não está interessada em separar, definir e/ou distinguir. Nas religiões africanas não existe separação entre religião e ética, entre crenças pessoais e ações pessoais em relação aos outros. A ética é uma parte integral da religião.

Para um africano Ubuntu, tudo na realidade está unido e anda junto, humanos e mundo ecológico. Por isso, danificar o meio ambiente é ferir a si mesmo. Os humanos são vistos como uma força vital que se inter-relaciona com todos os seres, a biosfera e o cosmos. A existência humana é inconcebível independente dos seres interdependentes e das inter-relações.

A expressão "ser com os outros" na cultura Ubuntu é de fundamental importância. Não se limita aos seres humanos, mas inclui a biosfera e o cosmos, uma vez que as ações humanas afetam tanto os humanos como o universo não humano. Os seres humanos não dependem apenas de seus semelhantes, mas também da biosfera e do cosmos.

O mundo natural é parte integral de uma comunidade nativa. O povo vê a comunidade, que inclui a geografia e o mundo natural que contextualiza e abarca as pessoas. Os povos africanos subsaarianos veem a sociedade, a biosfera e o cosmos como uma extensão de si próprios. Consequentemente "ser com os outros" é a condição básica para a felicidade pessoal, integridade e autorrealização. A dimensão relacional está no "coração da moralidade".

A visão africana tradicional do universo é como um espírito global em que todas as coisas são organicamente inter-relacionadas e interdependentes. O cosmos é sagrado e, portanto, não pode ser transformado em objeto manipulável. A natureza é espírito, não é para ser explorada... Todos os seres existem numa relação de reciprocidade, uns em relação aos outros.

Em suma, a pessoa humana é um organismo dentro de um macro-organismo, que é a sociedade, e esta é uma parte da biosfera e o cosmos. Deus é tanto transcendente quanto imanente, no sentido de que Ele pervade toda a realidade e ao mesmo tempo permanece separado dela. Nessa cultura, Deus é a última explanação para a criação e a sustentação tanto do ser humano quanto de todas as coisas. Os espíritos são "seres extraterrestres" e os espíritos dos homens que morreram muito tempo atrás.

A interdependência "orgânica" entre os humanos e o cosmos

A cultura Ubuntu é constituída por uma rede de interdependências e relacionamentos divinamente ordenados para promover, sustentar e alimentar a vida. A pessoa humana não pode ser definida, muito menos sobreviver separada da sociedade e do cosmos que possibilitam sua existência. É uma questão de justiça cuidar dos outros, de outras vidas e das partes não viventes do cosmos. A interdependência e a dimensão relacional são o ponto fulcral que dá o *status* moral das realidades não humanas. Estamos diante de um exemplo representativo de uma cosmovisão comunitária para decisões éticas, em que indivíduos, comunidade e o mundo (natureza, biosfera) estão interconectados. Essa cultura protege os direitos individuais num contexto cósmico para aperfeiçoar a solidariedade. Esta é fundamental para a maximização da quantidade e da qualidade de vida humana, numa ética centrada na vida.

Os relacionamentos humanos são importantes por que eles ajudam a criar, reconhecer, promover e alimentar a vida humana. Os relacionamentos humanos com a biosfera e o cosmos devem nutrir, maximizar e promover a vida, principalmente porque a vida humana depende de seu meio ambiente e cosmos. A comunidade é o ponto de partida para a ética na cultura africana Ubuntu. Ser um indivíduo significa "ser com os outros". Um ser humano é um ser humano através da alteridade dos outros seres humanos.

A cultura Ubuntu respeita e reverencia a integridade do cosmos, que inclui a biosfera e a sociedade humana. Existe harmonia na natureza que deve ser respeitada como uma questão de justiça. A religião permeia todos os aspectos da vida, e não existe distinção formal entre o sagrado e o secular, entre o âmbito religioso e o não religioso, entre as dimensões espiritual e material da vida.

Da mesma maneira a moralidade permeia todos os aspectos da vida e do meio ambiente. Ela se importa em como a vida selvagem ou mesmo partes não vivas da criação são tratadas. Essa cosmovisão de valores de vida alimenta íntima ligação entre biosfera, ecossistema e cosmos. Existe uma rede de interdependência, sem a qual a pessoa e a sociedade não sobrevivem. E, uma vez que a biosfera e o cosmos sustentam a sociedade humana, a sociedade deve preservar a integridade da biosfera e do cosmos.

Muitos povos africanos ao sul do Saara acreditam numa relação real e orgânica entre humanos e a terra. Esse relacionamento é usualmente expresso de modo simbólico através do enterro da placenta e do cordão umbilical. Algumas tribos plantam a placenta com uma semente de árvore frutífera de maneira que, conforme a pessoa cresce, a árvore também cresce e ele(a) estabelece uma relação com a árvore. E, uma vez que o seu cordão umbilical tornou-se parte da árvore, os dois (pessoa e árvore) são como irmãos e irmãs. Mesmo no caso de a pessoa mudar-se para longe do local de nascimento, existirá sempre uma ligação simbólica do invisível cordão umbilical chamando-a de volta para sua terra natal (CHUWA, *African Indigenous Ethics in Global Bioethics: interpreting Ubuntu*, p. 61).

A importância do cuidado

Segundo a filosofia Ubuntu, o cuidado não é somente uma ética, mas é a *conditio sine qua non* para a possibilidade de uma genuína ética. Em outras palavras, a ética baseia-se na habilidade humana e é característica essencial do cuidar. Todos os princípios da ética baseiam-se no fato de que os seres humanos são criaturas "cuidadosas". O cuidado é assumido e pressuposto nas interações humanas. Todo o princípio da ética tem sua origem e tem como objetivo último o cuidado. Portanto, o cuidado não é somente um entre tantos outros paradigmas da ética e/ou Bioética, pois ele precede e se constitui na razão pela qual a ética existe. A filosofia Ubuntu é, na essência, o cuidado pelos humanos e pelo Universo.

A cultura e filosofia de vida Ubuntu reconhece a tensão entre os direitos individuais e universais. O significado dessa tensão pode ser iluminado ao considerar a ética do cuidado. O primeiro componente dessa ética diz respeito aos direitos individuais, visto que eles têm um significado universal. O segundo componente mais importante da ética do cuidado diz respeito às relações humanas. Os direitos individuais e universal precisam ser interpretados à luz da responsabilidade ética que ganha sentido no contexto das relações humanas. O terceiro maior componente da ética do cuidado diz respeito à reciprocidade no cuidado. Esse componente tem dois aspectos. Primeiro, ética e contexto, uma vez que cada situação moral específica localiza-se num determinado contexto e o segundo, o problema da universalização do cuidado. Quanto ao primeiro, os dois elementos da ética do cuidado enfatizam no concreto e no particular. A ética do cuidado leva em consideração necessidades concretas de indivíduos particulares em circunstancias específicas, como ponto de partida para o que deve ser feito. A ética do cuidado considera as pessoas no aspecto relacional, antes que como entidades abstratas, separadas e independentes umas das outras. Ubuntu leva em conta as emoções humanas, os relacionamentos, a atitude mental e a intenção muito seriamente ao determinar a moralidade da ação humana.

Sobre os conceitos de saúde, doença e cura

As práticas de cura tradicionais na região subsaariana objetivam a restauração do equilíbrio, das relações, tanto naturais quanto sobrenaturais. O aspecto sobrenatural era com frequência realizado através de sacrifícios e rituais específicos. O objetivo das práticas tradicionais de cura ia além do mero tratamento de determinada doença. Elas buscam integração pessoal, equilíbrio com o meio ambiente, harmonia social e harmonia entre o indivíduo e ambos, o meio ambiente e a comunidade. O curador (*healer*) deixa claro que o processo de curar vai além do simples prescrever algumas ervas e dos sintomas psicológicos e individuais, até encontrar as razões psicológicas, morais e sociais que estão na raiz como causa da doença, que deve ser descoberta e curada.

O objetivo das práticas africanas tradicionais de cura: "Tratam das doenças não somente com potentes remédios, mas também com rituais que colocam o paciente no centro de um drama social em que as emoções são altamente carregadas e simbolicamente expressas. O significado de rituais e símbolos sinaliza a cura holística, psicológica, social e física". Uma vez que a doença é vista como uma ruptura do todo e da integração da pessoa com a sociedade e o cosmos, faz-se tudo para que a pessoa afligida por doença sinta-se importante e seja objeto de preocupação social, enquanto o ritual também relata o que está acontecendo com ela, em suas preocupações cosmológicas e sociais.

Essas técnicas de cura aprimoram positivamente o estado psicológico do paciente, ao prover um contexto mais favorável para ocorrer a cura física e psicológica. O paciente é considerado alguém importante e membro necessário da sociedade, e cuja dignidade nunca deve ser comprometida. Ele é completamente integrado nos cuidados contínuos da comunidade.

Os cuidados de saúde na cultura Ubuntu são sempre de cunho holístico e comunitário. Embora o processo seja comunitário, envolvendo toda a comunidade, não existe tratamento semelhante para duas pessoas, mesmo que elas tenham o mesmo problema de saúde. O tratamento é único, como a personalidade de cada indivíduo é única. Isso pode ser explicado pela forma diferente como cada pessoa se relaciona com as outras pessoas, a natureza, o cosmos e os espíritos, incluindo espíritos ancestrais.

A doença é mero sintoma de uma causa subjacente, que é geralmente a quebra de um relacionamento e sua consequente desarmonia. Uma vez que os relacionamentos nunca são idênticos, as doenças podem parecer similares, mas o processo de cura é condicionado à causa da desarmonia, aos agentes envolvidos, sua natureza e sua extensão. A cura tradicional na África baseia-se na perspectiva da realidade como um todo. Os africanos se recusam a desenhar uma linha entre eles como sujeitos e seu objeto de razão ou ação. Eles antes veem ameaças de interconexão existentes entre todos.

A cultura Ubuntu vê a doença como uma ruptura da integridade. Por isso os cuidados de saúde na filosofia Ubuntu abordam não somente os sintomas visíveis, mas as possíveis causas subjacentes de cunho psicogênico, psicológico, social e ontológico. A cura no fundo não é nada mais do que um processo de reconciliação. A cura reconcilia e restaura a unidade perdida, no interior da pessoa, entre a pessoa e a sociedade, entre a pessoa e o ente querido que já morreu, entre a pessoa e o cosmos e entre a pessoa e Deus. A compreensão do processo doença/cura é holística.

O cuidado dos doentes não é caridade, mas uma obrigação ética e é uma prova da maturidade moral pessoal. Para o indivíduo doente, a presença empática e de suporte da comunidade confere um sentimento de pertença e de partilha da vida da comunidade, mesmo se a vida individual esteja em declínio. Estando a pessoa em fase final, tem início o processo de iniciação no mundo dos viventes-mortos. O papel da comunidade é dar dignidade e coragem à pessoa que esteja no final de sua vida, preparando-a para enfrentar a própria mortalidade.

A ética Ubuntu e a vida para além da morte

A cosmovisão de valores Ubuntu apresenta profunda reverência para com a vida, o que determina uma ética que apresenta não somente a preservação da vida ontológica da vida na terra, mas também sua sobrevivência após a morte física. A vida humana é tão central, tão dignificada, irrepetível, sagrada e única que deve sobreviver à morte física. Da perspectiva Ubuntu, a vida humana não termina. Portanto, a morte é outro estágio de iniciação no processo de vida humana que continua e iniciação na imortalidade.

A imortalidade é crucial para o sentido a vida, tanto para os mortos como para os sobreviventes. John Mbiti (*African Religions and philosophies*, p. 25) explica que, "do ponto de vista dos sobreviventes, a imortalidade pessoal é expressa em atos como respeito pelo ente querido que partiu, dando-lhe alimentação, libações e levando avante as instruções deixadas por eles, enquanto ainda vivos ou quando eles aparecem". Existe uma segunda maneira como se consegue a imortalidade, como memória na mente dos sobreviventes, e essa memória é cultivada e cuidadosamente guardada.

Na perspectiva africana subsaariana, os viventes-mortos estão realmente presentes, embora tenham iniciado uma forma superior de existência. Eles podem vigiar o comportamento dos viventes e puni-los em casos de imoralidades. Os atos de libação (de cerveja, leite ou água), ou de dar porções de alimento para os viventes-mortos, são símbolos de comunhão, fraternidade e relembrança. Eles são os fios místicos que ligam os viventes-mortos aos seus parentes sobreviventes.

Esses laços místicos entre os vivos fisicamente e os vivos-mortos é uma obrigação dos sobreviventes. O morto é mantido na memória tão longamente quanto possível. Quando não existe mais um vivente que os relembre, acredita-se que eles foram para outras iniciações no mundo dos espíritos e posteriormente são removidos do mundo dos vivos, mas os laços sempre permanecem.

Embora, seja importante sobreviver à morte pela procriação no nível individual e pela memória pessoal no nível dos sobreviventes, a morte não é o fim da vida humana.

Os cuidados de saúde em relação aos pacientes que estão na fase final da vida são ricos de significado e simbolismo. Toda a comunidade participa dessa iniciação daquele membro na comunidade dos viventes-mortos. A comunidade acompanha os que estão se despedindo da vida física, dando-lhes o sentimento e a consciência de que eles estão sendo incluídos no processo de crescimento pessoal, mesmo que se suas forças físicas estejam em declínio [...] o doente e o moribundo encontram renovada coragem e aprendem a enfrentar o sofrimento e a morte com maior dignidade humana (Bujo, 2001, p. 89).

O aspecto positivo sobre a morte e o envolvimento da comunidade no processo é de grande ajuda não somente para a pessoa que está no final de sua vida, mas também para os vivos afetados pela morte de um ente querido. Os membros vivos da comunidade aprendem a se preparar para passar por essa inevitável iniciação natural, com coragem, quando chegar o momento.

A importância do casamento e da procriação

Como a imortalidade é muito importante para ambos, mortos e viventes, o casamento e a procriação são de extrema importância. O casamento tradicional africano é uma questão complexa, com aspectos econômicos, sociais e religiões que com frequência se entrelaçam e não podem estar separados.

A importância do casamento na sociedade tradicional africana baseia-se no fato de que ele é uma fonte central para a imortalidade pessoal e social. O matrimônio é o ponto em que todos os membros de determinada comunidade se encontram: os que já partiram desta vida, os que estão vivendo e aqueles que ainda vão nascer. A centralidade do casamento está no fato de que ele assegura a continuação da vida e da comunidade. Consequentemente, o casamento não é nem uma decisão pessoal, nem um assunto privado. Existe uma expectativa da comunidade de que todo mundo se case, para a imortalidade pessoal e para o bem da comunidade. Trata-se de um dever e uma obrigação.

A comunidade é central na compreensão da ética Ubuntu por causa da necessidade de apoio para toda a vida humana. O casamento entre homem e mulher é o primeiro estágio na criação de uma comunidade maior e na geração da vida.

No ocorrência de um caso infértil, a comunidade improvisa uma maneira de ajudar o casal a participar na vida da comunidade pela adoção de crianças de parentes, gerando crianças para um marido infértil através de seus irmãos e poligamia. A homossexualidade é contra a comunidade real, portanto contra a vida e o gênero humano. É considerada algo profundamente negativo e uma grande imoralidade.

Em muitas sociedades tradicionais africanas, falhar em gerar uma criança é equivalente à morte. Mbiti afirma: "Infeliz é a mulher que não pode gerar crianças; por quaisquer outras qualidades que ela possa ter, o fato de não poder procriar é pior que cometer genocídio: ela é o final da vida humana, não somente para a linha genealógica, mas também para si própria" (Mbiti, p. 107), uma vez que ser totalmente vivo é ser uma ligação na cadeia que recebe a vida e a transmite adiante através da procriação. Sendo parte da cadeia da vida ganha-se a imortalidade pessoal.

Antes da chegada do cristianismo à área subsaariana da África, o celibato nunca foi considerado uma opção válida. O celibato sempre foi visto como um sinal de egoísmo, afastamento da comunidade e de seu ritmo, uma ofensa contra a lei natural da geração e do cuidado da vida. Por causa da sua vida profundamente comunitária e também pelo entendimento da sexualidade como meio de procriação, a África subsaariana tem poucos casos abertamente conhecidos de homossexualidade. Enfim, o matrimônio é um microcosmo da compreensão comunitária da cosmovisão Ubuntu.

Apontamentos finais

A filosofia de vida Ubuntu apresenta um contraste delicado com a dimensão cartesiano-individualista da prova de existir, o *cogito ergo sum*, "penso, logo existo", por sua perspectiva comunitária e relacional *cognatus sum, ergo sumus*, "eu sou conhecido, portanto, nós somos". Essa epistemologia é relacional. A ética Ubuntu baseia-se na premissa de que uma pessoa se torna consciente da própria existência, de seus direitos, seus deveres e suas obrigações por meio de outros membros da comunidade, da sociedade e do meio ambiente.

A dimensão comunitária da pessoa humana é o ponto fulcral da ética Ubuntu. O que afeta uma pessoa afeta toda a sociedade e seu contexto ambiental. Do mesmo modo, o que afeta a sociedade afeta cada pessoa e o contexto ambiental daquela pessoa. Portanto, uma pessoa somente pode dizer: "Eu sou porque nós somos, e, uma vez que nós somos, portanto eu sou".

A busca do estabelecimento de equilíbrio ótimo, integridade e santidade do cosmos é uma obrigação moral e sagrada da cultura Ubuntu. Os humanos têm a obrigação e o dever ético de prover uma gestão saudável do meio ambiente, para as presentes e as futuras gerações, como uma questão ética fundamental. As futuras gerações pertencem ao espaço "do outro" sem o qual o "eu" não pode ser definido. O conhecimento e seu desenvolvimento não ocorrem independentemente do reconhecimento da alteridade. Sem dúvida nenhuma estamos diante de uma cosmovisão de valores de vida que contrasta com a visão cartesiana *cogito ergo sum* (penso, logo existo). Na cultura Ubuntu, todo membro do gênero humano tem a obrigação última de crescer, isto é, tornar-se plenamente humano. Isso significa maximizar-se tanto no nível pessoal quanto no comunitário da vida, ao formar comunidade com outras pessoas e com o cosmos, sem perder ou comprometer a própria individualidade.

Referências bibliográficas

Obras fundamentais para entender a cultura Ubuntu

BUJO, Bénézet. *Foundation of African ethic*: Beyond the universal claims of western morality. Nova York: The Crossroad Publishing Company, 2001.
CHUWA, Leonard Tumaini (2013). *African Indigenous Ethics in Global Bioethics*: interpreting Ubuntu. Nova York: Springer, 2014.
MBITI, John S. *African religions and philosophy*. 2. ed. New Hampshire: Neinemann Educational Books, Inc., 1990, p. 16, 28.
OSUJI, Peter Ikehukwu. *African Traditional Medicine*: Autonomy and Informed Consent. Advancing Global Bioethcs 3. Dordrecht: Springer, 2014.

5

Bioética em tempos de catástrofes: reflexões sobre a ética da ajuda humanitária

Lembre-se de que você é um simples "hóspede" no país, e que você está aí para ajudar as pessoas a se ajudarem a si mesmas, e não para criar dependência. Trate a todos com igual dignidade, especialmente os mortos, que talvez tenham morrido exatamente por falta de dignidade em vida. Estimule a cooperação, a mútua-ajuda e a restauração da motivação, a autoestima e a autossubsistência.
Palmer, 2005, p. 74

Introdução

VIVEMOS UM MOMENTO histórico, caracterizado por intenso processo de globalização que afeta a vida de todos. Esse fenômeno é impulsionado principalmente pelos meios de comunicação (TVs, jornais, internet, redes sociais), bem como por processos migratórios de gente dos países pobres para os países ricos (viagens, meios de transporte) e pela economia, que se apresenta sempre mais globalizada. Nesse contexto, vários âmbitos da vida humana são impactados e transformados, como cultura, estilo de vida, valores comunitários locais e nacionais. Eticamente falando, nós nos empenhamos pela globalização da solidariedade, mas o que de fato está ocorrendo é a globalização da indiferença.

Os perigos e os riscos de desastres e catástrofes em termos de saúde pública, por exemplo, que antes podiam ser circunscritos a determinada comunidade e ali controlados, agora também são globalizados (H1N1, Ebola etc.) e colocam a humanidade inteira em estado de alerta. No que diz respeito ao perigo de morte, sentimo-nos uma humanidade unida. Através de organizações, agências e ONGs governamentais, intergovernamentais e civis, como ONU,

Unicef, Unaids, Médicos sem Fronteiras, Cruz Vermelha Internacional, entre outras mais ativas, tomam-se medidas de segurança e proteção para preservar a vida e a saúde da população mundial, vulnerabilizada por essas ameaças.

No campo dos desastres, assim chamados naturais, que aparentemente não teriam nenhuma intervenção humana, a ocorrência do *tsunami* no oceano Índico em dezembro de 2004 é um marco importante na contemporaneidade. Esse desastre afetou mais de 12 países da região asiática, deixando um lastro de mais de 250 mil mortes e prejuízos materiais incalculáveis. Serviu como um despertador para a humanidade acordar e se unir em termos de ajuda humanitária internacional. Em muitas situações específicas a ajuda humanitária e solidária complicou e atrapalhou o processo de ajuda por falta de coordenação, ações duplicadas e falta de visão de conjunto. Foi o que se descobriu em pesquisas realizadas pós-desastres. Isso levou a um processo de repensamento das estratégias de resgate e salvamento das vítimas, bem como ao surgimento de uma reflexão sobre ética e Bioética nesses cenários. O que fazer em termos de priorização de ações perante a escassez de recursos? A pesquisa foi conduzida nesse contexto, de que valores éticos deveriam ser implementados. Essas e outras questões são hoje pauta obrigatória quando falamos em Bioética global. É certo que grande parte da história de quase meio século de Bioética foi pensada em termos de *microética*, vendo somente o indivíduo; agora a Bioética é desafiada a focar as questões de *macroética*, valorizando a dimensão sociopolítica-cultural e econômica. Não há como não negar o contexto em que a vida é afirmada ou negada!

Sob essa perspectiva já foram realizados inúmeros encontros acadêmicos e eventos em que as questões éticas e bioéticas estiveram no centro das discussões da temática dos desastres. Várias publicações referenciais na área da Bioética também surgiram. Uma obra recentemente publicada, que fundamenta em grande parte essas reflexões, tem como editores P. O'Mathúna, Bert Gordijn e Mike Clarke e intitula-se *Disaster Bioethics: Normative Issues When Nothing is Normal* (A Bioética em contexto de desastres: questões normativas quando nada é normal). Inúmeros eventos de treinamento e discussões éticas também estão sendo realizados, em comitês nacionais de Bioética, centros prestigiosos de Bioética, como o The Hasting Center (Estados Unidos). A Faculdade de Medicina da Universidade do Porto realizou, de 9 a 10 de outubro 2014, um congresso sobre a Bioética em contexto de desastre, com a temática: o processo de tomada de decisões bioéticas em situações de desastres. Bastam essas indicações para perceber a importância da temática relacionada com ética e Bioética num contexto de desastres.

Este texto enseja apresentar algumas reflexões éticas e bioéticas introdutórias no cenário supra-apresentado. O roteiro de nossa jornada reflexiva se inicia com a apresentação de alguns dados estatísticos sobre desastres [1]; em seguida busca um entendimento sobre desastres e como estes se transformam numa questão bioética [2]; aborda alguns princípios éticos da ajuda humanitária [3] e algumas diretrizes éticas da pesquisa nesse contexto [4]. Depois procura-se definir três conceitos de amplo uso nessa área: macro, triagem e planejamento das respostas [5]. Aprofundando a discussão, discorremos sobre a emergência da responsabilidade ética [6], a ética de emergência e o humanitarismo como política de vida [7], e o valor da vida humana, justiça e direitos humanos [8]. Não há como não refletir e desconhecer o que é feito pelas organizações internacionais intergovernamentais e não governamentais que atuam como resposta aos grandes desafios globais dos desastres. Destacamos especificamente algumas organizações não governamentais internacionais, a organização Médicos sem Fronteiras (MSF), A Cruz Vermelha Internacional e o Greenpeace [9]. Finalizamos apontando para o desafio ético de lidar com os valores e as crenças das culturas locais e respeitá-los [10] e a necessidade de mais reflexão de cunho ético e bioético na área de catástrofes.

1. Alguns dados estatísticos sobre catástrofes ocorridas nos últimos anos

Em 2013 foram registrados 330 desastres naturais que provocaram a morte de 16.610 pessoas, afetando a vida de 96,5 milhões de pessoas e causando danos econômicos estimados em 118,6 bilhões de dólares. A geografia desses desastres apresenta o seguinte panorama: a Ásia foi a mais afetada por desastres naturais: 40,7%; seguida pelas Américas, com 22,2%; a Europa com 18,3%; a África com 17,7%; e a Oceania com 3,1%. Essas catástrofes causaram grande impacto na saúde pública dos países afetados. Segundo o Climate Risk Index (1993-2012), os dez países mais afetados nos últimos 20 anos por eventos meteorológicos extremos são os seguintes: Honduras, Haiti, Myanmar, Nicarágua, Bangladesh, Vietnã, Filipinas, República Dominicana, Mongólia e Tailândia (ANNUAL DISASTER STATISTICAL REVIEW, 2013).

Segundo recente relatório do Painel Intergovernamental de Mudanças Climáticas (IPCC), existem causas antropogênicas envolvidas nas mudanças do clima que já causaram e continuam a afetar o ser humano e os sistemas naturais. A emissão dos chamados gases de efeito estufa é causada principalmente pela ação do ser humano. Toda a humanidade deve cooperar urgentemente na redução da emissão de CO_2, através de adaptação e mitigação. Ambas são estratégias complementares para reduzir os riscos de mudança do clima. O objetivo é limitar o aquecimento global abaixo de 2 °C (IPCC, 2014).

As variações climáticas extremas, como de temperatura, chuvas, ventos e outros fenômenos da natureza continuam a ser um risco sério para a humanidade. Assim, temos alguns fortes ciclones tropicais (Filipinas, 2013), enchentes, ondas de calor, secas severas etc. Essas mudanças climáticas afetam profundamente a saúde e o bem-estar das populações. Os estudiosos da área preveem que as mudanças climáticas causarão aproximadamente 250 mil mortes adicionais anualmente entre 2020 e 2050; das quais seriam: 38 mil idosos por causa da exposição ao calor; 48 mil em razão da diarreia; 60 mil, de malária e 95 mil de crianças graças à desnutrição. Esses números indicam que o peso maior da doença e mortes causadas pelas mudanças climáticas no futuro continuarão a afetar principalmente crianças em países em desenvolvimento, mas que também outros grupos populacionais serão fortemente afetados (WHO, 2014).

Nos últimos dez anos, mais de 7 mil desastres foram registrados no planeta. Mais de 1,1 milhão de pessoas morreram e mais de 2,5 milhões de pessoas foram atingidas. Essa classificação não inclui guerras, conflitos relacionados com fome, doenças e epidemias. O ano de 2010 foi considerado o ano mais mortífero de todos nas últimas décadas. Naquele ano ocorreram 373 desastres naturais que afetaram a vida de 207 milhões de pessoas e resultaram em 296.300 mortes.

Na última década, China, Estados Unidos, Indonésia, Filipinas e Índia juntos foram os cinco países mais afligidos por desastres naturais. Em 2013, na China, ocorreu o maior número de desastres naturais da última década. O país foi afetado por uma variedade de tipos de desastres. Incluindo 17 enchentes e avalanches de terra, 15 tempestades, 7 terremotos, um grande movimento estrondoso de terra de origem geológica, uma seca e um período de temperaturas extremas.

Entre os dez países mais atingidos em termos de mortalidade por causa de desastres em 2013, cinco são classificados como países de baixa renda ou baixa e média renda. Esses países contabilizam 88% de todas as mortes registradas em 2013. Dois desastres mataram mais de mil pessoas: o Ciclone Haiyan, nas Filipinas, em novembro, com 7.354 mortes, e as enchentes em junho na Índia, com 6.054 mortes (ANNUAL DISASTER STATISTICAL REVIEW, 2013).

Entre os maiores desastres recentes na história da humanidade, amplamente divulgados e explorados pela mídia mundial, elencamos os seguintes:

- *Em 26 de dezembro de 2004, Tsunami no oceano Índico.* Um terremoto de magnitude de 9,3 resultou em um *tsunami* que afetou 12 países. Os mais atingidos foram Indonésia, Sri Lanka, Índia e Tailândia. Mais de 200 mil pessoas perderam a vida, e quase dois milhões perderam suas casas. No Sri Lanka, ocorreram 30 mil mortes, com milhares de pessoas desaparecidas.
- *Em 29 de agosto de 2005, o furacão Katrina,* um dos mais avassaladores da história dos Estados Unidos, destruiu a região metropolitana de Nova Orleans, causou mais de mil mortes, com perdas econômicas incalculáveis. O Katrina começou como uma tempestade tropical que se formou

sobre as Bahamas. Ele alcançou os estados de Louisiana, Mississipi e Alabama. A região metropolitana de Nova Orleans foi a mais atingida, onde mais de um milhão de pessoas deixaram suas casas, com prejuízos materiais incalculáveis.
- *Em janeiro de 2010, um terremoto no Haiti* com magnitude de 7.0 ceifou a vida de mais de 316 mil pessoas, deixando 1,5 milhão de haitianos sem residência. Um país em ruínas mobiliza o mundo inteiro em termos de ajuda humanitária.
- *Em fevereiro de 2010, na Costa do Pacífico, no Chile*, um terremoto com magnitude de 8,8 ceifou a vida de aproximadamente 500 pessoas, e 370 mil casas foram danificadas.
- *Em 11 de março de 2011, no Japão, na região de Fukushima*, um dos maiores terremotos já registrados, com magnitude de 9,0, seguido de um *tsunami* avassalador deixou milhares de vítimas. Após a catástrofe da natureza, algo mais grave ocorreu: três dos quatro reatores nucleares existentes na usina explodiram. O exato número de vítimas dessas catástrofes (terremoto, *tsunami* e acidente nuclear) é ainda desconhecido, mas calcula-se que são aproximadamente 25 mil mortos, com 100 mil casas/edifícios danificados ou destruídos. Mais de 228 mil pessoas tiveram de abandonar para sempre suas casas em oito localidades em torno da usina, e cerca de 80 mil vivem hoje em alojamentos provisórios feitos pelo governo. Entre os moradores de uma dessas localidades, Tomioka, a 10 km da usina, ocorreram já 200 suicídios, número infinitamente maior que o número dos que morreram na localidade por causa do *tsunami*. Quatro anos depois, alguns moradores ainda não puderam retornar aos seus lares.
- Em 25 de abril de 2015 e em 12 de maio de 2015, dois terremotos, com intensidades de 7,8 e 7,3 graus na escala Richter, arrasaram a capital do Nepal e arredores. Mais de oito milhões de pessoas foram afetadas e mais de três milhões estão sem abrigo após a destruição de suas residências. Essa tragédia causou a morte de mais de 10 mil pessoas com centenas de milhares de feridos.

As catástrofes nucleares de Three Miles Island (Estados Unidos, 1979), de Chernobyl (Ucrânia, 1986) e agora Fukushima, no Japão, fizeram que se reacendesse no mundo o temor em relação às centrais nucleares, para produção de energia elétrica. Existem no mundo, hoje 432 usinas nucleares e a França é o país mais nuclearizado do mundo com 59 usinas. O Japão tem 48 reatores nucleares que, por causa do acidente de Fukushima, se mantêm paralisados e aos poucos, com medidas extremas de segurança, paulatinamente vão sendo ativados. Países como a Alemanha, a Bélgica e a Suíça abandonaram a opção nuclear para produzir eletricidade.

Quatro anos após o acidente nuclear, sensores subterrâneos registraram um nível de radioatividade 70 vezes superior aos já elevados níveis do complexo nuclear. O desmantelamento dos quatro reatores mais afetados deve durar de 30 a 40 anos; e a limpeza da região atingida, dizem os especialistas, vai levar pelo menos mais de 20 anos a um custo de 411,6 bilhões de dólares. Para complicar ainda mais a situação, a radiação nuclear prejudicou a saúde e ainda vai agravar a saúde de milhares de pessoas pelos anos vindouros. Um sofrimento incrível em termos de perdas de vidas, de bens materiais e deslocamento forçado de população para outros locais em habitações improvisadas, com a destruição das casas.

2. O que entender por desastres; os desastres como questão bioética e o papel dos bioeticistas

O Escritório das Nações Unidas para a Redução do Risco de Desastres, 2007, assim estabelece o que se entende por desastre: "O desastre é definido como a consequência de eventos provocados por fenômenos naturais, como terremotos, vulcões, deslizamentos de terra, *tsunamis*, enchentes, secas etc., que superam a capacidade de resposta da comunidade local, comprometendo gravemente o funcionamento desta [...], causando destruições humanas, materiais, perdas econômicas ou ambientais, que superam a capacidade da comunidade afligida de enfrentar com os próprios recursos" (Escritório das Nações Unidas para a Redução do Risco de Desastres, 2007).

Os desastres são classificados em três grupos, a saber: [a] naturais, por exemplo inundações, terremotos, quedas de avalanches; [b] tecnológicos, por exemplo, acidentes industriais, nucleares (Chernobyl e de transporte de produtos químicos); e, [c] os chamados emergências complexas, que envolvem causas naturais e humanas. Os desastres podem estar relacionados com conflitos causados pelo próprio ser humano, como guerras e terrorismo (queda das torres gêmeas de Nova York com mais de três mil mortes pela organização de Bin Laden, Al-Qaeda, em 11 de setembro de 2001).

Os desastres causam o que popularmente ficou conhecido em inglês como "os seis Ds": destruição, morte (*death*), deslocamento, desaparecimento, doenças/desordens e desarranjos. Os desastres causam muito dano e infligem muito sofrimento humano. Eles causam desequilíbrio entre necessidades humanas e recursos imediatamente disponíveis para atender às necessidades humanas. Ocorrem de maneira muito diferente e com intensidade variável em diversas partes do planeta.

Para a Cruz Vermelha internacional, o desastre é um evento calamitoso que resulta em perdas de vidas, intenso sofrimento humano, angústia e estresse, assim como em perdas materiais em grande escala. Do ponto de vista médico, as situações desastrosas se caracterizam por agudo e imprevisto desequilíbrio entre a capacidade e os recursos de saúde e as necessidades dos sobreviventes, que estão feridos e cuja vida está ameaçada, por determinado período.

Os desastres, independentemente de sua causa, apesentam algumas características comuns, que podem ser identificadas: [a] ocorrência rápida e inesperada, que exige uma resposta imediata; [b] danos materiais que tornam o acesso aos sobreviventes difícil e/ou perigoso; [c] efeitos adversos para a saúde e a vida da população; com risco de epidemias e pandemias; [d] contexto de insegurança que por vezes exige medidas policiais e militares para manter a ordem; [e] cobertura midiática.

O Fórum Europeu para redução de riscos de desastres, do Conselho da Europa, realizado em 2011, apontou como prioridade fundamental, a ser implementada através de ações no processo de redução dos riscos de desastre, "colocar as pessoas em primeiro lugar!".

Se olharmos para a história da Bioética Ocidental, identificaremos imediatamente algumas importantes limitações quando se tenta aplicá-la ao contexto de desastres. Uma das razões é que a Bioética sempre privilegiou o indivíduo e os direitos individuais, e a situação de desastres nos coloca numa perspectiva muito mais ampla que a dos direitos individuais, honrando estes, mas indo além deles; foca a saúde das populações, levando em conta o contexto sociopolítico e econômico.

Existem muitas questões éticas na ocorrência de um desastre, na administração do socorro e na resposta global que se dá em termos de salvamento de vidas e recursos. A Cruz Vermelha Internacional, os Médicos sem Fronteiras, a Associação Médica Mundial, todas essas organizações têm claro que suas ações e suas intervenções humanitárias nesse âmbito apresentam uma clara orientação ética, como veremos mais adiante.

Qual seria o papel da Bioética em situação de desastres? Ela examina as questões de conduta moral a respeito do certo e do errado, relacionadas com pessoas e organizações na medida em que elas respondem às necessidades das pessoas vitimadas pelos desastres. Muitas dessas questões emergem no contexto de necessidades vitais e processos de provisões de cuidados de saúde. Além disso, uma vez que essas necessidades implicam pesquisa de como melhor intervir, a Bioética num contexto de desastres também estuda as questões éticas que surgem na realização de pesquisa nesse cenário. Sua missão nessa situação seria a de elaborar normas éticas salutares, quando nada aparenta normalidade. Os desastres podem destruir muitas coisas, mas não devemos deixar que destruam a dignidade humana. Nesse sentido, a Bioética objetivaria identificar meios para salvaguardar a dignidade humana.

Jessica Bert e Nicholas King citam cinco contribuições que os bioeticistas podem dar nesse contexto de planejamento para enfrentar os desastres:

1. Diversas questões levantadas em planejamento de resposta à situação de desastres refletem muito de perto preocupações da Bioética tradicional: triagem, alocação de cuidados de saúde, tratamentos obrigatórios, envolvimento de seres humanos em projetos de pesquisa, consentimento informado, entre outras questões mais notórias. Todas essas questões são familiares aos que foram treinados em Bioética.
2. Os bioeticistas também podem contribuir através de uma de suas maiores forças, ou seja, vasta gama de abordagens para resolver problemas morais, a partir de principialismo, casuísmo, consequencialismo, reflexão teológica e deontológica, narrativa, fenomenológica, feminista e ética das virtudes. Algumas ou todas essas ferramentas para responder a questões difíceis podem prover um recurso valioso no contexto de desastres.
3. Os bioeticistas são habilidosos em navegar em terrenos complexos, no processo de tomada de decisões, diante dos múltiplos atores numa situação crítica. Em particular, os bioeticistas podem oferecer modelos de integração de visões não médicas, incluindo a perspectiva filosófica, legal, religiosa e outros tipos de habilidades éticas, na área da saúde e no processo de tomada de decisão em políticas de saúde.
4. Mesmo em situações de crise imprevisível, os bioeticistas podem apontar a necessidade de precaução quanto às respostas iniciais e às respostas mais refletidas. Enfatiza-se a necessidade de olhar cuidadosamente para as situações e encontrar argumentos sólidos para apoiar determinado posicionamento. Como resultado, as avaliações bioéticas frequentemente servem para clarificar desentendimentos comuns. Os bioeticistas podem esclarecer pressupostos subjacentes no planejamento de respostas em contexto de desastre e propor alternativas.
5. Essa talvez seja a contribuição mais significativa. Os bioeticistas enfatizam a importância da ética, mesmo, ou especialmente, em *situações de crise*. A ética é de importância crucial, particularmente quando existem recursos significativos, tempo e pressões financeiras. Idealmente, deve-se antecipar as questões éticas que possam surgir nessas situações e pensar diferentes respostas possíveis, com antecedência. Da mesma maneira que se procura evitar posicionamentos impulsivos, individualistas no centro cirúrgico ou no pronto-socorro, os bioeticistas podem propor diretrizes éticas para ações prioritárias, antes que ocorra um desastre de grande escala (BERG; KING, 2006, p. 3-4).

É de grande importância nesta área o caráter inter, multi e transdisciplinar da Bioética. Desse modo, ela necessita e valoriza as contribuições de outras áreas de conhecimento, como a perspectiva legal, filosófica, das Ciências Sociais, da Medicina, entre outras. "Uma das mais importantes contribuições dos bioeticistas relaciona-se com a *avalição da ética da preparação* para desastres, bem como com o *papel da ética* no processo de preparação para enfrentar as catástrofes" (KING, 2005).

Um dos desafios nesta área é que existem bioeticistas sem conhecimento de saúde pública, em bioestatística e epidemiologia. Eles geralmente estão familiarizados com abordagens médicas individualizadas em relação à saúde e à doença. Apesar disso, podem aprender a respeito dessas realidades. Sem dúvida, a Bioética ainda não tem uma linguagem adequada para abordar as necessidades da comunidade ou da população. A perspectiva comunitária provê uma teoria básica, mas mesmo assim a linguagem por vezes ainda é falha. Por outro lado, a Bioética tem feito um bom trabalho em identificar populações vulneráveis no contexto da pesquisa clínica. Outro desafio a ser visto com cuidado liga-se ao estado atual da Bioética. Ela ainda não apresenta limites profissionais claros. Os modelos profissionais para os bioeticistas de hoje provêm do contexto das profissões individuais, como ética médica para os médicos, ética legal para os advogados, teologia moral para os teólogos e filosofia moral para os filósofos, entre outros. As pessoas envolvidas na área da Bioética provêm de diferentes formações e experiências educacionais. Não obstante os desafios apontados, a Bioética tem um lugar e deve certamente contribuir muito como planejamento de resposta a uma situação crítica de desastre (BERG; KING, 2006, p. 5).

3. A ética em situações de catástrofes: alguns princípios éticos fundamentais da ajuda humanitária

A pesquisa em situações de catástrofe cobre ampla gama de tipos de estudo, que vai desde perguntar às pessoas sobre sua experiência, que necessidades apresentam, até a realização de intervenções médicas com projetos de pesquisa randomizados e controlados. Vários tipos de estudos levantam diferentes tipos de questões éticas, com o questionamento se alguns tipos de pesquisa não deveriam ser conduzidos durante os desastres. Argumenta-se que o foco prioritário, pelo menos na fase aguda, é sempre resgatar e cuidar dos sobreviventes.

Necessitamos de mais pesquisa nesse âmbito de tragédias para compreender os desastres e encontrar os melhores caminhos para reduzir os riscos, bem como para aprimorar as respostas de socorro e ajuda humanitária. Em geral, a pesquisa é eticamente justificada por trazer resultados importantes que beneficiarão futuramente as pessoas expostas ao risco de eventos adversos da natureza.

Ainda não existem diretrizes internacionais comuns a todos os que atuam num contexto de desastre sobre pesquisa em contexto catastrófico. Apenas recentemente organizações internacionais, como a Cruz Vermelha Internacional e a organização Médicos sem Fronteiras, elaboraram algumas normas éticas e criaram comitês de revisão ética nesse sentido. Utilizam-se em geral as normas éticas para a pesquisa em seres humanos, elaboradas pela Associação Médica Mundial (*Declaração de Helsinque*), e o documento da Organização Mundial da Saúde (OMS)/CIOMS, com diretrizes específicas para a pesquisa em seres humanos conduzida nos países em desenvolvimento.

Existem importantes lições a ser aprendidas pela comunidade internacional a partir das intervenções realizadas em situações catastróficas recentes, em que pesquisadores inescrupulosos exploraram os sobreviventes. Os sobreviventes traumatizados não devem ser retraumatizados ao ter de se submeter a uma pesquisa que em nada respeita seus valores e suas necessidades. Ao entrar em outra cultura para ajudar, deve-se assegurar que as pessoas serão tratadas com respeito.

O objetivo primário em toda e qualquer assistência humanitária no contexto de desastres é o de realizar o maior bem possível para o maior número possível de pessoas. No imediato pós-desastre, isso envolve salvar vidas e aliviar o sofrimento. Contudo, existem alguns mitos e falácias em relação aos riscos e às necessidades de saúde durante os desastres, que precisamos superar (WANG, 2009).

Por exemplo, acredita-se que o pânico é generalizado na população no imediato pós-desastre. Existem evidências que mostram que os sobreviventes não entram em pânico. Pesquisas empíricas mostram que os sobreviventes permanecem calmos e têm um papel crucial como os primeiros a ajudar a resgatar as pessoas e tratar de seus ferimentos. Embora a ajuda externa seja importante, pesquisa empírica realizada na China, no México e nos Estados Unidos revelou que mais de 80% das pessoas são localizadas e resgatadas pelos outros sobreviventes. Isso tem importante implicação em termos de preparação e planejamento para agir e intervir nessa situação, sublinhando a importância da condução de pesquisa imediatamente após os desastres.

Por exemplo, enfrentar o trauma associado com desastres. Existem diferentes tipos de intervenções psicológicas que têm sido amplamente usadas. A pesquisa está identificando que tipo de intervenção é realmente de ajuda e quais são as pessoas necessitadas antes de assumir que qualquer tipo de intervenção feita por um conselheiro psicológico sensível e competente seria de ajuda.

Outro princípio ético importante é evitar dano. As respostas aos desastres devem ser examinadas numa perspectiva de longo prazo e não simplesmente em curto prazo. Em uma pesquisa de avaliação a respeito da resposta ao *tsunami* que ocorreu em 2004 no oceano Índico descobriu-se que o influxo da ajuda externa minou os esforços locais de resposta ao desastre e, em certos lugares, comprometeu sua estrutura organizacional. Esses resultados certamente não eram esperados, mas "boas intenções" não perdoam resultados "ruins". Pesquisas de excelente qualidade podem ajudar a identificar por que esses danos ocorreram e como podem ser evitados com diferentes intervenções. Outra descoberta feita é que as comunidades locais fizeram muito para salvar vidas no imediato após o *tsunami*. Isso coloca em evidência a importância de investir na redução de riscos de desastres e na preparação como um meio efetivo para reduzir futuros danos. A importância das comunidades locais com frequência tem sido negligenciada, mas agora existem evidências de excelente qualidade que indicam sua importância.

Outro princípio ético central da ajuda humanitária é que os recursos devem ser distribuídos segundo as necessidades. Uma das razões dessa abordagem é a de minimizar a provisão de recursos segundo certas tendências ou preconceitos, como quando um grupo recebe mais ou menos ajuda por causa da raça, da religião, do gênero, da idade, da classe social ou de outros atributos menos relevantes. Se a ajuda não for segundo a necessidade, podem-se impor danos em relação àqueles com maiores necessidades que não receberão a ajuda suficiente de que necessitam. Essa perspectiva de abordagem, de assistir a partir das necessidades, é um caminho justo de distribuir de forma equitativa os escassos recursos disponíveis. É uma das questões mais importantes da Bioética em nível de saúde pública.

Prover ajuda segundo as necessidades exige uma compreensão anterior das necessidades da população afligida; no entanto, essas informações das necessidades da população, com frequência, são limitadas, especialmente no imediato após os desastres. A avaliação das necessidades em contextos de desastres é um grande desafio e aponta para a importância de consciência de recursos e infraestrutura na fase pré-desastre. Isso nos mostra a justificação ética de fazer estudos para ter evidência dessas avaliações de recursos e necessidades. Coletar dados acurados é de vital importância, mas uma tarefa muito difícil durante o desastre. Um equilíbrio deve ser mantido entre as necessidades imediatas de sobrevivência das pessoas e as necessidades de longo prazo da população atingida como um todo.

Contudo, o maior fator limitante para uma resposta humanitária efetiva "foi a falta de vontade política e organizacional de agir a partir desse conhecimento e utilizar os recursos necessários para enfrentar os problemas, utilizando as melhores soluções indicadas" (BRADT, 2009b, p. 482).

4. Diretrizes éticas de pesquisa em contexto de catástrofes humanitárias

As primeiras diretrizes éticas específicas para a pesquisa em situações de desastres foram elaboradas por um Grupo de Trabalho (Working Group on Disaster Research and Ethics) de especialistas, como resposta à dramática situação provocada pelo *tsunami* de 2004, que assolou inúmeros países do oceano

Índico. Essas diretrizes não substituem as atuais diretrizes existentes no campo da pesquisa, mas tão somente sublinham as questões éticas de importância singular em contexto de desastres. São apresentados doze princípios gerais, que expomos sumariamente seguir.

I. Toda pesquisa em situações de desastre deve ser relevante para aqueles que são afetados pelos desastres, e seria impossível conduzi-la em situações de não desastres.

II. O consentimento informado para a pesquisa é mandatório. Se o consentimento livre e voluntário já é difícil de obter em circunstâncias normais, é particularmente um grande desafio consegui-lo em situação de desastre. As equipes de pesquisa devem identificar as barreiras potenciais para a obtenção do consentimento e fazer todo o esforço para superá-las. Deve-se evitar qualquer tipo de indução, e nenhuma tentativa deve ser feita para encobrir, ou fazer passar a pesquisa como parte da ajuda humanitária.

III. A participação e a consulta à comunidade devem ser encorajadas nos estágios do processo de pesquisa. Ao mesmo tempo, acordos coletivos comunitários não devem substituir o consentimento informado individual.

IV. Os participantes da pesquisa devem ser selecionados por razões científicas relacionadas com o projeto de pesquisa. A pesquisa não deve colocar peso extra naqueles que já estão traumatizados ou na infraestrutura local já fragilizada.

V. Cuidados especiais devem ser tomados para proteger a privacidade, a confidencialidade e a dignidade dos sobreviventes.

VI. Embora os sobreviventes de desastres não possam ser definidos legalmente como uma população vulnerável, sua vulnerabilidade aumentada deve levar a esforços adicionais para minimizar os riscos provenientes da pesquisa.

VII. As instituições que patrocinam a pesquisa em situações de desastre devem reconhecer sua obrigação ética e auxiliar a coordenar as ações relacionadas com a pesquisa no contexto dos desastres.

VIII. Os mais altos padrões de competência profissional e rigor científico devem ser mantidos na equipe de pesquisadores.

IX. A pesquisa deve prover benefícios diretos e indiretos para os sujeitos pesquisados, a comunidade afetada pelo desastre ou vítimas de futuros desastres. A comunidade local deve ser consultada no que tange aos benefícios.

X. Os resultados da pesquisa devem ser divulgados de forma ampla e transparente após a revisão por pares (*peer-review*) e utilizados para influenciar políticas.

XI. Comitês de ética independentes, multidisciplinares e pluralistas devem rever todas as propostas de pesquisa. Representantes da comunidade afligida pelo desastre devem ser incluídos. O desenvolvimento de arranjos novos e de diferentes estágios de revisão pode ser necessário.
XII. A colaboração internacional em pesquisa deve basear-se no respeito mútuo e na parceria, que envolve várias organizações, bem como a comunidade local (SUMATHIPALA et al., 2010).

5. Definindo alguns conceitos utilizados neste contexto: macro, triagem e planejamento

Na perspectiva "macro" direcionamos nosso enfoque para o contexto social dos eventos. O conceito de "macroética" é recente no âmbito da Engenharia. A ética "engenheirística", mais que a ética dos cuidados de saúde, é a que é utilizada para lidar com uma lista de desastres, como queda de aviões, vazamento de gases letais que, por acidente, pegam fogo e acidentes nucleares (Chernobyl na Ucrânia). Perante falhas tecnológicas, é importante distinguir responsabilidade individual de social ou organizacional.

Quanto à triagem, trata-se de um conceito muito utilizado na medicina de emergência. Em circunstâncias normais, a triagem classifica as pessoas feridas de maneira que recebam o melhor cuidado. Ela implica decisões que se relacionam com o tratamento baseado na urgência das necessidades. Em circunstâncias extraordinárias, a triagem implica que nem todas as vítimas podem ser tratadas e/ou resgatadas. Em outras palavras, a triagem ou a necessidade de priorizar ações já está incluída no conceito de desastre.

Tanto a atuação ordinária quanto a extraordinária agem no nível de "microética", isto é, as decisões são tomadas em função de pessoas individuais. Pergunta-se então o que significa macrotriagem.

Em se falando de planejamento de respostas aos desastres, a ideia básica é que eventos catastróficos, como pandemias, mas também desastres naturais, não podem ser prevenidos. Contudo, sabemos que um dia ou outro teremos de enfrentá-los, de maneira que não só podemos, mas, antes de tudo, devemos nos preparar. Planejamento e preparação normalmente são realizados pelos Estados. Hoje, a tendência em termos de planejamento é a de considerar as ameaças de catástrofes, primariamente, como ameaças à segurança nacional e não mais como um problema de saúde pública.

Enquanto a racionalidade da prevenção liga-se mais à saúde pública, no contexto e na perspectiva de segurança exige-se vigilância contínua. A abordagem da sociedade em relação às ameaças é dirigida pelo que Andrew Lakoff denominou "sistema de segurança vital". Na preparação, em política de segurança, não se deve proteger primeiramente o território ou a população, mas os sistemas críticos que são essenciais para a vida social e econômica. Essa abordagem de segurança foi desenvolvida a partir da prática de defesa vital nos anos de 1950 e 1960. Lakoff mostra que a maneira como as sociedades estavam lidando com a ameaça de uma catástrofe natural foi gradualmente se estendendo para aproximar-se dos desastres naturais, acidentes tecnológicos, ataques terroristas e mais tarde epidemias. Podemos distinguir diferentes estágios de ameaças globais. Nos anos de 1980, surgiram ameaças de doenças epidêmicas virais (HIV/aids). Nos anos de 1990 as ameaças e, portanto, o medo consequente voltaram-se predominantemente para o bioterrorismo, ligado a agentes de doença com possíveis ataques de varíola. Falou-se muito também em ataques com Antrax pelo correio, principalmente nos Estados Unidos. Nos anos 2000 o enfoque foi mais direcionado para desastres naturais e pandemias. Ocorre sempre mais um alargamento da gama de possíveis ameaças, de forma que o planejamento em termos de preparação para o enfrentamento agora tem de incluir todos os possíveis perigos e ameaças. Como podemos responder a toda essa ampla gama de ameaças de eventos catastróficos? A única resposta imaginável é a global. Isso implica que somente agências de Estado ou departamentos com capacidade de planejamento, logística e recursos para conduzir operações de salvamento são os Departamentos de Defesa. Agências não militares como as Nações Unidas e Organização Mundial da Saúde não podem enfrentar esse desafio porque não têm a infraestrutura logística, a não ser que esta seja provida pelos Estados-membro, que assumirão a coordenação.

Essa noção de planejamento apresenta uma perspectiva específica e uma lógica de ação particular. Somente certos tipos de problema tornam-se visíveis como alvos de intervenção. Se os esforços preparatórios estão concentrados primariamente na infraestrutura vital e não na segurança da população, então as condições globais de vida da população, determinadas pela pobreza e pela falta de infraestrutura básica de saúde pública, permanecem fora do objetivo de planejamento. Nesse caso, a única resposta possível e imaginável é a global e sob supervisão militar.

A questão levantada é qual seria a contribuição dos bioeticistas nessa nova área para responder em termos de planejamento a situações de desastre (BERG; KING, 2006). Uma primeira observação a ser feita é que os bioeticistas têm muita experiência, por exemplo, em decidir em situações complexas de urgência. Eles também promoveram ativamente o planejamento das diretivas avançadas de vida, que diz respeito à tomada de decisões em relação ao final da vida. Essas experiências podem, portanto, também ser utilizadas nesse novo planejamento em relação às situações de desastre, mas todas essas contribuições focam "microética". De fato, um número grande de problemas éticos foram identificados no nível de intervenções pessoais, entre provedores de cuidado e pacientes receptores de cuidados. Numa perspectiva de macroética, por outro lado, é necessário levantar questões críticas sobre as suposições subjacentes para planejar uma resposta a uma situação catastrófica e sobre as implicações morais de conceitos como desastre e planejamento, ou preparação para o enfrentamento de catástrofes.

6. A emergência da responsabilidade ética: interface entre intervenção humana e natureza

Os desastres promovidos pelo ser humano, por exemplo uma guerra civil, que causa centenas de milhares de mortes e muito sofrimento entre os sobreviventes, sem dúvida nenhuma têm o protagonismo da maldade humana. Existe uma responsabilidade moral diferente ao se identificar um desastre como natural ou não porque essa perspectiva introduz um discurso moral distinto. Os desastres naturais criam vítimas inocentes e despertam nossa sensibilidade humana, ao nos comovermos diante de nossos semelhantes seriamente feridos que passam por necessidades. Hoje, os desastres têm um impacto global e clamam por nossa simpatia, solidariedade e generosidade. Acabamos sendo tocados pelas histórias pessoais de como seres humanos são cuidados heroicamente por outros. De repente, o esquema de interação humana baseado em troca e interesse é transformado. Nosso mundo fica perturbado pelas imagens mesmo que distantes do sofrimento, tornando-nos conscientes de que todos somos frágeis e expostos à vulnerabilidade como seres humanos e fazendo espontaneamente surgir ajuda incondicional e reciprocidade.

Os desastres naturais são, portanto, um caso paradigmático de ajuda humanitária. Eles acabam por colocar em destaque a verdadeira essência da ética. Socorrer o semelhante, principalmente quando este corre risco de vida. Qual seria o valor da ética se não nos preocupássemos e cuidássemos das vítimas desses eventos catastróficos?

O que transforma um evento em desastre é seu impacto sobre os seres humanos. Por exemplo, se ocorresse um terremoto numa área completamente desértica e inabitada, sem nenhum efeito negativo sobre os seres humanos, isso seria um evento geofísico, mas não seria considerado um desastre. Hoje, no entanto, em um mundo sempre mais interconectado é difícil ver que um desastre natural em larga escala não cause impacto sobre os seres humanos. Contudo, se o impacto humano é que transforma um evento em desastre, ao mesmo tempo fica claro que esse impacto negativo é frequentemente o resultado de intervenções humanas anteriores que criaram essas condições de vulnerabilidade.

Uma comparação entre recentes terremotos evidencia que os países mais pobres e subdesenvolvidos são desproporcionalmente impactados. Tomemos o caso do terremoto no Haiti (2010), o país mais pobre das Américas. Independentemente da magnitude do terremoto, o desastre no Haiti foi o maior, mais destrutivo e mais mortífero. Isso é atribuído ao estado de desenvolvimento do país, que tem 80% da população abaixo da linha da pobreza. O enorme número de mortes, mais de 300 mil, não é somente graças ao terremoto, mas também à extrema precariedade das condições de vida da população e à falta de recursos do Estado em prover medidas protetivas. O Haiti foi a mais rica colônia Francesa no Novo Mundo. Quando declarou independência da França em 1804, formando orgulhosamente a primeira democracia negra nas Américas, teve de assumir uma pesada dívida que levaria os próximos 143 anos para pagar. Todas as receitas do país foram utilizadas para pagar os antigos colonizadores. Por volta de 1900, em torno de 80% do Produto Nacional era utilizado para pagar a dívida com a França.

Em 1947, quando a dívida finalmente terminou, a economia local estava em ruínas, a terra desflorestada, a população vivendo na pobreza e nenhuma infraestrutura construída. Nessa perspectiva, o terremoto não é um fenômeno geofísico, causado por um desastre no Haiti; ele tem a ver com a história colonial depredadora dos recursos e das riquezas do país. Os desastres são sempre complexos e envolvem uma conjunção entre processos naturais e atividades humanas. É curioso que os mesmos países que de início proveram assistência humanitária ao Haiti foram também aqueles que criaram as condições em longo prazo para que ocorresse um severo impacto do terremoto.

O mesmo raciocínio vale para o furacão Katrina, um dos piores desastres na história dos Estados Unidos. Para muitos o furacão Katrina foi um evento natural. Se houvessem ocorrido falhas no sistema de proteção de furacões, alguém poderia ser culpado pela devastação de Nova Orleans. Isso significa que não é um problema para ser discutido eticamente porque estamos simplesmente diante de uma questão técnica. A força da natureza tem sido tão extraordinária que inibe o surgimento de qualquer questão relacionada à negligência ou ao comportamento irresponsável de engenheiros. O vocabulário da ética, que aponta para condutas não éticas, responsabilidades, deveres, não se aplica neste caso, mas para o nível micro das relações interpessoais.

É no nível da macroética que somos convidados a nos posicionar, isto é, a partir de uma visão que foca a complexidade dos sistemas sociais e técnicos em que se localizam as responsabilidades nos vários níveis de políticas públicas, avaliação de riscos e comportamentos organizacionais. Os eventos catastróficos não ocorrem como resultado de decisões não éticas dos indivíduos, mas como efeito da confluência de muitos e aparentemente de insignificantes decisões de vários níveis. Entre os especialistas desta área comenta-se como os muros para conter a água foram construídos inadequadamente, baseados em pressupostos errados a respeito de possíveis riscos. Há informações de que o sistema de proteção de furacões era vulnerável e simplesmente não foi utilizado, talvez por ser muito custoso, e, além do mais, foi construído ao longo do tempo utilizando as especificações originais. Contudo, o meio ambiente continuou a mudar, de modo que o sistema estava completamente inadequado quando ficou pronto. Apesar disso, um falso senso de segurança foi criado, ao sugerir que a natureza estava sob o controle humano.

A suscetibilidade para desastres na região da cidade de Nova Orleans é consequência de séculos de desenvolvimento, engenharia humana e decisões políticas. O estabelecimento da cidade ocorreu há 300 anos em condições precárias, começando com uma longa história para defendê-la de tempestades e enchentes. A cidade não pode ser riscada do mapa e colocada em outro lugar. Isso significa que o problema da proteção de enchentes nunca poderá ser revolvido, e isso exigirá sempre contínuos e maiores esforços e investimentos. Canalizar o rio, por exemplo, permitiu o desenvolvimento econômico da terra que ficou atrás das barragens, mas tornou o sistema muito mais vulnerável. O que está em jogo é o esforço humano para preservar Nova Orleans como um grande porto de rio. Sabe-se que o Delta do Mississippi muda a cada mil anos. A intervenção humana está evitando essa mudança do delta, que normalmente já deveria ter ocorrido.

Com essa situação em que se conjugam a intervenção humana e a natureza está-se criando inevitavelmente a vulnerabilidade para desastres. Todos de certa forma sabemos que, mais dia, menos dia, um desastre poderá ocorrer, mas não podemos somente culpar a natureza, se estamos continuamente tentando domesticá-la. A interação entre processos da natureza e a atividade e a intervenção humanas implica que sempre existe um problema ético de responsabilidade humana.

7. Os limites da ética de emergência e o humanitarismo como política de vida

A guerra de Biafra (1967-1970) deu origem à chamada segunda fase do moderno humanitarismo. O governo nigeriano não permitiu nenhum tipo de ajuda na área onde esta era mais necessária, alguns médicos da Cruz Vermelha abandonaram o princípio da neutralidade e começaram a falar em nome das vítimas. Isso levou ao estabelecimento de uma nova organização de ajuda, *Medecins sans Frontières* (Médicos sem Fronteiras) em 1971. A Cruz Vermelha tem sido criticada por sua posição de imparcialidade e neutralidade, por exemplo quando visitou os campos de concentração nazista durante a Segunda Guerra Mundial e não reportou nada a respeito do que estava ocorrendo lá. A ideia básica da organização Médicos sem Fronteiras é a de que em algumas circunstâncias, levando em conta a perspectiva das vítimas, não se deve silenciar, mas denunciar. Não podemos fechar os olhos para violações de direitos humanos, especialmente quando as partes que cometem as violações estão também no controle dos esforços de socorro e ajuda. Não tomar partido e permanecer em silêncio não ajuda ninguém e muito menos as vítimas. Nessas condições, alguém tem de testemunhar as injustiças e as violações. Deve-se intervir através de uma ética para situações de emergência, na expressão do francês Bernard Kouchner.

A fundação da organização Médicos sem Fronteiras representa uma mudança da ajuda para a ação. Representa uma ética em ação, que promove humanitarismo como uma ação pública. O argumento moral que embasa uma ação humanitária é de proteger as populações, salvar vidas e aliviar o sofrimento.

O humanitarismo exige proteger e cuidar de todas as vítimas. Não existem vítimas boas ou más, mas precisamos ser realistas de que nunca poderemos ajudar a todas as vítimas. Idealmente, procura-se salvar e resgatar, na luta entre o bem e o mal. Escolhas trágicas necessitam ser feitas nesse contexto, sempre visando o bem.

Como ética em ação, o humanitarismo contemporâneo não somente provê cuidados, mas também se torna testemunho, isto é, ele fala em favor das vítimas. Dá um testemunho humanitário comprometido e introduz a distinção entre aqueles que são sujeitos (os que testemunham, geralmente são os trabalhadores humanitários) e aqueles que são objeto (as vítimas cujo sofrimento é testemunhado). Aqueles que demonstram compaixão assumem um papel de testemunho em relação aos assistidos. O testemunho desse modo reitera duas formas de humanidade: os que podem contar histórias e aqueles cujas histórias somente podem ser contadas pelos outros. A vida em sua dimensão real, nua e crua, é transformada em "vida política qualificada".

Através do testemunho humanitário, uma mera sobrevivência física tornar-se uma existência social, que é mais poderosa em exigir compaixão e necessidade de assistência. Entretanto, o ato transformador é realizado por uma terceira pessoa, o sujeito transformador, isto é, o trabalhador humanitário, ao mesmo tempo em que o objeto de transformação é reduzido à vítima.

O humanitarismo como política da vida é hoje a linguagem mais poderosa para uma ação pública. Ele restabelece a solidariedade entre os seres humanos e valoriza igualmente todas as vidas. É a expressão contemporânea de uma ética cosmopolita em que fronteiras internacionais, diversidades culturais e ideologias políticas são irrelevantes em face do sofrimento humano. Contudo, na prática esse humanitarismo é problemático, uma vez que não somente sublinha o valor da vida humana, mas também está associado com uma complexa ontologia da iniquidade (Fassin, 2007). Ele distingue entre vidas que podem correr risco e vidas que podem ser sacrificadas, distingue entre vidas que têm valor maior e aquelas que têm proteção limitada. É problemático porque como política introduz moralidade na esfera política. Fassin fala de um novo tipo de governo, o governo humanitário. Agora que a ideologia política se retraiu desde o final da guerra fria, o espaço foi preenchido pelo humanitarismo, que atualmente é o apogeu do ideal de uma solidariedade humana. O novo discurso exige não só que prestemos assistência se necessário, mas que intervenhamos, visto que se trata de uma obrigação moral, antes que de um princípio legal ou político. As políticas de assistência e intervenção são agora justificadas em nome de uma moralidade humanitária. A proteção das pessoas e o salvar vidas é mais importante que o respeito pela soberania dos Estados. A moralidade se justifica pela suspensão das regras da lei. A ética de emergência pressupõe que vivemos num estado de exceção estabelecido em nível global. Existem emergências perenes. Nada é normal. O contínuo estado de exceção é justificado pela urgência das situações de emergência, bem como pelo perigo que correm as vítimas (resgate, proteção, segurança).

A mesma lógica de intervenção pode ser aplicada em assistir as vítimas de uma guerra civil na Somália, como ajudar as vítimas do *tsunami* no Sri Lanka. O paradigma de desastre prevalece sobre o paradigma da guerra. Nessa lógica não existem diferenças entre desastres e conflitos. As desordens do mundo tornam-se humanizadas. Os desastres naturais passam a ser humanizados e não somente o simples resultado das forças brutas da natureza. Enquanto a violência e o conflito tornam-se naturalizados, e não meramente o resultado das forças brutas da natureza. No equacionamento desses dois tipos de emergências, a única questão é ajudar as vítimas. O contexto local com suas histórias e suas tensões socioeconômicas não é relevante. Os conflitos humanos tornam-se despolitizados e são deslocados pela urgência e pela compaixão. No entanto, isso também significa que as questões de "macroética" em relação aos desastres não são mais relevantes.

8. O valor da vida humana, justiça e direitos humanos

Os esforços humanitários não podem aliviar todo o sofrimento em todos os lugares em que este está presente. Realidades em que as violações da dignidade humana não ocorrem são uma gota no oceano neste nosso "injusto" mundo. A vida humana não é o único valor relevante em jogo; a justiça é outro valor a ser considerado. O valor da vida continuamente compete com valores como dignidade humana e justiça. O foco exclusivo em relação à vida humana transforma as pessoas em vítimas. Essa perspectiva as colocará como pessoas traumatizadas, em necessidade, deixando o contexto sociopolítico entre parênteses. O humanitarismo como política de vida também evocará continuamente nossos sentimentos de compaixão. Ao suplicarem por filantropia, a generosidade e a caridade basicamente nunca desafiarão as políticas que permitem ou promovem a guerra, a fome e o sofrimento. A ética do humanitarismo é tão forte e interpelativa que dificilmente pode ser criticada. Ao mesmo tempo, ela dirige o foco no socorro imediato às vítimas individuais e geralmente se esquece de outras dimensões também importantes. Uma dimensão comumente negligenciada é o contexto social, que com muita frequência é injusto. Outra dimensão é a perspectiva de quem é ajudado. Em muitas operações humanitárias, as pessoas que recebem assistência estão ausentes e silenciosas. A falha em dar voz aos vulneráveis é simplesmente lamentável, uma vez que a ética do humanitarismo baseia-se no conceito de dignidade humana.

Consequentemente argumenta-se que o humanitarismo deve ser redefinido em termos de direitos humanos. Em vez da linguagem das necessidades e da compaixão, deveríamos utilizar a linguagem dos direitos humanos e da dignidade. No contexto recente dos discursos nas Nações Unidas, da Cruz Vermelha e de ONGs, dá-se mais ênfase a um humanitarismo baseado nos direitos. A pobreza e o desenvolvimento estão sendo redefinidos em termos de direitos humanos. Uma primeira vantagem dessa abordagem é que o humanitarismo estará embasado em um esquema moral legal integrado à legislação dos direitos humanos internacionais.

O humanitarismo será muito mais do que simples esforço moral de gente idealista e solidária; ele está ancorado em instituições (cortes, tribunais, comissões de verdade), mesmo no caso de elas não serem reconhecidas por todos os Estados. Uma segunda vantagem é a de que a perspectiva ética dos direitos promove a dignidade. As pessoas não são mais vistas como vítimas em estado de necessidade, mas como cidadãos do mundo, com os mesmos reclamos e os mesmos direitos de todos os outros. Os direitos humanos colocam em evidencia a igualdade entre todos os seres humanos. Eles nos dão uma medida universal e objetiva para avaliar o comportamento humano. Isso não ignora os muitos problemas na aplicação global dessa perspectiva. Uma terceira vantagem da abordagem dos direitos humanos é a de que ela gera uma política externa de imperativos como expressão da responsabilidade internacional. Ser membro da comunidade internacional implica um reconhecimento da urgência moral dos direitos humanos. Essa modalidade de humanitarismo é guiada pela preocupação partilhada por todos, de respeito aos direitos humanos.

9. Organizações internacionais, intergovernamentais e não governamentais como resposta às grandes ameaças de catástrofes

9.1. Organizações internacionais, intergovernamentais

Temos inúmeras organizações intergovernamentais, criadas no pós-guerra (1945) com o surgimento da Organização das Nações Unidas (ONU). Existem as agências especializadas, como a Organização Mundial de Saúde (OMS), fundada em 7 de abril de 1948, responsável pela liderança e pela coordenação da ação sanitária no mundo; a Organização Mundial do Comércio (OMC), criada em 1995; o Banco Mundial (BM), criado em 1944, na Conferência de Bretton Woods, nos Estados Unidos, com o objetivo de auxiliar na recuperação e na reconstrução dos países europeus afetados pela Segunda Guerra Mundial. Desde 1979, a saúde passa a ser um dos componentes dos projetos apoiados pela instituição. A partir da década de 1980, a influência e a participação do BM em questões de saúde global vêm aumentando e chegando a ultrapassar a importância da OMS em questões de saúde global, em razão de seu poder econômico.

O Fundo das Nações Unidas para a Infância (Unicef) é a agência especializada da ONU que responde pela proteção dos direitos da criança. Foi fundada em 1946 e tem sua sede em Nova York. No campo da saúde, promove ações orientadas para o saneamento básico, a qualidade da alimentação infantil e a imunização contra doenças comuns da infância. Também atua na prevenção e no tratamento do HIV/aids entre as crianças e os adolescentes. Participa também no Programa das Nações Unidas sobre o HIV/aids (Unaids).

Temos ainda a Organização das Nações Unidas para a Educação, a Ciência e a Cultura (Unesco). Fundada no final da Segunda Guerra Mundial, em 1945, atua nos âmbitos da educação, das ciências, da cultura, da comunicação e da informação. Desde os anos de 1980, a organização tem se debruçado sobre o campo da Bioética e emitiu importantes declarações como a *Declaração Universal sobre Bioética e Direitos Humanos* (2005); a *Declaração Internacional sobre Dados Genéticos Humanos* (2003) e a *Declaração Universal sobre o Genoma Humano e os Direitos Humanos* (1999). Mantém ativo um importante Comitê Internacional de Bioética com representantes de várias partes do mundo.

No campo da saúde, tem se dedicado à questão do HIV/aids e das hepatites virais, principalmente no apoio à integração da educação preventiva na agenda do desenvolvimento global e nas políticas nacionais, adaptando a educação preventiva às diferentes necessidades e aos diferentes contextos.

9.2. Organizações não governamentais internacionais

Seriam as ONGs as vias do agir da sociedade civil diante das questões mundiais? Essa é uma expectativa apresentada desde a última década do século XX. Essas organizações em geral são independentes do Estado, mantêm forte identidade originária, dependendo de seus objetivos de ação, na proteção dos direitos humanos, meio ambiente, idosos, crianças, mulheres, saúde etc. Em geral foram criadas por filantropos como Rockefeller, Ford, Bill e Melinda Gates, Muhammad

Yunus (Prêmio Nobel da Paz em 2006), e criaram na Índia o chamado "Banco dos Pobres". Essas organizações no início tinham como meta os direitos humanos tão barbaramente desrespeitados (estamos no início dos anos pós-guerra) e ampliaram sua atuação para as questões sociais e ambientais a partir dos anos de 1970, com forte participação na luta contra o vírus HIV/aids a partir de meados dos anos de 1980. Vejamos mais alguns detalhes sobre três ONGs históricas, de grande importância mundial ainda hoje. A organização Médicos sem Fronteiras (MSF), a Cruz Vermelha Internacional (CVI) e o Greenpeace.

ORGANIZAÇÃO MÉDICOS SEM FRONTEIRAS (MSF)

Nasceu na França, em 1971, inicialmente formada por um grupo de médicos e jornalistas que visavam à ajuda humanitária na área de assistência à saúde, na guerra civil de Biafra, na Nigéria. Em 2012, contava com aproximadamente 11 mil profissionais de diferentes áreas espalhados em 65 países, oferecendo cuidados de saúde em situações de crise.

Essa ONG internacional deseja manter suas ações em total liberdade e com independência dos Estados nos quais intervém. As intervenções ocorrem sobretudo nos lugares em que a população tem a vida ou a saúde ameaçadas, seja por viverem situações de guerra, seja por desastres socioambientais, epidemias, pandemias, atuando também no combate a doenças negligenciadas.

O que faz a Organização Médicos sem Fronteiras (MSF): leva cuidados de saúde a pessoas em necessidade de ajuda médico-humanitária em meio a conflitos armados, epidemias, desastres naturais, desnutrição e pessoas excluídas do acesso a cuidados de saúde.

Todos os profissionais que atuam com MSF, sejam médicos, especialistas em saúde ou de outras áreas, honrarão a carta de princípios da organização, cujos valores éticos são os seguintes:

- *Independência*. Não está atrelada a poderes políticos, militares, econômicos ou religiosos e tem liberdade de ação e para decidir onde, como e quando atuar com base em sua própria avaliação do contexto e das necessidades. Essa independência de ação é garantida por sua independência financeira, tendo em vista que, de todo o financiamento da MSF, pelo menos 80% é proveniente de doações de indivíduos e da iniciativa privada.
- *Imparcialidade*. Presta cuidados de saúde àqueles que mais precisam, sem discriminação de raça, religião, nacionalidade ou convicção política. A organização define o público que será priorizado com base, exclusivamente, na avaliação das necessidades de saúde identificadas. A possibi-

lidade de aliviar o sofrimento de indivíduos por meio da ação médica é o que determina e norteia as atividades de Médicos Sem Fronteiras.
- *Neutralidade*. Em situações de conflito, MSF não toma partido. A neutralidade é crucial para as equipes conseguirem chegar a qualquer pessoa afetada, independentemente do lado do conflito em que esteja. A neutralidade de MSF é possibilitada pela sua total independência financeira de governos ou partes envolvidas em conflitos.
- *Transparência*. A organização MSF avalia constantemente os projetos que implementa e presta contas à sociedade e aos doadores sobre a gestão dos recursos captados e os resultados de suas ações. A origem e a utilização dos recursos são apresentadas de forma clara e acessível. Para reforçar esse compromisso, os relatórios financeiros são auditados por empresas independentes. A ONG MSF também preza pela transparência na relação com seus pacientes e, de modo coerente com essa transparência, informa a eles sobre as escolhas que faz e sobre as decisões que toma no que se refere à sua atuação médica.
- *Ética médica*. As ações de MSF são, acima de tudo, médicas. O trabalho da organização é norteado pelas regras da ética médica universal. Em primeiro lugar vem o dever de prestar assistência a quem precisa, sem prejudicar indivíduos ou grupos. Cada indivíduo é tratado com dignidade e respeito e recebe cuidados médicos de qualidade.

Suas principais atividades se relacionam com a assistência de saúde primária em centros de saúde e clínicas móveis; alimentação e tratamento de doenças específicas (malária, tuberculose, doença de chagas, HIV/aids etc.); atendimento aos feridos de guerra e realização de cirurgias; cuidados de saúde mental; atendimento às vítimas de violência sexual; distribuição de alimentos e de itens de abrigo de primeira necessidade; construção e manutenção de estruturas de água e saneamento; recuperação de hospitais e clínicas, bem como o treinamento de profissionais da saúde. Em 1999, essa organização recebeu o Prêmio Nobel da Paz.

CRUZ VERMELHA INTERNACIONAL

Em 1862, um comerciante e filantropo de Genebra, Henri Duant, diante dos horrores presenciados na Batalha de Solferino (França e Áustria, 1859), propôs a criação de uma organização que atendesse aos feridos de guerra, independentemente da nacionalidade. A organização primeiramente chamou-se Comitê Internacional e Permanente de Socorro aos Militares Feridos. Ganhou o nome de Cruz Vermelha em outubro de 1963, na Primeira Conferência de Genebra.

Como todas as ONGs, ela é considerada internacional por sua área de atuação, mas responde ao direito positivo suíço em que está instalada. A Cruz Vermelha fundamenta suas ações em sete princípios:

- *Humanidade*. Socorre, sem discriminação, os feridos em campo de batalha e procura evitar e aliviar os sofrimentos dos homens, em todas as circunstâncias.
- *Imparcialidade*. Não faz nenhuma distinção de nacionalidade, raça, religião, condição social e filiação política.
- *Neutralidade*. Para obter e manter a confiança de todos, abstém-se de participar das hostilidades e nunca intervém nas controvérsias de ordem política, racial, religiosa e ideológica.
- *Independência*. As Sociedades Nacionais devem conservar sua autonomia, para poder agir sempre conforme os princípios do Movimento Internacional da Cruz Vermelha e do Crescente Vermelho.
- *Voluntariado*. A Cruz Vermelha é uma instituição de socorro voluntário e desinteressado.
- *Unidade*. Só pode haver uma única Sociedade Nacional em um país.
- *Universalidade*. É uma instituição universal, no seio da qual todas as Sociedades Nacionais têm direitos iguais e o dever de ajudar umas às outras.

Atualmente, suas atividades estão organizadas mundialmente no Comitê Internacional da Cruz Vermelha, com ações em conflitos armados e outras situações de violência internacionais, na orientação e na coordenação de assistência internacional para vítimas de desastres naturais, catástrofes tecnológicas e emergências de saúde e aos refugiados. A Cruz Vermelha tem marcante atuação junto com a OMS, nas campanhas antituberculose.

GREENPEACE: OS "GUERRILHEIROS DA CAUSA AMBIENTAL"

O Greenpeace foi criado em 1971 com o objetivo de impedir que os Estados Unidos realizassem testes nucleares na ilha de Amchitka, na costa do Alasca. O foco inicial do Greenpeace era participar de protestos ecológicos pacíficos, similares ao da ilha de Amchitka, como, por exemplo, fazer visitas às zonas proibidas das áreas de testes nucleares para atrair a atenção do público. O ciberativismo é sua principal estratégia, atuando por meio da internet e das redes globais de comunicação. Ao longo do tempo, o Greenpeace expandiu seus objetivos, e atualmente pode-se dizer que a organização luta por seis grandes causas.

- *Mudança climática*. Como a maioria das organizações ambientais, tem como um de seus principais objetivos a luta contra a mudança climática.

A ONG adota uma posição bastante radical no que se refere às fontes de energia: ela considera que a energia nuclear e a tecnologia do carvão limpo, alternativas bastante populares para os tradicionais combustíveis fósseis, são desnecessárias e perigosas. Ela é a favor da energia eólica, da energia solar e dos biocombustíveis. Além disso, o Greenpeace quer que os governos reduzam as emissões de carbono através do comércio de carbono e dos impostos sobre o carbono.

- *Proteção dos oceanos*. Talvez o Greenpeace seja mais conhecido por suas campanhas de proteção às baleias e a outros animais marinhos. Os programas do Greenpeace têm diversas frentes de defesa dos oceanos, em especial a luta contra a poluição e contra a pesca abusiva e predatória.
- *Proteção das florestas antigas*. O desflorestamento e o desmatamento das florestas antigas provocam a extinção de diversas espécies de plantas e animais e ameaçam a vida das comunidades cuja sobrevivência depende dos recursos da floresta. O Greenpeace protege as florestas, educando a população sobre a origem das florestas tropicais, responsabilizando os governos pelo desmatamento, denunciando a exploração ilegal de madeira e até acampando em cima das árvores para evitar que sejam cortadas. No Brasil, a defesa da Amazônia é um dos principais objetivos do grupo.
- *Paz e desarmamento*. Desde sua criação, o Greenpeace vem lutando pela paz e pelo desarmamento. As pesquisas de opinião pública organizadas pela ONG mostram o alto índice de desaprovação das armas nucleares em nações armadas e desarmadas, e é com base nesses números que a organização avança na luta pelo desarmamento.
- *Redução de materiais tóxicos nos produtos*. Muitos produtos, incluindo os eletrônicos, contêm materiais tóxicos e metais pesados difíceis de eliminar e reciclar. O Greenpeace estuda os efeitos desses produtos químicos na água, no ar e no corpo humano e propõe alternativas mais seguras para substituir os materiais perigosos.
- *Agricultura sustentável*. O Greenpeace acredita que as plantações geneticamente modificadas reduzem a biodiversidade e representam uma ameaça ao abastecimento de alimentos. A organização sugere etiquetar todos os ingredientes transgênicos e separar as colheitas modificadas para evitar produtos híbridos indesejados.

10. O desafio ético de lidar e respeitar os valores e as crenças das culturas locais

É importante conhecer o que se entende por cultura para compreender a discussão ética decorrente dessa visão. O *Relatório Mundial sobre Desastres 2014* define cultura especialmente em relação às questões do risco e como este pode ser percebido diferentemente:

> A cultura consiste em crenças, atitudes e valores e seus comportamentos partilhados por um número significativo de pessoas em lugares afetados por ameaças. A cultura em relação aos riscos diz respeito às formas pelas quais as pessoas interpretam e vivem com o risco, e como suas percepções, atitudes e comportamentos influenciam sua vulnerabilidade diante das ameaças (RELATÓRIO MUNDIAL SOBRE DESASTRES, 2014, p. 14).

Enfim, em termos de perspectivas, olhando para o futuro temos desafios gigantescos de prover ações de cunho humanitário, orientadas por princípios éticos transparentes e assumidos por todos a partir de uma visão de macroética, coordenadas e não competindo entre si no campo emergencial dos cuidados às vítimas. A condução de pesquisas nesse contexto se abre como uma grande área a ser trabalhada em termos de vigilância ética, para não transformar as já vítimas dos desastres também em vítimas de intervenções de cunho de pesquisa científica que violam os princípios mais básicos de respeito à dignidade humana. Quando a vítima não é levada em conta ou é silenciada, algo de errado está ocorrendo e deve ser urgentemente evitado.

Outra área de crescente sensibilidade ética nesse contexto está ligada ao respeito às crenças e aos valores culturais das comunidades locais atingidas. Os desastres geralmente ocorrem numa cultura, e as respostas de socorro provêm de outras culturas. Os dilemas éticos surgem quando valores e crenças importantes são vistos e valorizados diferentemente nas diversas culturas. Por exemplo, no *tsunami* que atingiu o Sri Lanka (2004) muitas das pessoas necessitadas preferiram a busca de ajuda "templo de culto, antes que a de um terapeuta". Quando o furacão Katrina atingiu os Estados Unidos na região de Nova Orleans (2005), muitos políticos e muitos dos afetados acreditaram que o furacão era uma punição de Deus pelos pecados cometidos em Nova Orleans. Muitos japoneses responsabilizarem os deuses pelo terremoto e pelo *tsunami* (2011) que afetou a região de Fukushima. No oeste da África, quando ocorre a erupção do vulcão do Monte Cameroon de tempos em tempos, um chefe da tribo reflete a crença de muitas pessoas ao afirmar: "quando o deus da montanha fica irritado ele causa a erupção". No mundo inteiro as pessoas respondem a riscos e ameaças baseando-se em suas culturas.

Outro exemplo diz respeito aos mortos. Os costumes culturais e os ritos religiosos ligados aos mortos e aos funerais são muito importantes para as populações locais. Aqueles que vêm de outras culturas para prestar ajuda podem procurar ritos sumários ou valas comuns para os corpos, por motivos pragmáticos de evitar doenças. Entretanto, isso traz consequências sérias em termos de sofrimento para a população local, que não teve tempo de fazer seus ritos culturais e religiosos de despedida do membro familiar que faleceu.

É importante levar em conta o que aponta Irina Bokova, diretora-geral da Unesco, ao apresentar o *Relatório 2014*, da Cruz Vermelha Internacional, sobre os Desastres no Mundo, que focaliza cultura e risco:

> Existe hoje no mundo uma consciência crescente do papel dos fatos humanos em desastres e a importância crítica de uma abordagem sensível aos valores culturais, no manejo dos riscos. A cultura modela percepções e comportamentos, dá forma aos relacionamentos das pessoas com os outros e com o seu contexto. As culturas tradicionais com frequência incluem habilidades para mitigar os riscos associados com ameaças naturais. Preservar esses marcos culturais e essa tradição viva contribui para a resiliência, constrói um senso de continuidade e esperança entre as pessoas vítimas dos desastres. A Unesco, nos seus esforços de fortalecer e capacitar os mais vulneráveis para melhor se antecipar e se adaptar aos desastres — através de sistemas de alarmes que avisam do perigo, *kits* de treinamento ou competência científica —, pode testemunhar o papel fundamental das culturas locais em desenhar respostas mais efetivas. Ao jogar luz nessa relação vital, esta edição do relatório sobre os desastres mundiais provê um modelo muito necessário para a integração da cultura na redução de riscos de desastres, bem como na mitigação de mudanças climáticas em todos os níveis" (Relatório Mundial sobre Desastres, 2014, p. IV).

Aos que se comprometem numa ajuda profissional e humanitária de socorrer as vítimas, em diferentes países, é bom lembrar o que diz Palmer:

> Lembre-se de que você é um simples "hóspede" no país, e que você está aí para ajudar as pessoas a se ajudarem a si mesmas, e não para criar dependência. Trate a todos com igual dignidade, especialmente os mortos, que talvez tenham morrido exatamente por falta de dignidade em vida. Estimule a cooperação, a mútua-ajuda e a restauração da motivação, a autoestima e a autossubsistência (Palmer, 2005, p. 74).

Alguns apontamentos de finalização e perspectivas

Fazendo uma análise numa perspectiva macroética do planejamento para enfrentar os desastres e a ajuda humanitária, temos uma conclusão paradoxal. As questões macro, que dizem respeito ao contexto e *background*, são irrelevantes, a prevalecer a lógica atual da ajuda humanitária diante dos desastres. O que eticamente importa no humanitarismo hoje é salvar vidas, resgatar indivíduos e proteger as populações!

Este modelo ético dominante de ajuda perante desastres tem duas consequências. A primeira, a ênfase unilateral em uma ética de emergência, torna difícil prover uma ajuda estrutural e de longo prazo. Uma intervenção global e assistencial é movida pela compaixão pelos semelhantes em situações de crise. Mas por que o reconhecimento de nossa condição humana comum não nos leva a considerar as causas mais profundas do sofrimento no contexto social e econômico? Somos interpelados a agir como agentes morais solidários com a comunidade global e abordamos praticamente apenas crises e emergências e corremos o risco de ficar cegos perante os erros humanos ligados às situações permanentes de pobreza e fome. Não poupamos esforços para salvar as vidas das vítimas diante dos desastres naturais, mas aceitamos passivamente a morte lenta e silenciosa causada pela pobreza e pela desnutrição entre outros fatores, o que não deixa de ser uma contradição ética.

Quase todos os sistemas de saúde no mundo entraram em colapso. As precárias condições de vida em muitos países são a fonte das ameaças de doenças globais. Até a eficiência da ajuda humanitária será baixíssima onde faltar higiene e se as condições sanitárias precárias não melhorarem. Enquanto a cada dia morrem 10 mil crianças de diarreia, o sofrimento somente parece gerar compaixão e ajuda humanitária se ele for causado por desastres naturais. Esse foco de assistência humanitária pode facilmente ser visto como um álibi para não mudar de estilo de vida e a adaptação de modelos em países que estão dando essa assistência. Apesar de toda a compaixão, caridade e solidariedade que existem, o sofrimento global continua. Claro que seria muito pior se não houvesse essa sensibilidade mínima diante do emergente. Nós ainda não aprendemos as lições de uma década atrás quando o bioterrorismo representava uma das maiores ameaças à nossa saúde e segurança. Desde os anos de 1990, centenas de bilhões de dólares foram gastos em "biodefesa". Programas criaram a impressão de imediata ação, mas na verdade os recursos foram gastos em ameaças hipotéticas e desviados das necessidades de saúde pública mais prementes.

A segunda consequência da ética de cunho emergencial humanitário é que a voz de quem é ajudado está ausente. Na perspectiva da ajuda humanitária, os outros distantes que são feridos pelos desastres estão necessitados e vulneráveis, eles merecem compaixão e assistência. Na realidade, segundo pesquisas realizadas em situações de pós-desastres, muitos dos sobreviventes de desastres devem a vida aos vizinhos, aos amigos e às autoridades locais. É simplesmente um mito acreditar que eles estão esperando ser salvos pelas equipes de resgate internacionais. A relação entre quem provê ajuda e quem é assistido é com frequência assimétrica. Os que necessitam não são os que determinam as próprias necessidades. Eles não são visíveis como agentes morais, mas como seres destruídos e vítimas silenciosas. Com a melhor das intenções, a ajuda ocorre, mas com uma visão reducionista que vê as pessoas simplesmente como seres necessitados de algumas necessidades básicas, como alimento, água, abrigo e cuidados de saúde. Os assistidos simplesmente não são levados em consideração diante da necessidade de fazer escolhas em relação à própria vida. Durante o terrível terremoto que praticamente destruiu Porto Príncipe, a capital no Haiti, centenas de milhares de pessoas foram amputadas sem levar em consideração sua qualidade de vida em longo prazo, num dos países mais pobres do mundo.

Não nos esqueçamos de que o que beneficia a vítima de desastre somente pode ser determinado quando se leva em conta o contexto maior da realidade humana; deve-se ir para além da situação imediata de emergência. Na perspectiva de uma ética de emergência, o que conta basicamente é apenas salvar a vida da vítima, mas não podemos nos esquecer da vida da pessoa ou negligenciá-la antes e depois de ela ter se transformado em vítima do desastre. Aqui é chão concreto da realidade contextual que a afirma e lhe dá condições de florescer e se autoafirmar ou a coloca em risco, por falta do mínimo necessário em termos de sobrevivência, que fala mais alto. Esse antes e depois tem a ver com as condições sociopolíticas e econômicas concretas em que a vida acontece, isto é, com o contexto maior, que jamais poderá ser negligenciado, mesmo quando nossa ação emergencial está salvando "uma vítima".

As necessidades de saúde são prioridades a responder em desastres. Contudo, profissionais da saúde, médicos, enfermeiras e outros deparam com muitas questões éticas. Identificar essas questões ao prover cuidados de saúde nesse contexto e engajá-los numa reflexão ética sobre essas questões e desenvolver diretrizes éticas e recursos para outros profissionais da saúde é algo para ser aprofundado na comunidade internacional. Questões que exigem uma análise ética mais aprofundada ao se trabalhar em contextos perigosos e vulneráveis, abordagem de triagem diante de tragédias, trabalhar fora de seu ambiente profissional, lidar com conflitos entre diferentes profissionais, lidar com diferenças culturais e o processo de tomada de decisões, e muitos outros. Por exemplo, o processo de triagem tem de se basear nas necessidades, mas isso pode levar as pessoas de certa idade ou com determinadas deficiências a serem tratadas diferentemente. Outra questão diz respeito às amputações. Se estas são feitas para beneficiar em curto prazo, quando a ocorrência de cuidados de reabilitação no longo prazo é quase improvável, a qualidade e as condições de vida das pessoas que tiveram membros amputados será profundamente afetada. Questões éticas em cuidados paliativos durante desastres também necessitam ser consideradas.

Existem muitos estudos na área de desastres naturais e ligados ao meio ambiente, mas são geralmente vistos como estudos técnico-científicos nas áreas de geografia, geologia, geofísica, meio ambiente, ciências da terra, sem ligação com a problemática ética ou bioética. Os relatórios de estudo são sempre marcados com as categorias "técnicos" ou "científicos" sem nenhuma referência à ética, embora se trabalhe técnica e cientificamente com questões fundamentalmente éticas. Isso não deixa de ser um paradoxo a ser superado neste âmbito. Urge que essas duas dimensões sejam aproximadas e vistas em conjunto. Na especialização dos saberes, acabamos separando o que deveria estar unido! Ciência e ética não podem mais andar separadas; elas têm de estar unidas, uma iluminando a outra.

Concluímos esta reflexão bioética introdutória em situações de desastres dizendo com Aasim Ahmad et al. que "a bioética em situação de catástrofes é um campo de estudo complexo e multifacetado, com muitos desafios analíticos e muitas discussões necessárias que ainda precisam ser realizadas" (AHMAD, 2014, p. 104).

Referências bibliográficas

AHMAD, Aasim et al. Evidence and Healthcare Needs During Disasters. In: O'MATHÚNA, Donald P.; GORDIJN, Bert; CLARKE, Mike (eds.). *Disaster Bioethics: Normative Issues When Nothing is Normal*. Dublin: Springer, 2014, p. 95-106.

ANNUAL DISASTER STATISTICAL REVIEW — 2013. The numbers and Trends. Report produced by the Centre for Research on the Epidemiology of Disasters (CRED). Work conducted by: Debarati Guha-Sapir; Philippe Hoyois; Regina Below. Université Catholique de Brussells, Belgium (UCL); 2014.

BERG, Jessica; KING, Nancy. Strange Bedfellows? Reflections on bioethics' role in disaster response planning. In: *American Journal of Bioethics*. v. 6, n. 5, 2006, p. 3-5.

BRADT, David A. Evidence-based decision-making (part II): Application in disaster relief operations. In: *Pre hospital and Disaster Medicine*. v. 24, n. 6, 2009b, p. 479-492. Disponível em: <http://www.ncbi.nlm.nih.gov/pubmed/20301064>. Acesso em: 11 abr. 2015.

CAMILLIAN TASK FORCE (CTF). CTF's New Pathway 2020. In: *Camilliani/Camillians*, n. 3-4. Roma: Camilianos, 2014, p. 130-132. Disponível em: <http://www.camilliani.org/wp-content/uploads/2013/03/14P0383_Camilliani_Rivista_Luglio_Dicembre.pdf>. Acesso em: 11 abr. 2015.

ESCRITÓRIO DAS NAÇÕES UNIDAS PARA A REDUÇÃO DO RISCO DE DESASTRES — 2007.

FASSIN, Didier. The humanitarian politics of testimony. Subjectification through trauma in the Israeli-Palestiniam conflict. In: *Cultural Anthropology*, v. 23, n. 3, 2008, p. 531-558. Disponível em: <http://roundtable.kein.org/sites/newtable.kein.org/files/Fassin,%20D.%20-%20witness.pd>. Acesso em: 11 abr. 2015.

FORTES, Paulo A. de C.; RIBEIRO, Helena (orgs.). *Saúde Global*. Barueri: Manole. 2014.

IPCC — Intergovernmental Panel on Climate Change — 2014. Climate Change 2014. Synthesis Report. Summary for Policy Markers. Disponível em: <http://www.ipcc.ch>. Acesso em: 28 fev. 2015.

KING, Nancy. B. The ethics of biodenfense. In: *Bioethics*, v. 19, 2005, p. 432-448. <http://www.medeclab.net/wp-content/uploads/2011/12/King-Ethics-of-Biodefense.pdf>. Acesso em: 11 abr. 2015.

LAKOFF, Andrew. The generic biothreat, or, how we became unprepared. In: *Cultural Antrhopology*, v. 23, n. 3, 2008, p. 399-428. Disponível em: <http://pages.ucsd.edu/~aronatas/workshop/generic_biothreat.pdf>. Acesso em: 11 abr. 2015.

NEWBERRY, B. Katrina: Macro-ethical issues for engineers. In: *Science and Engineering Ethics*, v. 16, n. 3, 2010, p. 535-571. Disponível em: <http://link.springer.com/article/10.1007%2Fs11948-009-9167-9#page-1>. Acesso em: 11 abr. 2105.

O'MATHÚNA, Donal P.; GORDIJN, Bert; CLARKE, Mike (eds). *Disaster Bioethics: Normative Issues When Nothing is Normal*. Dublin: Springer. 2014. Disponível em: <http://link.springer.com/book/10.1007%2F978-94-007-3864-5#page-1>. Acesso em: 11 abr. 2015.

PALMER, I. Humanitarian aid. Psychological aspects of providing medical humanitarian aid. In: *British Medical Journal*, v. 331, 2005, p. 152-154. Disponível em: <http://www.bmj.com/content/331/7509/152>. Acesso em: 11 abr. 2015.

RIBEIRO, Helena. Desafios da saúde ambiental global. In: FORTES, Paulo A. de C.; RIBEIRO, Helena (orgs.). *Saúde Global*. Barueri: Manole, 2014, p. 37-54.

SUMATHIPALA, Athula et al. Ethical issues in post-disaster clinical interventions and research: A Developing world perspective. Key findings from a drafting and consensus generation meeting of the Working Group on Disaster Research and Ethics (WGDRE). In: *Asian Bioethics Review*, v. 2, n. 2, 2007, p. 124-142. Disponível em: <http://muse.jhu.edu/journals/asb/summary/v002/2.2.SUMATHIPALA.html>. Acesso em: 11 abr. 2015.

TEN HAVE, Henk. Macro-triage in Disaster Planning in: O'MATHÚNA, Donal P.; GORDIJN, Bert; CLARKE, Mike (eds.). *Disaster Bioethics: Normative Issues When Nothing is Normal*. Dublin: Springer, 2014, p. 13-32.

UNISDR — United Nations Office for Disaster Risk Reduction. Disponível em: <http://www.unisdr.org>. Acesso em: 26 fev. 2015.

WALDMAN, Eliseu A.; PARIZI CARVALHO, Regina R. Segurança sanitária e saúde global, in: FORTES, Paulo A. de C. & RIBEIRO, Helena (orgs.). *Saúde Global*. Barueri: Manole, 2014, p. 55-69.

WANG, Tzong-Luen. Common myths and fallacies in disaster medicine: An evidence-based review. In: *Fu-Jen Journal of Medicine*, v. 7, n. 3, 2009, p. 149-160. Disponível em: <http://www.mc.fju.edu.tw/userfiles/file/Med%20Journal/Vol_7%20No_3/7-3-05.pdf>. Acesso em: 11 abr. 2015.

WORLD DISASTERS REPORT 2014 — CULTURE AND RISK. International Federation of Red Cross and Red Crescent Societies. Geneva, Swiztzerland, 2014. Disponível em: <http://www.ifrc.org>. Acesso em: 28 fev. 2015.

Alguns *sites* de organizações importantes que atuam neste âmbito mundial de assistência humanitária

Organização Mundial da Saúde — <http://www.who.org>
Nações Unidas — fundo da Infância — <http://www.unicef.org>
Unesco — <http://www.unesco.org>
Greenpeace — <http://www.grenpeace.org>
Cruz Vermelha internacional — <http://www.cruzvermelha.org>
Fundação Gates — <http://www.gatesfoundation.org>
Organização Médicos sem Fronteiras — <http://www.msf.org>
Banco Mundial — <http://worldbank.org>

6

Bioética em tempos de epidemias globalizadas: saúde pública em tempos dos vírus ebola e HIV/aids

> Muitos me perguntam por que o surto da doença causado pelo ebola é tão abrangente, tão grave e difícil de conter. Estas perguntas podem ser respondidas com uma única palavra: pobreza. Guiné, Libéria e Serra Leoa estão entre os países mais pobres do mundo.
>
> **Dra. Margareth Chan**
> Diretora-geral da Organização Mundial da Saúde

A HUMANIDADE DE tempos em tempos acaba sendo visitada por diferentes tipos de epidemias, de pestes que acabam gerando medo, pavor, transtornos, muito sofrimento e, claro, causando a morte de muita gente. Embora longe no tempo, ainda continua viva na memória histórica da humanidade a chamada peste negra, designação pela qual ficou conhecida, a pandemia de peste bubônica, durante a Baixa Idade Média, que assolou a Europa durante o século XIV e dizimou aproximadamente 75 milhões de pessoas, mais ou menos um terço da Europa. Outra grande catástrofe mundial foi a chamada gripe espanhola, pandemia de gripe em 1917-1919 que levou à morte mais de 50 milhões de pessoas em menos de dois anos, afetando toda a população mundial, durante a Primeira Guerra Mundial. Essa pandemia tem sido considerada pelos historiadores a mais devastadora já registrada na história mundial e ganhou este nome, "espanhola", por ter impactado fortemente a Espanha, com elevado número de mortes. Ela também chegou ao Brasil e causou a morte de mais de 17 mil pessoas no Rio de Janeiro e mais de duas mil em São Paulo. Matou inclusive o presidente do Brasil, recém-eleito na época, Rodrigues Alves (1919).

Mais recentemente, já em pleno século XXI, em 2003, tivemos a epidemia da Síndrome Respiratória Aguda Grave (Sars, *Severe Acute Respiratory Syndro-*

me, em inglês), identificada inicialmente na Ásia. Essa epidemia teria matado 774 pessoas e contaminado 8.086. Acrescente-se ainda o surgimento da H1N1 (Gripe *Influenza*). A Organização Mundial da Saúde fez o alerta da epidemia em 2009. Foi registrada a morte de 17 mil pessoas, das quais 1.800 eram crianças. Estima-se que de 41 a 48 milhões de casos de H1N1 tenham ocorrido entre abril de 2009 e 16 de janeiro de 2010. Na longa lista dessas epidemias que fizeram história pelo seu poder mortífero, temos ainda o cólera, com centenas de milhares de mortes entre 1817 e 1824; a tuberculose, com 1 milhão de mortos entre 1850 e 1950; a varíola, com 200 milhões de mortos entre 1896 e 1980; o tifo, com 3 milhões de mortos na Europa Oriental e na Rússia de 1918 a 1922; a febre amarela, com 30 mil mortos na Etiópia de 1960 a 1962; o sarampo, com 6 milhões de mortos por ano até 1963; e a malária, com 2 milhões de mortos por ano desde 1980. E não nos esqueçamos de que ainda temos a onipresença do vírus HIV/aids, que, desde a sua identificação em 1981 nos Estados Unidos até hoje, já causou a morte de 22 milhões de pessoas no mundo e infelizmente continua ceifando vidas hoje.

Já se passaram 34 anos desde quando se identificou o chamado "paciente zero" portador do vírus HIV, em 1981, nos Estados Unidos. A humanidade ainda não conseguiu elaborar uma vacina para o vírus, embora esta tenha sido anunciada com otimismo pelos pesquisadores cientistas da área para o ano 2000. Já estamos longe, há 15 anos dessa data, e ainda não temos vacina. Um coquetel antirretroviral prolonga a vida dos pacientes portadores do vírus que convivem com a doença, mas não temos ainda a cura. Não bastasse essa tragédia, que roubou a vida de milhões de pessoas em todo o mundo e continua a ceifar vidas de milhares de pessoas inocentes ainda hoje, eis que surge na África ocidental mais uma nova ameaça à saúde pública mundial: o vírus ebola.

Em 2014, o mundo deparou com o maior surto de ebola já registrado na história desde que a doença foi descoberta em meados dos anos de 1970. A doença viral ebola é extremamente grave e leva quase 90% de seus portadores à morte. Transmitida por um vírus considerado um dos mais letais do mundo, ainda não possui cura. Além da alta letalidade, apresenta facilidade de transmissão. Em muitos aspectos se assemelha ao que ocorreu com o vírus HIV/aids. A nova epidemia, como o HIV/aids, assusta a todos num mundo sempre mais globalizado pelas viagens e pelas migrações populacionais.

O vírus do HIV/aids continua a atacar!

Segundo dados da Unaids, agência das Nações Unidas encarregada de combater a aids, em 2013 havia 35 milhões de pessoas no mundo vivendo com o HIV.

Desde o início da epidemia, em torno de 78 milhões de pessoas foram infectadas com o vírus HIV e 39 milhões morreram de aids e doenças relacionadas. Em termos de terapia antirretroviral, em junho de 2014, 13,6 milhões de pessoas que vivem com o vírus HIV tinham acesso à terapia antirretroviral. Em 2013, o número era de 12,9 milhões e, destes, 38% de todos os adultos que vivem com o HIV estão recebendo tratamento, mas somente 24% de todas as crianças que vivem com o vírus estão recebendo a medicação que possibilita uma sobrevida à pessoa. Estima-se que, durante 2013, 1,5 milhão de pessoas morreram de aids e doenças relacionadas (WORLD AIDS DAY REPORT, 2014).

Segundo o diretor-executivo da Unaids, Michel Sidibé, "a aids é a maior causa de morte entre adolescentes na África. Em termos globais, dois terços de todas as novas infecções entre os adolescentes são entre meninas. Isso é uma injustiça moral. Convoco todos os jovens para levar avante o movimento para acabar com a epidemia de aids entre os adolescentes."

Morrer de HIV/aids já não é notícia como era no início dos anos de 1980. Naquele momento, além da incurabilidade, quem fosse acometido por essa doença estava certamente condenado a morrer, em pouco tempo e com situações terríveis de abandono e indiferença. Enfrentávamos muitos preconceitos e muita discriminação. Falava-se de "peste gay", de "castigo de Deus" pelos pecados, e tantos outros absurdos. Ficou conhecida como a "síndrome do medo do outro". Como capelão no hospital Emílio Ribas, entre os folhetos distribuídos nas enfermarias aos doentes, encontrei um com este título: "AIDS: A Ira do Senhor!". Em síntese, o paciente portador do vírus HIV/aids era duplamente vítima, da doença e do preconceito, que o levava à "morte social" antes da morte física.

No Brasil, a epidemia do vírus HIV/aids estava estabilizada na faixa de 20 novos casos por ano a cada grupo de 100 mil habitantes. De 2003 a 2013, a taxa de mortalidade caiu de 6,4 óbitos por 100 mil habitantes para 5,7; no entanto, o número de infecções na faixa etária entre 15 e 24 anos seguiu na direção contrária, crescendo em 32%. Esse é um grande problema. A atual juventude é mais liberal, está muito bem informada a respeito dos meios para se proteger e prevenir a doença, mas os ignora. Esses jovens não vivenciaram o drama da epidemia da aids nos seus inícios, quando esse diagnóstico era uma sentença de morte.

Hoje, no Brasil, dos 734 mil portadores do HIV, estima-se que 20% não sabem que têm a doença. Como essa enfermidade demora em média 10 anos para apresentar os primeiros sintomas, muitos infectados disseminam o vírus sem saber. Daí a importância de estimular os testes. Desde 2011, o número de casos voltou a crescer e hoje ocorre um aumento preocupante do número de mortes. Somente em 2013 foram 12.700 mortes por aids, número similar ao de 15 anos atrás, quando a política de acesso aos antirretrovirais foi implantada.

No cenário mundial, o Brasil assumiu o compromisso de atingir metas para aumentar as taxas de diagnóstico e tratamento. Até 2020, 90% dos infectados devem saber que carregam o vírus HIV. Esses 90% precisam começar a tomar os antirretrovirais. Dos que entraram em tratamento, 90% devem ter a carga viral suprimida. Essas metas chamadas "política dos três 9" foram ratificadas pelos países-membros do Brics (Brasil, Rússia, Índia, China, e África do Sul).

A meta maior é eliminar a epidemia de aids até 2030, como vislumbra a Unaids, órgão das Nações Unidas responsável pelo combate do vírus HIV/aids. Ainda não é possível erradicar a doença, mas podemos acabar com os níveis epidêmicos. Ainda não temos a tão aguardada vacina, anunciada para o ano 2000. A grande novidade foram os antirretrovirais que ajudam os portadores a viver mais, convivendo com a doença, mas ainda sem a cura.

Além das campanhas na mídia para estimular a realização do exame de HIV, o Ministério da Saúde aguarda a liberação da Agência Nacional de Vigilância Sanitária (Anvisa) para disponibilizar testes rápidos em farmácias. Uma forma de vencer um velho tabu: a vergonha de muitas pessoas em procurar o diagnóstico em um posto de saúde.

É urgente implementar vigilância ético-sanitária, em termos de saúde pública, e o necessário cultivo de responsabilidade pessoal e comunitária, diante do cuidado e do respeito com a própria vida e a saúde dos nossos semelhantes.

Algumas informações sobre a epidemia do ebola, surgimento, letalidade e prevenção

O vírus ebola foi inicialmente identificado na atual República Democrática do Congo (antigo Zaire), em 1976, perto do rio Ebola, que por ser o local onde o vírus foi descoberto acabou dando a ele o mesmo nome. Os sintomas impressionavam tanto quanto a velocidade com que os infectados morriam. Estima-se que a letalidade do vírus do ebola durante surtos epidêmicos atinja os 90%, ou seja, a cada 10 pessoas infectadas, 9 morrem. O "paciente zero" foi o diretor da escola da vila, Mabalo Lokela, que visitou uma área perto da fronteira com a República Centro-Africana, ao longo do rio Ebola, entre 12 e 22 de agosto de 1976. Em 8 de setembro ele morreu por conta do que viria a ser conhecido como o vírus ebola. Em termos de origem, também se relata que em dezembro de 2013 um menino se infectou no contato com um morcego caçado para ser comido. Assim, o chamado "paciente zero", ou seja, o primeiro a carregar o vírus da epidemia, contaminou as pessoas imediatamente à sua volta.

Várias epidemias de febre hemorrágica produzidas pelo ebola são conhecidas: em 1976, duas epidemias, no Zaire e no Oeste do Sudão, provocaram cerca de 340 mortes. Houve uma terceira epidemia em 1979, no Sudão, e uma quarta, em 1996, no Zaire; ambas com menor quantidade de mortos. A última epidemia matou 224 pessoas em Uganda, entre outubro de 2000 e março de 2001.

Um surto de ebola na África ocidental está em curso desde dezembro de 2013 em países como a Guiné, onde foram registradas as primeiras mortes por ebola de forma epidêmica. O surto teve início na Guiné, em dezembro de 2013, mas só foi detectado em março de 2014. Desde sua detecção inicial, o vírus já se espalhou pela Libéria, Serra Leoa, Nigéria, Senegal e Estados Unidos. Somente em 8 de agosto de 2014, a Organização Mundial de Saúde (OMS) declarou a epidemia em "estado de emergência internacional". Essa designação só havia sido usada duas vezes antes: para a gripe suína, em 2009, e para o ressurgimento da pólio, em 2014.

O vírus ebola já infectou um total de 23.539 pacientes, resultando em 9.541 mortes (até 21 de fevereiro de 2015), com a perspectiva trágica de milhares de vidas em risco se não se conseguir uma resposta rápida em termos de conscientização e recursos materiais e humanos para enfrentar a epidemia. A OMS afirma que o número de casos é provavelmente muito maior que o oficialmente anunciado, por causa da resistência cultural das comunidades locais em informar os casos e também da falta de pessoal preparado e equipamentos insuficientes.

A doença por vírus ebola atinge seres humanos e outros mamíferos. Os reservatórios naturais do vírus são os morcegos que se alimentam das frutas, mas macacos e porcos domésticos podem servir de hospedeiros intermediários. As epidemias, no entanto, são medidas pelo contágio inter-humano. Ao entrar no corpo, o vírus se espalha com velocidade e destrói os vasos sanguíneos. Além disso, ele prejudica o processo de coagulação e provoca fortes reações inflamatórias. O sistema imunológico não consegue responder com rapidez suficiente: a pressão sanguínea cai velozmente, e os pacientes morrem de falência múltipla de órgãos. Os sintomas têm início duas a três semanas após o indivíduo contrair o vírus, manifestando-se inicialmente por febre alta (acima de 38,6 °C), perda de apetite, garganta inflamada, dores musculares e dores de cabeça. Esses sintomas são seguidos por vômitos, diarreia e insuficiência hepática e renal. Nessa fase, a pessoa infectada pode começar a ter hemorragias, tanto internas como externas. Em poucos dias pode haver morte por falência múltipla dos órgãos, e esta geralmente ocorre entre 6 a 16 dias após o início dos sintomas.

O vírus ebola de fato assusta. Ainda não dispomos de uma vacina contra ele ou uma cura farmacológica efetiva, embora existam muitas pesquisas em curso. O tratamento é fundamentalmente de natureza paliativa, e a taxa de mortalidade é elevadíssima, entre 50% e 90%. Esse tratamento geralmente envolve reposição de perdas expressivas de fluidos corporais e de sais, tratando coinfecções, bem como outras infecções que fragilizam a pessoa, além de cuidar dos sintomas como a dor. A natureza e a qualidade desse cuidado variam amplamente, dependendo do contexto. Em algumas áreas, o simples prover de reidratação oral e alívio dos sintomas pode ser um grande desafio, enquanto em contextos de alta tecnologia o cuidado pode incluir intervenções como diálise renal e ventilação mecânica, além de reidratação oral.

A organização Médicos sem Fronteiras denunciou a situação na capital da Libéria, Monrovia, como "catastrófica" e que "deteriorava-se a cada dia". Eles relatam que os temores de ebola entre os membros das equipes de saúde e os pacientes paralisou e praticamente fechou grande parte do sistema de saúde do país, o que, por consequência, deixou a população completamente desprotegida e sem possibilidade de tratamento para outras doenças. Ainda segundo essa organização, em algumas áreas da África, a doença foi registrada por meio do contato com chimpanzés, gorilas, morcegos frutívoros, macacos, antílopes selvagens e porcos-espinho contaminados encontrados mortos ou doentes na floresta tropical. Também foram relatados casos de pessoas que contraíram a doença em enterros depois de terem tido contato direto com o falecido vitimado pelo ebola.

A transmissão entre seres humanos ocorre apenas através de contato direto com sangue ou fluidos corporais de uma pessoa infectada, inclusive durante o embalsamamento de um cadáver, ou através do contato com objetos contaminados pelo vírus, particularmente agulhas e seringas. O vírus ebola pode também ser transmitido por saliva, muco, vômito, fezes, suor, lágrimas, leite materno, urina e sêmen. Os profissionais de saúde que não usem vestuário de proteção apropriado apresentam um risco acrescido de contrair a doença. Verificou-se que no passado as transmissões em meio hospitalar na África se deveram à reutilização de agulhas e à inexistência de medidas de precaução universais. A doença não é transmitida por via aérea de forma natural. O vírus Ebola somente é contagioso pelo contato direto com secreções e fluidos corporais.

Apesar de todo o cuidado, médicos e outros funcionários da saúde já foram vítimas da doença. A morte do médico Sheik Umar Khan, que liderava a luta contra o ebola em Serra Leoa, gerou grande comoção e alertou o mundo sobre os perigos também para os profissionais que atuam nos países em surto. Religiosos da Congregação de São João de Deus também já foram vitimados.

É possível controlar surtos de ebola com medidas relativamente simples, como a adoção de práticas básicas de biossegurança em serviços de saúde e no atendimento aos doentes, isolando-os por um período (quarentena); protegendo os profissionais de saúde com uso de máscaras, luvas e aventais e através da limpeza adequada de superfícies, entre outras medidas; e na comunidade, melhorando as condições de higiene, evitando que pessoas tenham contato com sangue e fluidos corporais dos pacientes. As mortes podem ser reduzidas com atendimento imediato, hidratação e hemoterapia.

Alguns aspectos culturais que alimentam o alastramento da epidemia

A epidemia do vírus Ebola poderia ser logo debelada, mas isso não depende apenas do trabalho técnico de informação dos profissionais da saúde. Existem certos costumes e determinadas crenças culturais africanas locais que acabam sendo um obstáculo à extinção do vírus.

Por exemplo, nesses países africanos, lavar o corpo no momento do enterro é uma prática comum, o que permite a transmissão da doença, uma vez que, mesmo após a morte, o paciente continua com o vírus, e o contato direto sem proteção é um grande risco. Além disso, a necessidade de isolamento afasta os pacientes, que muitas vezes preferem ficar em casa e, assim, acabam transmitindo o vírus aos seus parentes.

Em termos de conscientização da população, recomenda-se que sejam consultados antropólogos, pois, em muitas das regiões afetadas na África, o significado do funeral é maior do que o de um nascimento ou casamento. Os mortos ficam na proximidade da família por algum tempo, são velados e tocados. Dessa maneira, o vírus, que ainda sobrevive por vários dias, é transmitido às pessoas saudáveis. O corpo do doente continua a oferecer risco de contágio mesmo após a morte. Na cultura de grande parte das aldeias africanas existe o costume de a família lavar o corpo dos seus entes queridos que morreram, antes do enterro.

Os que morrem devem ser colocados em sacos plásticos, de preferência com roupa e tudo, e imediatamente enterrados, por uma questão de saúde pública. Isso não dá tempo aos familiares e entes próximos para as celebrações religiosas de despedida, o que acaba sendo visto como uma violência aos valores comunitários e culturais. Relatam-se casos em que ocorrem os enterros "oficiais" durante o dia, e a população vai à noite, desenterra os corpos e faz os devidos rituais, não realizados, para depois enterrá-los novamente. Uma prática que acaba propagando mais ainda a possibilidade de contaminação.

Muitos africanos consideram que sua doença é uma maldição, que os persegue por vingança de um inimigo ou de uma divindade; ou que o vírus foi trazido pelos brancos aos seus países. Muitos rejeitam a medicina científica convencional e não se deixam tratar, muito menos por brancos.

Por vezes, os procedimentos de saúde pública conflitam com as necessidades humanas mais profundas. Tomemos por exemplo a questão dos mortos como é vista pela cultura africana. Durante a epidemia de ebola em Kikwit, na República Democrática do Congo, na metade dos anos de 1990, equipes internacionais de profissionais da saúde, vestidas com roupas especiais, coletaram os mortos, envolvendo-os em sacos plásticos, e sem nenhum ritual colocaram-nos em valas comuns. Os ritos para os funerais dos congoleses tradicionais, incluindo a lavagem do corpo do morto pelos familiares, ajudaram a espalhar essa terrível doença. O respeito pelos mortos teve de dar lugar ao controle da epidemia. Os habitantes das aldeias, temerosos, somente podiam olhar, estranhos em vestimentas especiais levando embora o corpo de seus entes queridos.

Isso não pode ocorrer dessa forma. A OMS alertou que os corpos de mortos em desastres naturais não trazem os mesmos riscos dos corpos daqueles que morreram de ebola, embora eles sejam algumas vezes tratados de maneira análoga: banhados em antissépticos, envolvidos em sacos plásticos e jogados em valas comuns. Esse procedimento, diz a OMS, é totalmente desnecessário e compromete a saúde mental dos sobreviventes. Em uma passagem muito curiosa, a OMS reafirma ao público que as vítimas de desastres naturais não trazem perigo, porque elas estão realmente, realmente mortas (sic!!!). Os que morrem em desastres naturais geralmente têm saúde quando isso acontece e, portanto, é muito improvável que sejam fonte de infecção para os outros. Os micro-organismos responsáveis pela decomposição dos corpos não são capazes de causar doenças nas pessoas vivas. A maioria dos agentes infecciosos de saúde pública, que podem estar presentes no momento da morte, morrerão em questão de horas da pessoa em fase terminal. À medida que a epidemia da doença avança no pós-desastre, os sobreviventes são os mais prováveis de ser a fonte de contágio de doenças, antes que os mortos. Essa é a razão por que, após a ocorrência de um desastre natural, a prioridade é assegurar água limpa e alimentação para os viventes.

Enfim, a chave para combater o ebola está na educação e na conscientização. Os infectados devem ser encorajados a procurar ajuda nos ambulatórios. E os familiares precisam saber como se proteger do contágio.

A chegada tardia de socorro internacional

Uma mobilização internacional sem precedentes em termos de socorro humanitário, ainda que tardia, tenta responder à situação de emergência do vírus ebola, nessa região da África ocidental, especialmente nestes três países mais atingidos pelo vírus Ebola: Serra Leoa, Guiné e Argélia. Ministérios da Saúde de vários países, principalmente dos mais desenvolvidos, entidades filantrópicas e ONGs internacionais, incluindo os Médicos Sem Fronteiras, a Cruz Vermelha Internacional e Organizações da Igreja Católica (Caritas Internacional), mobilizam-se e estão trabalhando na área atingida pela epidemia, cuidando dos afetados pelo vírus ebola e sensibilizando a população para medidas preventivas.

Organizações eclesiais, entre elas a Camillian Task Force Internacional, com sede em Roma, na Casa Geral dos Camilianos, estão atuando na área afetada especialmente em Serra Leoa, na diocese de Makeni, com equipes de saúde e voluntários especializados, onde com esforços conjuntos com outras organizações locais e internacionais reabriram um hospital local que havia sido fechado e estava abandonado. Essas organizações estão empenhadas na assistência alimentar às famílias atingidas pelo ebola e às crianças órfãs, no apoio psicológico pós-trauma e luto, bem como na identificação de casos suspeitos e no seu cuidado nos hospitais e nos centros especializados, em que muitos profissionais acabaram pagando um preço muito elevado em termos de vida humana. Seu trabalho e seu compromisso samaritano chamaram a atenção para essa crise, enfatizando a existência de outras prioridades sociais e de saúde, estritamente ligadas à emergência do ebola. Essas organizações denunciam com veemência que se morre também de malária, parto, fome, falta de educação, falta de conhecimento e injustiça.

A epidemia do ebola revela uma realidade social marcada pela morte

As pessoas estão morrendo de malária e em parto. No âmbito da assistência à saúde, enfatiza-se a importância de reabrir num contexto seguro hospitais e centros de saúde católicos que foram fechados após o diagnóstico de casos de contágio. Isso também se aplica à segurança desses lugares, bem como ao tratamento de patologias ordinárias, cujo nível de mortalidade aumentou. O que acontece neste momento é que a população, por medo, não vai aos centros de saúde e hospitais.

As pessoas estão morrendo de fome. A economia local entrou praticamente em colapso. Num contexto em que alimentos básicos começam a faltar no mercado, os preços sobem exponencialmente. A colheita de produtos também corre risco por causa da falta de trabalho braçal, e as pessoas em quarentena estão limitadas na sua movimentação. A população necessita de ajuda para garantir a segurança alimentar e lutar contra a desnutrição.

Por falta de educação e conhecimento, as pessoas estão morrendo. Onde falta educação básica impera a ignorância, que alimenta tabus culturais que complicam a saúde da população. Em nível social, é urgente e necessário sensibilizar as comunidades, incluindo as áreas mais remotas, conscientizando-as dos riscos, e em como identificar sinais da presença do vírus, e que recomendações devem ser seguidas para a prevenção. Deve-se enfatizar também a prevenção e a sensibilização nos países próximos daqueles que estão sendo mais afligidos, especialmente Serra Leoa, Guiné e Argélia que estão entre os países mais pobres do mundo, para evitar expansão futura do vírus Ebola.

As pessoas estão morrendo vitimadas pela injustiça. É importante que no nível político se providencie apoio aos governos locais na implementação de planos de emergência, de maneira que a ação seja mais rápida e efetiva. É de crucial importância, no caso de uma epidemia inicialmente subestimada, disponibilizar, quanto antes, recursos humanos, materiais e financeiros para interromper sua expansão. Para que se pense na existência de um futuro e faça renascer a esperança do povo, devemos nos fazer presentes, em meio ao povo, partilhando e trabalhando junto daqueles que são vitimados pela crise da epidemia, construindo juntos condições para uma resposta efetiva.

Vozes convergentes de muitos especialistas de saúde pública afirmam que a atual epidemia e sua alta letalidade (que chega até 90% dos casos) são fruto da precariedade das condições de vida do povo (pobreza) e da incapacidade (ou má vontade) política e técnica dos governos africanos atingidos pela epidemia de minimizar o problema. Acrescentem-se a esses fatores a crônica ausência ou a insuficiência de sistemas de saúde públicos organizados e eficientes que respondam rápida e efetivamente diante da expansão incontrolada da epidemia. Para além de mero problema médico, o combate ao vírus ebola revela, no nível sociopolítico, precariedade de recursos educacionais, humanos, materiais e profissionais da sociedade como um todo. A saúde depende sempre dos condicionantes sociais; quando estes inexistem, infelizmente imperam a doença e a morte.

Urge uma ação de política mundial, nacional e local sincronizadas, entre outras organizações, ONU, OMS, governos, Ministérios da Saúde e autoridades locais, sintonizados com os mesmos objetivos de saúde pública, para salvar vidas e inverter urgentemente essa tendência trágica, senão não existirá um amanhã para milhares e milhões de pessoas.

A epidemia do vírus ebola na África ocidental (Serra Leoa, Libéria e Guiné) demonstrou que a saúde pública e a ética da saúde pública são uma questão global e não somente local. A comissão de Bioética do Presidente dos Estados Unidos publicou, em fevereiro de 2015, um documento com o seguinte título: "Ética e ebola: planejamento em saúde pública e resposta" (*Ethics and Ebola: Public Health Planning and Response*), para afirmar que o governo norte-americano "tem uma responsabilidade prudencial e moral para ativamente participar em respostas globais coordenadas em emergências de saúde pública onde elas ocorrem". A presidente da Comissão, Amy Gutmann, diz que "a epidemia do ebola na África ocidental causou um verdadeiro caos nos já frágeis sistemas de saúde, matou centenas de pessoas e colocou às claras nossa falta de preparo em nossas habilidades de responder a emergências em saúde pública global. Ela demonstrou nossa urgente necessidade de preparo antes da próxima epidemia. Falar em se preparar, mas cometer uma falha em seguir boa ciência, por exemplo, em não desenvolver vacinas e em não apoiar os provedores de cuidados de saúde, levará fatalmente a muitas mortes desnecessárias".

Explicando por que a Comissão Presidencial de Bioética escolheu abordar esse tópico, Gutmann disse: "Ambas, a justiça e a prudência, exigem que façamos nossa parte em combater esses surtos devastadores. Uma vez que reconhecemos nossas obrigações humanitárias e a habilidade de as doenças infecciosas viajarem em nosso mundo interconectado, não podemos escolher entre o caminho ético e o prudencial. A Ética e os interesses maiores convergem para que nosso país enfrente as epidemias no seu nascedouro".

Nesse documento sobre Ética e ebola, a Comissão de Bioética presidencial argumenta que o governo federal norte-americano deve fortalecer a infraestrutura de saúde e as capacidades de resposta para situações emergenciais, aprimorar o aspecto da comunicação em saúde pública, e integrar a perspectiva ética em os níveis do planejamento emergencial em saúde pública e resposta.

"A preparação em Saúde Pública exige preparação ética", enfatiza Gutmann. Segue dizendo que "necessitamos estar preparados, por exemplo, para comunicar com antecedência e com frequência durante uma epidemia de ebola, confiando nas melhores evidências científicas, explicando por que não colocar em quarentena pessoas assintomáticas. É desnecessário restringir a liberdade de um *expert* em saúde, bem como dos profissionais da saúde. Em ambos os casos é moralmente errado e contraproducente; isso causará mais danos e perdas, que salvar vidas".

A diretora-geral da OMS, Dra. Margareth Chan, diz: "Muitos me perguntam por que o surto da doença causado pelo ebola é tão abrangente, tão grave e difícil de conter. Essa pergunta pode ser respondida com uma única palavra: pobreza. Guiné, Libéria e Serra Leoa estão entre os países mais pobres do mundo".

Referências bibliográficas

FORTES, Paulo A. de C.; RIBEIRO, Helena. *Saúde Global*. Barueri: Manole, 2014.
JUNGES, José Roque. *Bioética Sanitarista* — Desafios éticos da saúde coletiva. São Paulo: Loyola, 2014.
PRESIDENTIAL COMMISSION OF THE STUDY OF BIOETHICAL ISSUES. *Ethics and Ebola: Public health Planning and Response*. Washington, D.C. Fev. 2015. Disponível em: <https://bioethics.gov/node/4637>. Acesso em: 11 abr. 2015.
UNAIDS. *World Aids Day Report* 2014. Disponível em: <http://www.unaids.org/en/resources/campaigns/World-AIDS-Day-Report-2014/factsheet>. Acesso em: 11 abr. 2015.
———. *Investing to overcome global impact of neglected tropical diseases. Third GHO report on neglectedtropical diseases*. Geneve, World Health Organization, February 2015. Disponível em: <http://apps.who.int/iris/bitstream/10665/152781/1/9789241564861_eng.pdf?ua=1>. Acesso em: 11 abr. 2015.
UNESCO — United Nations Educational, Scientific and Cultural Organization. Report on Social Responsibility and Health. Paris: International Bioethics Committee of Unesco (IBC), 2010. Disponível em: <http://www.unesco.org/new/

en/social-and-human-sciences/themes/bioethics/international-bioethics-committee/work-programme-for-2008-2009/social-responsibility-and-health/>. Acesso em: 11 abr. 2015.

WORLD HEALTH ORGANIZATION (WHO). *Speaking Ebola: practical messages for reaching communities*. Mar. 2015. Disponível em: <http://http://www.who.int/csr/disease/ebola/practical-ebola-messages/en/>. Acesso em: 11 abr. 2015.

──────. *Ebola response roadmap*. 28 August 2014. World Health Organization, 2014. Disponível em: <http://apps.who.int/iris/bitstream/10665/131596/1/EbolaResponseRoadmap.pdf>. Acesso em: 11 abr. 2015.

7
O imperativo ético de cuidar do nosso planeta: o desafio de evitar o aquecimento global e preservar nosso "ouro azul"

Estamos diante de um momento crítico na história da Terra, numa época em que a humanidade deve escolher seu futuro. [...]. Para seguir adiante, devemos somar forças para gerar uma sociedade sustentável global baseada no respeito pela natureza, nos direitos humanos universais, na justiça econômica e numa cultura da paz. [...]. Que o nosso tempo seja lembrado pelo despertar de uma nova reverência diante da vida, por um compromisso firme de alcançar a sustentabilidade, pela rápida luta pela justiça, pela paz e pela alegre celebração da vida.

Carta da Terra

Existem importantes conquistas a serem consideradas. Entre 1999 e 2012, por exemplo, 2,3 bilhões de pessoas no mundo passaram a ter acesso a fontes de água potável. Nesse mesmo período, o número de crianças que morreram por causa doenças diarreicas — fortemente associadas com água contaminada, falta de serviços sanitários e higiene — caiu aproximadamente de 1,5 milhão para pouco mais de 600 mil. [...]. Estima-se que 748 milhões de mulheres, homens e crianças, não têm acesso à água potável e 2,5 bilhões de pessoas, mais de um terço da população, vivem sem recursos sanitários básicos, e centenas de milhares de pessoas não têm sabão e água para lavar suas mãos, uma simples prática que previne o aumento de doenças diarreicas e respiratórias.

Organização Mundial da Saúde, 2014

UM DOS MAIORES desafios éticos que o ser humano tem hoje pela frente é o de que, para garantir o futuro da vida, é necessário cuidar de nosso lar comum. Para tanto, faz-se necessário cultivar uma ética da responsabilidade na construção de uma sociedade justa e solidária, que se paute em um desenvolvimento sustentável.

Por sua intuição profética e sua compreensão simbólica, que sintonizam com a sabedoria do cosmos e cantam as estrelas como o salmista, vale a pena destacar alguns trechos do discurso do chefe de uma tribo indígena norte-americana (Seattle, 1854) ao presidente dos Estados Unidos, quando este decidiu comprar parte de suas terras. Esse pronunciamento, distribuído pelo programa para o Meio Ambiente da ONU, é considerado um dos mais belos e profundos discursos já feitos sobre ecologia.

> Como é que se pode comprar ou vender o céu, o calor da Terra? Essa ideia nos parece estranha. Se não possuímos o frescor do ar e o brilho da água, como é possível comprá-los?
>
> Cada pedaço desta terra é sagrado para meu povo [...]. A seiva que percorre o corpo das árvores carrega consigo as lembranças do homem vermelho. Os mortos do homem branco esquecem sua terra de origem quando vão caminhar nas estrelas. Nossos mortos jamais se esquecem desta bela terra, pois ela é a mãe do homem vermelho.
>
> Somos parte da terra, e ela faz parte de nós. As flores perfumadas são nossas irmãs; o cervo, o cavalo, a grande águia são nossos irmãos. Os picos rochosos, os sulcos úmidos nas campinas, o calor do corpo do potro e o homem — todos pertencem à mesma família.
>
> Esta terra é sagrada para nós. [...] Se lhes vendermos a terra, vocês deverão lembrar-se de que ela é sagrada e deverão ensinar às suas crianças que ela é sagrada e cada reflexo nas águas límpidas dos lagos fala de acontecimentos e lembranças da vida do meu poso. Os rios são nossos irmãos, saciam nossa sede, carregam nossas canoas e alimentam nossas crianças.
>
> Sabemos que o homem branco não compreende nossos costumes. [...] Trata sua mãe Terra e seu irmão, o céu, como coisas que possam ser compradas, saqueadas, vendidas como carneiros ou enfeites coloridos. Seu apetite devora a terra, deixando somente um deserto.
>
> Sou selvagem e não compreendo [...] Vi milhares de búfalos apodrecendo na planície, abandonados pelo homem branco que os alvejou de um trem ao passar. [...] Como é que o fumegante cavalo de ferro pode ser mais importante que o búfalo, que sacrificamos somente para permanecer vivos? O que ocorre com os animais logo acontece com o homem. Há uma ligação em tudo [...].
>
> Ensinem às suas crianças o que ensinamos às nossas, que a Terra é nossa mãe. Tudo o que acontecer à Terra acontecerá aos filhos da Terra. Se os homens cospem no solo, estão cuspindo em si mesmos. O que ocorrer com a Terra recairá sobre os filhos da Terra. O homem não tramou o tecido da vida; ele é simplesmente um de seus fios. Tudo o que fizer ao tecido fará a si mes-

mo [...]. Nosso Deus é o mesmo Deus do homem branco, sua compaixão é a mesma. A terra Lhe é preciosa e feri-la é desprezar seu Criador.
Onde está o arvoredo? Desapareceu. Onde está a água? Desapareceu. É o final da vida e o início da sobrevivência.

Na esteira desse belíssimo discurso profético do chefe indígena, somos instados a cultivar a sabedoria ética que se revela numa atitude de respeito, veneração e responsabilidade no cuidar da Terra, protegendo o presente e o futuro da vida no planeta.

O que entender por ecologia humana

A ecologia estuda as relações entre os seres vivos e o meio ambiente onde vivem, bem como a influência que cada um exerce sobre o outro. A palavra *"Ökologie"* deriva da junção dos termos gregos *"oikos"*, que significa "casa", e *"logos"*, que significa "estudo". Foi criada pelo zoólogo alemão Ernst Haeckel, em 1866, no seu livro *Morfologia geral dos organismos*, para designar a ciência que estuda as relações entre seres vivos e meio ambiente. A princípio, era um termo científico de uso restrito; caiu na linguagem comum nos anos de 1960, com os movimentos de caráter ambientalista.

O conceito de ecologia humana designa o estudo científico das relações entre os homens e o meio ambiente, incluindo as condições naturais, as interações e os aspectos econômicos, psicológicos, sociais e culturais, a preservação e a conservação do ambiente natural das diferentes espécies. É um conceito de grande importância quando envolve as relações entre o homem e a biosfera. A ecologia tradicional, ao se preocupar com os aspectos físicos e bioquímicos da natureza, solidificando uma ecologia dos animais e outra ecologia das plantas, deixou de fora um grupo-chave para o entendimento das dinâmicas dos ecossistemas: a espécie humana, objeto-sujeito da ecologia humana. No entanto, trata-se ainda de uma área do conhecimento pouco explorada, particularmente no âmbito acadêmico. A ecologia humana pode ser compreendida como uma ciência que estuda as relações humanas, individuais e coletivas com seu entorno, tornando-se um grande instrumento de reflexão e mudança de paradigma em prol da vida. A ecologia humana é uma ecologia que coloca gente nos ecossistemas e estuda suas relações e consequências.

Gerald Marten, em sua obra, *Ecologia Humana: Conceptos básicos para el Desarollo Sustentable*, declara:

> A ecologia é a ciência das relações entre os seres vivos e seu meio ambiente. A ecologia humana trata das relações entre as pessoas e o meio ambiente.

O meio ambiente, na ecologia humana, percebe-se como um ecossistema. É tudo o que existe numa área determinada, o ar, o solo, a água, os organismos vivos e as estruturas físicas, incluindo tudo o que foi construído pelo ser humano. As porções vivas de um ecossistema, os micro-organismos, as plantas e os animais (incluindo os seres humanos), são sua comunidade biológica.

Darwin, em seus estudos sobre evolucionismo e seleção natural, publicados na obra clássica *A origem das espécies*, foi um dos primeiros pesquisadores a incluir a espécie humana nas investigações sobre interações das espécies com seus ecossistemas.

Iva Pires, do Círculo Europeu de Ecologia Humana, professora na Universidade Nova de Lisboa, define ecologia humana como "uma ciência social pluridisciplinar para a abordagem privilegiada das múltiplas dependências entre os sistemas sociais e naturais, enfatizando os aspectos culturais e tecnológicos de uma gestão dos impactos ambientais suscitados pela civilização humana". Para ela, a ecologia humana "mais que uma perspectiva pluridisciplinar, pode constituir-se não num cruzamento de disciplinas, mas num cruzamento de ciências, campo epistemológico aberto ao diálogo entre as ciências sociais e naturais". Ela defende a perspectiva da ecologia humana como "de uma inadiável compatibilidade entre a sociosfera e a biosfera".

A *Declaração Universal sobre Bioética e Direitos Humanos*, da Unesco (2005), no artigo 17, sobre *Proteção do Meio ambiente, da Biosfera e da Biodiversidade*, na essência de uma visão de ecologia humana, segue nessa perspectiva de defender a responsabilidade humana na proteção do meio ambiente, da biosfera e da biodiversidade. Vejamos:

> Devida atenção deve ser dada à inter-relação de seres humanos com outras formas de vida, à importância do acesso e da utilização adequada de recursos biológicos e genéticos, ao respeito pelo conhecimento tradicional e ao papel dos seres humanos na proteção do meio ambiente, da biosfera e da biodiversidade.

O desafio das mudanças climáticas e do aquecimento global

O Painel Intergovernamental de Mudança Climática (IPCC — *Intergovernmental Panel on Climate Change*, em inglês) das Nações Unidas (ONU) no final de ano de 2014 divulgou informações científicas a respeito do aquecimento global e seus efeitos sobre as pessoas e os ecossistemas. O documento deixa clara a influência humana no processo "inequívoco" de aquecimento global. O IPCC afirma com mais de 95% de certeza que as mudanças que a sociedade sente no clima são consequência de atividades humanas, também denominadas fator antrópico, causadas principalmente por emissões da queima de combustíveis fósseis, agricultura e processos relacionados a desmatamento e mudanças no uso do solo. Quando falamos em mudança climática e em aquecimento global, estamos nos referindo ao incremento, além do nível normal, da capacidade da atmosfera em reter calor. Isso vem acontecendo em decorrência de um progressivo aumento na concentração dos gases de efeito estufa na atmosfera nos últimos 150 anos. Para melhor compreensão do assunto é necessária uma compreensão do vocabulário especifico utilizado, que faremos a seguir.

Os Gases de Efeito Estufa (GEE) são responsáveis por reter o calor na atmosfera de modo que a temperatura permaneça dentro de uma faixa de valores apropriada à sobrevivência dos seres vivos e dos ecossistemas. As emissões do GEE provocadas pelo homem são as maiores da história, pois alcançaram o nível mais elevado dos últimos 800 mil anos e decorrem do crescimento da população e da economia. As mudanças de não têm precedentes no último milênio. Para a temperatura não subir mais do que 2 °C até 2100, alerta o IPCC, será necessário reduzir as emissões dos GEE para um nível perto de zero nas próximas décadas. O dióxido de carbono (CO_2) é o gás que tem maior contribuição para o aquecimento global. Em 2004, o CO_2 representou 77% das emissões antropogênicas globais de gases de efeito estufa. O tempo de permanência desse gás na atmosfera é, no mínimo, de cem anos. Isso significa que as emissões de hoje têm efeitos de longa duração, podendo resultar em impactos no regime climático ao longo de vários séculos. A concentração de CO_2 aumentou cerca de 36% no período de 1750 a 2006. Entre suas principais fontes de origem antropogênica estão a queima de combustíveis fósseis (cerca de 82%) e o desmatamento de florestas tropicais (cerca de 18%).

A quantidade de metano (CH_4), também conhecido como "gás dos pântanos", emitida para a atmosfera é bem menor, mas seu "poder estufa" (potencial de aquecimento) é 20 vezes superior ao do CO_2. Esse gás é formado pela decomposição de compostos orgânicos na ausência de oxigênio por determinadas bactérias, seja em pântanos, seja no estômago do gado, seja no de outros ruminantes. Fontes adicionais, induzidas pela espécie humana, são a queima de biomassa vegetal, vazamentos de dutos de gás natural, plantio de arroz em áreas alagadas e a mineração de certo tipo de carvão mineral.

No caso do óxido nitroso e dos clorofluorcarbonos, suas concentrações na atmosfera são ainda menores. No entanto, o "poder estufa" desses gases é 310 e até 7.100 vezes maior que o do CO_2, respectivamente.

O gás de efeito estufa mais abundante é o vapor d'água (H_2O). Entretanto, ele não contribui para o aumento desse efeito. Até quando a temperatura aumenta, o equilíbrio desses vapores é mantido em um controle natural dos processos de condensação e evaporação. Não existe interferência desse fator no incremento da retenção do calor e não há impacto humano direto nos níveis de vapor d'água.

Os gases mais comuns que causam o efeito estufa são: dióxido de carbono (CO_2) — 63%; metano (CH_4) — 18,6%; óxido nitroso (N_2O) — 6,2%; clorofluorcarbonos (CFCs) — 12%. A soma desses valores resulta em um total de 99,8%, restando apenas 0,2% para todos os outros gases que contribuem para o fenômeno. Os combustíveis fósseis (petróleo, carvão mineral e gás natural), formação orgânica depositada no subsolo, e que sofreu fossilização, são hoje a maior fonte de energia, e são utilizados no transporte, nos sistemas de aquecimento e resfriamento, em construções e na produção.

O nitrogênio (N_2) e o oxigênio (O_2), que constituem 99% dos gases presentes na atmosfera, exercem quase nenhum efeito estufa. Hoje também temos preocupação com a destruição da camada de ozônio, que atua como barreira à penetração da radiação ultravioleta na superfície terrestre, protegendo-a, portanto, dos efeitos prejudiciais à saúde e ao meio ambiente.

Nosso planeta tem 7 bilhões de habitantes, que se dividem em três grupos: cerca de 1 bilhão responde por 50% das emissões totais dos GEE, ao passo que os 3 bilhões seguintes por 45%. Os 3 bilhões na base da pirâmide de energia (metade sem acesso a eletricidade) respondem por apenas 5%. Este grupo, mais pobre e vulnerável, único inocente, será o mais gravemente atingido.

O documento da ONU sobre mudanças climáticas alerta para as consequências do aquecimento global ao longo do século, como prováveis eventos extremos, por exemplo chuvas mais intensas, tempestades e inundações, ciclones. A temperatura e a salinização dos oceanos são crescentes, assim como o aumento de seu nível, resultado do derretimento de geleiras do Ártico. A mudança climática vai ampliar os atuais riscos para os humanos e a natureza, com grandes desvantagens para as populações. A atividade econômica vai cair, a redução da pobreza se tornará tarefa mais difícil e haverá riscos para a segurança alimentar e novos bolsões de miséria em áreas urbanas. A mudança climática deve forçar migrações de pessoas para fora de suas regiões originais com o risco de gerar conflitos violentos.

Os cientistas do IPCC destacam que "ainda há tempo, mas muito pouco tempo" para manter o aumento global da temperatura abaixo do limite de 2 °C. As emissões mundiais de GEE devem parar de crescer em 5 anos e ser reduzidas a 70% até 2050. Elas precisariam desaparecer até 2100. Se não mudarmos de rumo, os impactos do efeito estufa serão "graves, extensos e irreversíveis".

A expectativa é a de que as constatações científicas do IPCC motivem os 190 países da ONU a se comprometer com a redução dos gases do efeito estufa em 2015, na 21ª Conferência sobre Mudança Climática, em Paris, que substituirá o malfadado tratado de Kyoto (Japão, 1997). Os Estados Unidos e a China, cujas emissões somadas equivalem a cerca de 40% do total mundial, prometem desacelerar o aumento de suas emissões de GEE de forma paulatina, até estabilizá-las e começar a diminuí-las em 2030, ou antes. Os Estados Unidos agora adotam o objetivo de cortar de 26% a 28% até 2015. Bom sinal para possíveis negociações frutíferas em 2015, em Paris. Essa questão se transforma num assunto político, em que descarbonizar a economia e o meio ambiente tornam-se um imperativo global urgente!

A ação humana, ou seja, o fator antrópico, não é o único, mas seu impacto é inegável neste já trágico cenário. Estamos diante de danos graves à biosfera e ao próprio *habitat* humano, na alarmante redução da biodiversidade, exploração desmedida de recursos naturais e emissão de poluentes em níveis inaceitáveis para a saúde do ser humano e do nosso planeta terra!

Ecologia: o futuro da vida no planeta em perigo

O órgão das Nações Unidas responsável por produzir informações científicas e monitorar as mudanças climáticas — o IPPC — realizou mais um encontro, em Berlim, no início de abril de 2014, e aprovou importante documento sobre as "formas de mitigar o impacto das mudanças climáticas". A humanidade necessita urgentemente começar a utilizar combustíveis limpos, caso contrário será impossível limitar os efeitos nocivos do aquecimento global.

Os principais vilões responsáveis pelo aquecimento global, segundo o documento, são os sistemas de produção de energia, com 47% das emissões; a indústria, com 30%; o transporte, com 11%; e a construção civil, com 3%. Os crescimentos econômicos e populacionais continuam sendo os mais importantes fatores de aumento das emissões de CO_2 a partir da queima de combustíveis fósseis. Os registros climáticos científicos tiveram início em 1850. Antes não havia medições confiáveis. Hoje, sabemos até que ponto o aquecimento global é influenciado pelo ser humano. "Com 95% de certeza a maior parte das mudanças climáticas que vêm ocorrendo desde meados do século XX é resultante da ação de nossa civilização", afirma o presidente do IPCC, Rajendra Pachauri.

Se não forem tomadas medidas para reduzir as emissões de CO_2, a temperatura da Terra em 2100 será entre 3,7% e 4,8% mais alta que em relação aos níveis anteriores à Revolução Industrial (século XVIII). Para evitar esse cenário apocalíptico, o IPCC apontou medidas para limitar as emissões de CO_2, de forma que limite o aumento médio da temperatura a 2 °C até 2100. Entre as medidas mais importantes, mencionam-se "cortes substanciais de emissões de gases de efeito estufa até o meio do século e mudanças em sistemas de energia e uso da terra". O IPCC defende a substituição de combustíveis fósseis por bioenergia, energia nuclear (com algumas restrições), reflorestamento e redução de desmatamento. Diz o documento que "bioenergias podem desempenhar um papel crítico para mitigação ambiental". Em termos de Brasil, existe a preocupação mundial com o progressivo desmatamento da Amazônia. Segundo Rajendra Pachauri, cientista indiano, um dos *experts* do clima agraciados com o prêmio Nobel da Paz, a mensagem desse relatório do IPCC seria: ou se substituem com urgência os combustíveis fósseis ou será impossível limitar a temperatura a 2 °C. Temos de melhorar nossa eficiência energética e quadruplicar o fornecimento de energias por fontes com baixa ou zero emissão de CO_2. Não vamos atingir esse objetivo se não começarmos agora. Para limitar a concentração de CO_2 em níveis que nos permitam chegar a 2100 a uma média de 2 °C de aquecimento, até 2030 teremos uma perda de consumo entre 1% e 4%. Até 2050, será de 3% a 6% e, até 2100, de 3% a 11%.

Respondendo aos críticos que acusam esses estudos sobre mudança climática de estarem "deixando de ser ciência para virar crença", por causa das inúmeras previsões inexatas ocorridas, ele reafirma que "o trabalho é ciência pura, e não crendice". Para fazer o atual relatório, foram consultados 831 pesquisadores de altíssimo nível das melhores universidades do mundo. "Tomamos muito cuidado para que não haja erros nos textos, mas é bom lembrar que esse é um trabalho humano. Ninguém é perfeito, ninguém é Deus, podemos falhar. O importante é que nossas conclusões são sólidas e estamos preparados para defendê-las".

Não há mais como negar que as mudanças climáticas estão impactando a vida de todos os seres vivos no planeta. Temos as ondas de calor, os eventos de extrema precipitação e o aumento do nível do mar em 19 centímetros no decorrer do último século. A Holanda teve de aumentar a altura de diques para evitar a invasão do mar. Vemos os impactos negativos das secas prolongadas que arruínam a agricultura e a diminuição dos reservatórios de água potável. Aumentaram os riscos à saúde com o aumento de doenças transmitidas por mosquitos ou doenças típicas de zonas úmidas, a mortalidade e as doenças provocadas pelo calor e a queda de qualidade da nutrição. Todos os aspectos da segurança alimentar estão afetados, com a ameaça da fome, da extinção de espécies e os riscos de conflitos intensos em forma de guerras civis e atos de violência por causa da disputa provocada por pobreza, fome e falta de moradia. A lista das desgraças vai longe, e as mudanças climáticas trazem a ameaça de que países inteiros podem sumir do mapa, deixando milhões de refugiados sem casa, sem comida e sem pátria. Como sempre, pobres e vulneráveis serão as vítimas mais afetadas por todas essas mudanças. Entre os principais riscos está a inundação permanente de pequenas ilhas e áreas costeiras.

Essas são algumas das possíveis consequências causadas pelo aquecimento global, que o órgão da ONU — IPCC — aponta, com o objetivo de orientar os governos a se comprometerem a definir, até 2015, um novo tratado global contra a mudança climática, na próxima Conferência do Clima de Paris, marcada para o final desse ano.

Não seria uma missão impossível reverter esse quadro apocalíptico? Muitos são pessimistas, mas existe esperança se houver mudanças de comportamento do ser humano. Os riscos globais do impacto da mudança climática podem ser reduzidos, caso a magnitude e o ritmo do fenômeno sejam limitados, diz o Documento *Mudança climática 2014: impactos, adaptação e vulnerabilidade*, do IPCC. Entre outras medidas indicadas aponta-se a necessidade de reduzir as emissões de CO_2 de forma rápida. Existem opções relativamente baratas e simples, como reduzir o desperdício de água e aumentar a reciclagem.

Entre outras medidas necessárias para prevenir um cenário trágico e catastrófico, menciona-se: evitar os assentamentos humanos em áreas propensas às inundações, aos deslizamentos de terra e à erosão costeira. Preservar terras úmidas que podem servir de barreira contra as inundações e salvar os manguezais que podem proteger as costas de tempestades inesperadas. Lutar contra os incêndios florestais. Introduzir cultivos resistentes às secas e estimular os sistemas de irrigação eficiente. Desenvolver áreas verdes na cidade que suavizem o impacto das ondas de calor. Elaborar políticas públicas contra o aquecimento global em nível local, regional e nacional. Reforçar em todos os níveis os planos de luta contra desastres naturais. Fortalecer as instituições internacionais que atuam para desativar crises entre os países que disputam recursos naturais.

Não temos alternativa a não ser percorrer esse novo caminho. Habitamos um planeta comum, com recursos naturais finitos. Hoje somos sete bilhões de pessoas, num futuro próximo seremos oito ou nove bilhões, cada uma precisando satisfazer às suas necessidades básicas de vida. Ou usamos os recursos naturais de modo mais inteligente, responsável e sábio, ou o futuro da vida simplesmente não existirá!

Alguém já afirmou que "o século XXI ou será ético ou nós simplesmente não existiremos". Esta é a hora urgente da Ética e da Bioética planetárias, que no nível socioambiental e político apontam para a necessidade de uma mudança radical de atitude do ser humano (sociedade e governos) perante a mãe natureza. Temos de abandonar a intervenção predadora e a exploração iníqua na natureza, alimentada por uma visão ideológica de progresso errada, e passar para o cultivo de uma convivência respeitosa. A questão em pauta na nossa discussão do aquecimento global tem a interferência direta do ser humano, e isso evidencia essa urgência ética, que resgate a esperança de um futuro promissor, e não o temor de estarmos caminhando para uma degradação lenta e gradual, rumo a um verdadeiro apocalipse.

É muito engraçado o que ouvi recentemente num debate, sobre ciência e religião, de um ilustre cientista que se definia como agnóstico: "Antigamente, quem mandava ou prometia o inferno para todos com muita insistência era a

Igreja hoje isso mudou, passou a ser a ciência". Essa afirmação não deixa de ter uma ponta de verdade irônica, principalmente quando falamos de climatologia. Basicamente alardeiam-se perigos, ameaças e catástrofes, e aponta-se a necessidade de "conversão" de todos os "pecadores" (consumidores inescrupulosos, poluidores, fabricantes de lixo etc.), isto é, mudança de relação com a Terra, de exploração para o cuidado e a convivência respeitosa.

Lembramos aqui o famoso documento *Carta da Terra*, que teve inspiração inicial na Conferência Mundial do Clima em 1992, no Rio de Janeiro, e foi adotado pela Unesco. Trata-se de um grito ético e bioético para salvar o planeta! Esse documento não pode se tornar mera declaração de boas intenções, como tantos outros. Disso estamos fartos e cansados. Para alimentar nossa esperança ética de algo novo, destacamos alguns pontos nevrálgicos de seu preâmbulo:

> Estamos diante de um momento crítico na história da Terra, numa época em que a humanidade deve escolher o seu futuro. À medida que o mundo torna-se cada vez mais interdependente e frágil, o futuro enfrenta, ao mesmo tempo, grandes perigos e grandes promessas. Para seguir adiante, devemos reconhecer que, no meio da uma magnífica diversidade de culturas e formas de vida, somos uma família humana e uma comunidade terrestre com um destino comum. Devemos somar forças para gerar uma sociedade sustentável global, baseada no respeito pela natureza, nos direitos humanos universais, na justiça econômica e numa cultura da paz.
>
> A Terra, nosso lar, está viva com uma comunidade de vida única. As forças da natureza fazem da existência uma aventura exigente e incerta, mas a Terra providenciou as condições essenciais para a evolução da vida. A capacidade de recuperação da comunidade da vida e o bem-estar da humanidade dependem da preservação de uma biosfera saudável com todos os seus sistemas ecológicos, uma rica variedade de plantas e animais, solos férteis, águas puras e ar limpo. O meio ambiente global com seus recursos finitos é uma preocupação comum de todas as pessoas. A proteção da vitalidade, diversidade e beleza da Terra é um dever sagrado.

Precisamos nos comprometer com essa perspectiva que aponta para a construção de um novo horizonte, esperança e nos livra do dogmatismo pessimista de muitos pessimistas que não se comprometem com nada, mas proclamam o fim apocalíptico de tudo!

Finalizamos nossa reflexão em busca do resgate de uma perspectiva de esperança no sombrio cenário hodierno da questão do clima ou, mais precisamente, do aquecimento global, que tem evidenciado uma relação errada do ser humano com a mãe Terra. Estamos diante de uma questão ecológica da qual depende nosso viver ou morrer.

Com relação à *Carta da Terra*, esse importante documento que serve como um GPS para nosso pensar e compromissos na área, quando menciona desafios para o futuro afirma:

> A escolha é nossa: formar uma aliança global para cuidar da Terra e uns dos outros, ou arriscar a nossa destruição e a da diversidade da vida. São necessárias mudanças fundamentais dos nossos valores, instituições e modos de vida. Devemos entender que, quando as necessidades básicas forem atingidas, o desenvolvimento humano será primariamente voltado a ser mais, não a ter mais. [...] Nossos desafios ambientais, econômicos, políticos, sociais e espirituais estão interligados, e juntos podemos forjar soluções includentes.

Aponta-se para uma responsabilidade universal:

> Identificando-nos com toda a comunidade terrestre bem como com nossa comunidade local. [...] O espírito de solidariedade humana [...] é fortalecido quando vivemos com reverência o mistério da existência, com gratidão pelo dom da vida, e com humildade em relação ao lugar que ocupa o ser humano na natureza. Necessitamos com urgência de uma visão compartilhada de valores básicos para proporcionar um fundamento ético à comunidade mundial emergente.

Outro documento internacional importante, a Declaração do Parlamento Mundial das Religiões (Chicago, 1993), *Princípios de uma Ética Global*, elaborado pelo conhecido teólogo católico, Hans Kung, provoca-nos na linha de assumirmos uma perspectiva de esperança.

Logo na introdução, faz-se uma constatação de que:

> Dependemos uns dos outros. [...]. Por isso respeitamos a comunidade dos seres viventes, seres humanos, animais e plantas, e nos preocupamos com a conservação da Terra, do ar, da água e do solo. Temos responsabilidade individual por tudo o que fazemos. Todas as nossas decisões, ações e omissões têm consequências. Precisamos dar aos outros o tratamento que deles queremos receber. Obrigamo-nos a respeitar a vida e a dignidade, a individualidade e a diferença, de modo que cada pessoa seja tratada humanamente — e sem exceção.

Uma nova ética global somente será possível e se tornará realidade se levarmos em conta quatro preceitos fundamentais, a saber, nosso compromisso com uma cultura: [1] da não violência e do temor diante da vida; [2] da solidariedade e uma ordem econômica justa; [3] da tolerância e de uma vida de veracidade e, [4] da igualdade de direitos e do companheirismo entre homem e mulher. Para que isso seja possível é necessária mudança de consciência, individual e coletiva, em favor de um despertar de nossas forças espirituais para uma "conversão dos corações". É aqui que nasce o compromisso "com uma maior compreensão mútua, e com formas de vida compatíveis com as dinâmicas sociais, promotoras da paz e benéficas à natureza".

Como evitar a ameaça crescente de escassez do nosso precioso "ouro azul"?

A água é um recurso precioso, indispensável para a conservação e o desenvolvimento da vida e para o meio ambiente, porém limitado e vulnerável. A água é a própria essência da vida. Ela flui pelo corpo humano e pelo corpo da Terra. A Terra é chamada de Planeta Azul, uma vez que 75% de sua superfície é recoberta de água. No entanto, a maior parte desta é composta de água salgada e salobra, gelo e neve. Menos de 4% da água da terra é composta de água doce corrente, potável, e essas fontes estão ameaçadas pelo desperdício no uso e pela poluição. Necessitamos de uma mudança radical para proteger nossas águas e devolver-lhes um bom estado ecológico. Quase um bilhão de pessoas no mundo não dispõe de água potável limpa, e mais de 2 bilhões não têm acesso à água tratada.

Apenas 10% do consumo mundial de água acontece no uso doméstico. A maior parte do consumo de água, com mais de 70%, ocorre na produção de alimentos na agricultura, seguido pela indústria, com aproximadamente 20% do consumo. Por exemplo, para gerar um litro de leite são necessários mil litros de água — isso envolve o crescimento das plantações de forragem, para a própria vaca, para o empreendimento agrícola e para o processamento do leite. São necessários mais de 1.300 litros de água para produzir um quilo de pão.

A escassez de água aumenta, sobretudo através da demanda crescente de água em virtude do aumento da população, do progressivo processo de urbanização e do crescimento econômico. As mudanças climáticas ocasionadas pelo aumento de dióxido de carbono e pela emissão de outros gases modificam fundamentalmente o circuito global da água. Quanto mais escassa se torna a água pura, tanto mais valorizada se torna. Os negócios relacionados com água têm provocado conflitos pelo mundo afora ("guerras por água"). Nesses conflitos temos os que defendem a taxação da água e a privatização de seu fornecimento e aqueles que, apesar de apoiar parcialmente a taxação da água (princípio de cobrir os custos), manifestam-se a favor de um fornecimento público e de acesso universal. Existe um grande clamor mundial para que não se privatize a água e a considere uma simples mercadoria, mas um direito humano e com acesso universal. Em julho de 2010, o direito de acesso à água pura foi acolhido na *Declaração Universal dos Direitos Humanos*.

Nos objetivos do milênio sobre a sustentabilidade ecológica, os estados-membros da ONU, em 2000, comprometeram-se em, até o ano de 2014, diminuir pela metade a falta de acesso das pessoas à água potável. Na cúpula do "Rio +10", em Johannesburgo (2002), essa meta foi ampliada, incluindo também implementação de "instalações sanitárias". Dificilmente essas metas serão atingidas. O direito humano à água é muito mais amplo que isso, uma vez que prevê acesso universal, isto é, para todos, à água. A água é um bem natural e uma necessidade básica da existência humana como o são a comida, o ar que respiramos, o abrigo que nos acolhe e os cuidados de saúde de que necessitamos. Sem água a vida não se desenvolve e muito menos se sustenta. Impera a morte. O que ontem era símbolo de purificação e vida tornou-se hoje para muitos mera mercadoria indisponível e um símbolo de poluição e morte. Esta crise global da água se configura numa questão de justiça social. Necessitamos urgentemente de mudanças individuais, estruturais e globais para garantirmos o futuro da vida no querido Planeta Azul!

Em todas as religiões e em todas as tradições religiosas a água possui um significado muito rico, na essência simboliza e garante a vida. Em média, 60% do peso do nosso corpo é constituído de água. Nada é mais fundamental para a vida do que a água e os seres vivos, e o ser humano em especial não consegue sobreviver sem ela. Ritos e relatos míticos de civilizações ancestrais utilizam a água como elemento fundamental de "bênção dos céus" para garantir vida para os seres vivos.

A água se constitui num dos mais valiosos bens existentes e num máximo perigo. Inundações, *tsunamis*, precipitações, enchentes... Qual é o povo que não tem experiências para contar sobre esses eventos? Chuva e mortes no sul, seca e morte no nordeste brasileiro? Em São Paulo, nosso Rio Tietê poluído é ainda um verdadeiro esgoto a céu aberto... Quem já não conviveu com essa dura realidade: um gole de água fresca, tirada da fonte, que mata a sede, o banho agradável em água fria ou quente, o cheiro da terra ou da mata depois de uma chuva longamente esperada, a semente que germina, o murmúrio dos riachos, os campos fresquinhos no orvalho da manhã. Quem já não experimentou a força vivificadora da água: o encontro com água é uma vivência originária de todos os seres vivos, hoje e desde sempre.

A cada ano a ONU define um tema para abordar os problemas relacionados aos recursos hídricos. Em 2012 o tema foi "Água e segurança alimentar". Existem sete bilhões de pessoas para alimentar no mundo hoje. Estatísticas dizem que cada um de nós bebe em média de 2 a 4 litros de água diariamente, além da água utilizada para produzir o que comemos: produzir um quilo de carne, por exemplo, consome 15 mil litros de água, enquanto 1 um quilo de trigo consome 1.500 litros. Um bilhão de pessoas no mundo já vive em condições de fome crônica, e os recursos hídricos estão escassos.

Do jeito como andam as coisas, o cenário em relação ao porvir vai piorando e comprometendo sempre mais o futuro da vida. Não podemos cultivar uma atitude pessimista e uma perspectiva apocalíptica de destruição e fim de tudo. Felizmente, temos entre nós alguns exemplos proféticos como o de Dom Luis Infati, Bispo de Aysén (sul do Chile), que perante toda essa problemática da falta de água em sua região redigiu uma carta pastoral, não para pedir pão aos céus, mas "a água de cada dia nos dai hoje". Em muitos lugares de nosso país, nos meios populares onde existiam as "romarias da terra", mais recentemente se tornaram romarias "da terra e das águas".

Perguntamo-nos: Qual poderia ser nossa contribuição para mudança deste quadro inquietante? Podemos consumir produtos que fazem uso menos intensivo de água; reduzir o desperdício de alimentos. Hoje, no mundo, 30% dos alimentos produzidos nunca serão consumidos e a água usada para produzi-los é perdida; produzir mais alimentos, de melhor qualidade com menos água e ter uma dieta saudável. Não desperdiçar água em nossa casa...

Finalizando, lembramos do atual prefeito da cidade de Kafr Kana, antiga Caná da Galileia, na desértica Palestina, que declarou: "Se Jesus voltasse, hoje, por aqui, nós lhe pediríamos que transformasse vinho em água, no lugar de água em vinho". Precisamos lutar para que a água, como um bem material e social, não seja transformada em simples mercadoria, mas um direito de todos os seres vivos e um bem universal a que todos tenham acesso.

Estamos quase no final da Década Internacional da Água (2005-2015) declarada pela ONU. Uma esperança renasce no mundo, com muitos organismos internacionais (ONU, Unesco), Igrejas, governos, ONGs e organizações da sociedade civil assumindo a bandeira da defesa da água como um "Direito Humano fundamental e um Bem Público Universal".

A Conferência das Nações Unidas sobre Meio Ambiente e Desenvolvimento de 1992, realizada no Rio de Janeiro (Eco-92), recomendou a criação de um dia internacional para celebrar a água. No ano seguinte, a Assembleia-Geral da ONU declarou que o 22 de março de cada ano marcaria a data. O Brasil, com a Lei º 10.670, de 14 de maio de 2003, instituiu o Dia Nacional da Água na mesma data sugerida pela ONU. Em 22 de março de 1992, a ONU também elaborou a *Declaração Universal dos Direitos da Água*, que serve para despertar a consciência ecológica de todos em relação à questão da água. Por sua importância transcrevemos a seguir:

Art. 1º — A água faz parte do patrimônio do planeta. Cada continente, cada povo, cada nação cada região, cada cidade, cada cidadão é plenamente responsável aos olhos de todos.

Art. 2º — A água é a seiva do nosso planeta. Ela é a condição essencial de vida de todo ser vegetal, animal ou humano. Sem ela não poderíamos conceber como são a atmosfera, o clima, a vegetação, a cultura ou a agricultura. O direito à água é um dos direitos fundamentais do ser humano: o direito à vida, tal qual estipulado no art. 3º da Declaração dos Direitos do Homem.

Art. 3º — Os recursos naturais de transformação da água em água potável são lentos, frágeis e muitos limitados. Assim sendo, a água deve ser manipulada com racionalidade, precaução e parcimônia.

Art. 4º — O equilíbrio do nosso planeta depende da preservação da água e de seus ciclos. Estes devem permanecer intactos e funcionando normalmente para garantir a continuidade da vida sobre a Terra. Esse equilíbrio depende, em particular, da preservação dos mares e oceanos, por onde os ciclos começam.

Art. 5º — A água não é somente uma herança dos nossos predecessores; ela é, sobretudo, um empréstimo aos nossos sucessores. Sua proteção constitui uma necessidade vital, assim como uma obrigação moral do homem para com as gerações presentes e futuras.

Art. 6º — A Água não é uma doação gratuita da natureza. Ela tem um valor econômico: precisa-se saber que ela é, algumas vezes, rara e dispendiosa e pode muito bem escassear em qualquer região do mundo.

Art. 7º — A água não deve ser desperdiçada, nem poluída, nem envenenada. De maneira geral, sua utilização deve ser feita com consciência e discernimento para que não se chegue a uma situação de esgotamento ou de deterioração da qualidade das reservas atualmente disponíveis.

Art. 8º — A utilização da água implica o respeito à lei. Sua proteção constitui uma obrigação jurídica para todo homem ou grupo social que utiliza. Esta questão não deve ser ignorada nem pelo homem nem pelo Estado.

Art. 9º — A gestão da água impõe um equilíbrio entre os imperativos de sua proteção e as necessidades de ordem econômica, sanitária e social.

Art. 10º — O planejamento da gestão da água deve levar em conta a solidariedade e o consenso em razão de sua distribuição desigual sobre a Terra.

Claro, que se os valores assumidos por essa *Declaração* não forem implementados e viabilizados e ficarem como letra morta, estaremos simplesmente comprometendo o futuro da vida no planeta e nos autodestruindo. Enfim, uma nova ordem de coisas precisa ser criada a partir da implementação dessa convicção de cuidado da nossa "casa comum" e do nosso "ouro azul", garantiremos, assim, a existência de um futuro para nós e para as gerações que nos seguirão. A convicção nesses valores precisa ser cultivada desde o nível pessoal até o sociopolítico mundial. Mera utopia? Mas a crise de hoje é exatamente por falta utopia que nos mergulha num pesadelo sem saída e nos impede ao menos de sonhar com um futuro melhor.

O conceito ético dos indígenas andinos de "bem viver"!

Alguns países latino-americanos, como a Bolívia e o Equador, entre outros, apresentam uma profunda e rica história de tradições e culturas indígenas. Em suas constituições recentemente aprovadas, resgataram um conceito muito antigo de origem quéchua, *"Buen Vivir"* ou *"Sumak Kawsay"*, em português "bem viver".

Na Bolívia foi aprovada a "Lei Marco da Mãe Terra e do Desenvolvimento Integral para Viver Bem" (2013), que valoriza os conhecimentos ancestrais dos povos indígenas, das comunidades interculturais e afrobolivianas. Entre seus princípios fundamentais, afirma que "as funções ambientais e os processos naturais dos componentes e do sistema de vida da Mãe Terra não são considerados mercadorias, mas presentes da sagrada Mãe Terra". Além disso, fala da garantia e da regeneração da Mãe Terra, da responsabilidade histórica, da relação harmônica, da justiça social e da justiça climática e do diálogo desses saberes, entre os conhecimentos tradicionais e as ciências.

O conceito de bem viver é definido na lei boliviana como um "horizonte civilizatório e cultural alternativo ao capitalismo, concebido no contexto da interculturalidade que deve permitir o encontro harmonioso entre o conjunto de seres, componentes e recursos da Mãe Terra e eliminar as desigualdades e os mecanismos de dominação". Em relação à alimentação, a lei apresenta a necessidade de "proteção das variedades locais e nativas, assim como o fomento a culturas e tradições alimentares". Para tanto são necessárias ações que evitem a mercantilização de "recursos genéticos, a privatização da água, a biopirataria e a transferência ilegal de material genético, bem como a participação de monopólios e oligopólios na produção e comercialização de sementes e alimentos". O bem viver abrange os valores de saber crescer, alimentar-se, dançar, trabalhar, comunicar-se, sonhar, escutar e pensar.

O texto constitucional diz ainda que o Estado criará condições para que a distribuição da riqueza gerada pelos setores estratégicos da economia "tenha impacto direto na construção de uma sociedade mais justa, equitativa e solidária, sem pobreza material, social e espiritual". Fala da necessidade de facilitar o acesso à terra, à água, às florestas, à biodiversidade e outros componentes naturais. Além disso, prevê-se a implementação de ações que eliminem gradualmente os organismos geneticamente modificados (os transgênicos). Na questão energética a Lei estimula o desenvolvimento de geração de energia renovável, priorizando a solar, a eólica e pequenas centrais hidroelétricas.

No Equador existe "o Plano Nacional para o Bem-viver" (2013-2017), em que o *"buen vivir"* é definido como "uma forma de vida que permite a felicidade e a permanência da diversidade cultural e ambiental; é harmonia, igualdade, equidade e solidariedade. Não é opulência nem crescimento econômico infinito". Estamos diante de um novo paradigma de desenvolvimento sustentável, que, para além de progresso e produção de bens que visa somente ao lucro, privilegia a distribuição desses bens de forma equitativa para todos.

Nas sociedades afluentes e consumistas dos países desenvolvidos do planeta, fala-se muito no conceito de "qualidade de vida", que em muitas instâncias adquiriu um sentido de "exclusão" e "descarte" dos mais frágeis e vulneráveis da sociedade. Somente aqueles que apresentam certas "qualidades" de vida são desejados, dignos e valorizados nessas sociedades; os demais são simplesmente excluídos. Esse conceito ancestral dos povos indígenas andinos de "bem viver" é uma inspiração de viver em harmonia com a natureza e com um desenvolvimento respeitoso que não agride e muito menos destrói a possibilidade do futuro da vida. Num momento em que a humanidade debate fortemente a sua responsabilidade diante da crise ecológica, da destruição do meio ambiente e do aquecimento global, existe uma inspiração e uma lição a serem aprendidas com essa sabedoria ancestral indígena! Esse valor vital maior do "bem viver" dos povos nativos dos Andes não deixa de ser meta e horizonte maior de sentido a ser buscado e responsavelmente assumido, como um conviver harmônico e respeitoso entre o cosmos, a natureza e a própria humanidade!

A Encíclica do Papa Francisco *Laudato Si'* sobre ecologia

Neste momento em que estamos completando estas reflexões sobre ecologia, meio ambiente, aquecimento global e responsabilidade humana, não podemos deixar de fazer pelo menos um aceno em relação à Encíclica sobre ecologia que o Papa Francisco publicou em junho de 2015.

O nome da Carta Encíclica *Laudato Si'*, que significa "Louvado sejas", é tomado do Cântico das Criaturas de São Francisco de Assis, o santo padroeiro da ecologia, no qual o Pontífice se inspirou para escolher seu nome como Papa. Certamente, será um documento de grande repercussão mundial, não somente no mundo religioso católico, mas nos parlamentos das nações do mundo todo, bem como nas assembleias de organismos internacionais, como ONU, Parlamento Europeu, Unesco, entre outras organizações importantes.

Estudiosos que acompanharam de perto este processo de elaboração da Carta Encíclica já diziam que o Papa Francisco falaria de uma novidade: ecologia integral. De acordo com John Grim, presidente da Associação Americana de Teilhard de Chardin, a ecologia integral começa com o reconhecimento de que a humanidade, hoje, enfrenta uma crise existencial em múltiplas frentes: disparidade econômica extrema, aumento da competição por recursos (incluindo a terra e a água), um mundo natural severamente degradado, Estados-nações falidos e um clima à beira de sair de controle.

O "integral" no termo "ecologia integral" é a novidade. Grim aponta que essas crises não são independentes, mas que estão intimamente entrelaçadas. Antes da publicação, ele dizia que "Provavelmente, Francisco vá trazer as questões de justiça social e desigualdade econômica, relacionando-as com o nosso crescente entendimento das mudanças climáticas globais e do trauma ambiental. (...) Ainda que a análise econômica não seja a pauta central de sua Encíclica, parece que Francisco vai considerar quanto o crescimento impiedoso por meio do investimento capital afeta tanto os pobres quanto a saúde da vida biológica planetária. Embora discussões sobre a justiça social venham sendo robustas nos contextos católico e cristão há séculos, essa Encíclica marca a primeira vez que se põe em relação estreita a justiça social e ecológica".

Como nós, humanos, permitimos que o nosso lar comum caísse em um estado tão degradado assim? Além das falhas humanas, sendo a principal a ganância, temos atuado a partir de uma economia falha e também de uma teologia reducionista. O jornalista Thomas Sancton diz: "Em muitas sociedades pagãs, a terra era vista como uma mãe, uma doadora fértil de vida. A natureza — o solo, as florestas, os mares — era dotada de divindade, e os mortais estavam subordinados a ela. A tradição judaico-cristã introduziu um conceito radicalmente diferente. A terra era a criação de um Deus monoteísta que, depois de moldá-la, ordenou a seus habitantes nas palavras do livro do Gênesis: 'sejam fecundos, multipliquem-se, encham e submetam a terra; dominem os peixes do mar, as aves do céu e todos os seres vivos que rastejam sobre a terra'. Poder-se-ia interpretar a ideia de dominação como um convite a usar a natureza como uma conveniência".

Segundo especialistas, a Carta Encíclica sobre ecologia vai abordar cinco elementos: [1] aceita o consenso científico de que o aquecimento global está acontecendo e que o fenômeno se deve à atividade humana ("As mudanças climáticas induzidas pelo humano são uma realidade científica" — Papa Francisco); [2] abraça o movimento ambientalista sem endossar todas as posições que ele assume; [3] insiste que os problemas ambientais não são simplesmente questões políticas e econômicas, mas também morais (se o sofrimento humano potencial que resultará das mudanças climáticas não for uma questão moral, então nada é uma questão moral); [4] traz uma visão teológica ao debate ambiental (começando com o livro de Gênesis, o mundo é criação de Deus, um dom que deve ser estimado, cuidado, e não violado ou saqueado); e [5] insiste que o fardo das mudanças climáticas ou das tentativas de lidar com elas não recai unicamente sobre os pobres.

O Cardeal Peter Turkson, presidente do Pontifício Conselho para a Justiça e a Paz, já falava sobre a iminente publicação da Carta Encíclica do Papa Francisco sobre ecologia humana e natural: "Acredito que o Papa permanecerá fiel ao seu projeto original, isto é, o de fazer alguma coisa sobre ecologia humana e natural. Portanto, acredito que esses dois pontos sempre estarão presentes na Encíclica: preocupação pela salvaguarda da Criação e a salvaguarda por uma ecologia e uma antropologia sã. As duas caminham juntas. Não se pode descuidar da salvaguarda da Criação e depois pretender cuidar da vida humana, seu bem-estar, saúde... As duas coisas caminham sempre juntas".

Depois dessas provocações iniciais, por ocasião da publicação do documento papal caberá uma leitura cuidadosa, que certamente poderá ser balizador ético para as ações da humanidade em relação à natureza.

Apontamentos finais: alguns comentários sobre a Encíclica *Laudato Si'* do Papa Francisco

Encerramos este capítulo com alguns comentários à Encíclica do Papa Francisco, lançada em 18 de junho de 2015, feitos por Leonardo Boff, teólogo brasileiro de projeção internacional, com base no jornal alemão *Deutsche Welle*, em 19 de junho de 2015.

Leonardo Boff comenta a Encíclica "verde" escrita pelo Papa Francisco, e destaca que o documento é inspirado em teólogos latino-americanos que ficaram ao lado dos pobres.

A pobreza e a degradação ambiental são dois lados da mesma moeda. Esta é a certeza que permeia a Encíclica "verde" do Papa Francisco. Nela também estiveram envolvidas, direta ou indiretamente, duas personalidades influentes na América Latina: o austríaco Erwin Kräutler, bispo da Prelazia do Xingu, e o teólogo brasileiro Leonardo Boff. Em artigo escrito com exclusividade para *Deutsche Welle*, Boff responde às principais questões sobre a Encíclica ecológica.

Por que a Encíclica é especial?

É a primeira vez que um papa aborda o tema da ecologia no sentido de uma ecologia integral (que vai além, portanto, da ambiental) de forma tão completa. Grande surpresa: elabora o tema dentro do novo paradigma ecológico, coisa que nenhum documento oficial da ONU fez até hoje. Fundamental é seu discurso com os dados mais seguros das ciências da vida e da Terra. Lê os dados afetivamente (com inteligência sensível ou cordial), pois discerne que, por trás deles, se escondem dramas humanos e muito sofrimento também por parte da mãe Terra.

Influência da América Latina

O Papa Francisco não escreve na qualidade de mestre e doutor da fé, mas como pastor zeloso, que cuida da casa comum e de todos os seres, não só dos humanos, que moram nela. Um elemento merece ser ressaltado, pois revela a *forma mentis* (a maneira de organizar o pensamento) do Papa Francisco. Este é tributário da experiência pastoral e teológica das igrejas latino-americanas que, à luz dos documentos do episcopado latino-americano (CELAM) de Medellin (1968), de Puebla (1979) e de Aparecida (2007), fizeram uma opção pelos pobres, contra a pobreza e em favor da libertação.

O texto e o tom da Encíclica são típicos do Papa Francisco e da cultura ecológica que acumulou. Contudo, dou-me conta de que também muitas expressões e modos de falar remetem ao que vem sendo pensado e escrito principalmente na América Latina. Os temas da "casa comum", da "mãe Terra", do "grito da Terra e do grito dos pobres", do "cuidado", da interdependência entre todos os seres, dos "pobres e vulneráveis" da "mudança de paradigma" do "ser humano como Terra" que sente, pensa, ama e venera, da "ecologia integral", entre outros, são recorrentes entre nós.

A estrutura da Encíclica obedece ao ritual metodológico usado por nossas igrejas e pela reflexão teológica ligada à prática de libertação, agora assumida e consagrada pelo papa: ver, julgar, agir e celebrar. Primeiramente, revela sua fonte de inspiração maior: São Francisco de Assis, chamado por ele de "exemplo por excelência de cuidado e de ecologia integral, e que mostrou atenção especial aos pobres e abandonados".

Meio ambiente e pobreza

O papa incorpora os dados mais consistentes com referência às mudanças climáticas, à questão da água, à erosão da biodiversidade, à deterioração da qualidade da vida humana e à degradação da vida social, denuncia a alta taxa de iniquidade planetária, que afeta todos os âmbitos da vida, sendo as principais vítimas os pobres.

Nesta parte, traz uma frase que nos remete à reflexão feita na América Latina: "hoje não podemos desconhecer que uma verdadeira abordagem ecológica sempre se torna uma abordagem social que deve integrar a justiça nas discussões sobre o ambiente para escutar tanto o grito da Terra quanto o grito dos pobres". Logo a seguir, acrescenta: "gemidos da irmã Terra se unem aos gemidos dos abandonados deste mundo". Isso é absolutamente coerente, pois logo no início diz que "nós somos Terra", bem na linha do grande cantor e poeta indígena argentino Atahualpa Yupanqui: "o ser humano é Terra que caminha, que sente, que pensa e que ama".

Condena a proposta de internacionalização da Amazônia que "apenas serviria aos interesses das multinacionais". Há uma afirmação de grande vigor ético: "é gravíssima iniquidade obter importantes benefícios fazendo pagar o resto da humanidade, presente e futura, os altíssimos custos da degradação ambiental" (nº 36).

Com tristeza reconhece: "Nunca ofendemos tanto nossa casa comum como nos últimos dois séculos". Em face dessa ofensiva humana contra a mãe Terra, que muitos cientistas denunciaram como a inauguração de uma nova era geológica — o antropoceno — lamenta a debilidade dos poderes deste mundo que, iludidos, "pensam que tudo pode continuar como está" como álibi para "manter seus hábitos autodestrutivos", com "um comportamento que parece suicida".

O papel de cientistas e estudiosos do clima

Prudente, o papa reconhece a diversidade das opiniões e que "não há uma única via de solução". A Encíclica dedica todo o terceiro capítulo à análise "da raiz humana da crise ecológica". Aqui o papa se propõe a analisar a tecnociência, sem preconceitos, acolhendo o que ela trouxe de "coisas preciosas para melhorar a qualidade de vida do ser humano".

A tecnociência se tornou tecnocracia, uma verdadeira ditadura com sua lógica férrea de domínio sobre tudo e sobre todos. A grande ilusão, hoje dominante, reside na crença de que com a tecnociência se pode resolver todos os problemas ecológicos. Essa é uma diligência enganosa porque "implica isolar as coisas que estão sempre conexas". Na verdade, "tudo é relacionado", "tudo está em relação", uma afirmação que perpassa todo o texto da Encíclica como um ritornelo, pois é um conceito-chave do novo paradigma contemporâneo. O grande limite da tecnocracia está no fato de "fragmentar os saberes e perder o sentido de totalidade". O pior é "não reconhecer o valor intrínseco de cada ser e até negar um peculiar valor do ser humano".

Papa Francisco propõe uma "ecologia integral" que vai além da costumeira ecologia ambiental. O espírito terno e fraterno de São Francisco de Assis perpassa todo o texto da Carta Encíclica *Laudato Si'*. A situação atual não significa uma tragédia anunciada, mas um desafio para cuidarmos da casa comum e uns dos outros. Há no texto leveza, poesia e alegria no Espírito e inabalável esperança de que se grande é a ameaça, maior ainda é a oportunidade de solução de nossos problemas ecológicos.

Referências bibliográficas

AIPCC — Intergovernmental Panel on Climate Change — 2014. *Climate Change 2014. Synthesis Report. Summary for Policy Markers*. Disponível em: <http://www.ipcc.ch>. Acesso em: 28 fev. 2015.

Francisco, Papa. Carta Encíclica *Laudato Si'* sobre o cuidado da casa comum. São Paulo: Loyola, 2015.

International Federation of Red Cross and Red Crescent Societies. *World Disasters Report* 2014 — *Culture and Risk*. Genebra, Suíça. 2014. Disponível em: <http://www.ifrc.org/Global/Documents/Secretariat/201410/WDR%202014.pdf>. Acesso em: 11 abr. 2015.

Marten, Gerald G. *Ecologia humana: Conceptos basicos para el Desarollo Sustentable*. Londres: Earthcom Publications, 2001.

The United Nations Inter-Agency. *World Water Development Report 2014. Water and Energy. Fifth Edition of the United Nations World Water Development Report*. Disponível em: <http://unesdoc.unesco.org/images/0022/002257/225741E.pdf>. Acesso em: 11 abr. 2015.

―――. *Managing Water under Uncertainty and Risk*. The fourth Edition of the World Water Development Report. 12 mar. 2012. Disponível em: <http://unesdoc.unesco.org/images/0021/002156/215644e.pdf>. Acesso em: 11 abr. 2015.

Unesco. 2005. Declaração Universal sobre Bioética e Direitos Humanos. In: Pessini, L.; Barchifontaine, C. de P. *Problemas atuais de Bioética*. São Paulo: Loyola/Centro Universitário São Camilo, 2014. 11. ed., p. 479-490.

Wang, Tzong-Luen. Common myths and fallacies in disaster medicine: An evidence-based review. In: *Fu-Jen Journal of Medicine*, v. 7, 2009, p. 149-160. Disponível em: <http://www.mc.fju.edu.tw/userfiles/file/Med%20Journal/Vol_7%20No_3/7-3-05.pdf>. Acesso em: 11 abr. 2015.

8

A alimentação no mundo, o desenvolvimento humano, os objetivos do milênio e o desenvolvimento sustentável

Existem no mundo hoje 867 milhões de pessoas crônicas desnutridas. Setenta por cento do alimento seguro localiza-se em áreas rurais, e sessenta por cento da população mundial acredita na agricultura para sua sobrevivência.
United Nations — FAO, 2014

Desenvolvimento sustentável significa suprir as necessidades do presente sem afetar as habilidades das gerações futuras de suprirem as próprias necessidades.
Relatório Nosso Futuro Comum, 1987

ORGANIZADA PELA ONU, pela Organização para a Alimentação e Agricultura (FAO), em conjunto com a Organização Mundial da Saúde (OMS), realizou-se em Roma de 19 a 21 de novembro de 2014 a Segunda Conferência Internacional sobre Nutrição, que teve como tema "nutrição melhor, vida melhor". Os países solicitaram que a ONU considere na agenda do desenvolvimento pós-2015 a possibilidade de declarar um "Decênio de Ação em relação à nutrição para 2016-2025". Os países reconhecem que, apesar das conquistas importantes na luta contra a desnutrição no mundo, resta muito a ser feito. Mais de 170 países aprovaram uma declaração política: a *Declaração de Roma* e outro documento intitulado: *Marco de ação para combater a fome e a obesidade no mundo*. Os países assumiram uma série de compromissos concretos e adotaram um conjunto de recomendações sobre as políticas e os investimentos necessários para garantir que todas as pessoas tenham acesso a dietas mais saudáveis e sustentáveis.

O diretor-geral da FAO, o brasileiro José Graziano da Silva, em sua fala afirmou que "temos conhecimento, experiência e recursos necessários para superar todas as formas de desnutrição. Os governos devem liderar o caminho, porém a pressão para melhorar a nutrição global deve ser um esforço conjunto, com a participação das organizações da sociedade civil e do setor privado." Por sua vez, a diretora-geral da OMS, Dra. Margaret Chan, recordou que "o sistema de nutrição mundial, com sua dependência da produção industrializada, e os mercados globalizados produzem abundantes reservas, porém criam alguns problemas de saúde pública. Uma parte do mundo tem muito pouco para comer, com milhões de pessoas vulneráveis diante da morte ou das enfermidades causadas por carência de nutrientes. Outra parte come em excesso, com uma obesidade generalizada que faz retroceder as cifras de esperança de vida e eleva os custos na atenção sanitária em níveis astronômicos".

Embora a prevalência da fome tenha sido reduzida em 21% desde o período 1990-1992, ainda hoje no mundo há 805 mil pessoas que padecem de fome crônica. Calcula-se que em 2013 havia 161 milhões de crianças com menos de cinco anos afetadas pelo pouco crescimento (estatura baixa para sua idade) e 51 milhões com baixo peso. A subnutrição está vinculada a quase metade de todas as mortes de crianças com menos de 5 anos, em torno de 2,8 milhões por ano.

Hoje, mais de dois bilhões de pessoas são afetadas pelas carências de micronutrientes, ou "fome oculta", por causa da insuficiência de vitaminas ou minerais. Enquanto isso, a obesidade cresce espantosamente, com aproximadamente 500 mil pessoas obesas e em torno de 1,5 milhão de pessoas com sobrepeso. Em torno de 42 milhões de crianças com menos de 5 anos já têm sobrepeso. Por outro lado, as diferentes formas de desnutrição com frequência se superpõem, com as pessoas que vivem nas mesmas comunidades — por vezes na mesma casa — sofrendo de fome, carência de micronutrientes e obesidade. Em geral, metade da população mundial é afetada com algum tipo de desnutrição.

O dia mundial da saúde, 7 de abril de 2015, abordou a temática "segurança alimentar". Estima-se que 1,8 milhão de pessoas morrem no mundo em decorrência de doenças diarreicas, na maioria dos casos ligadas a alimentos ou água contaminados. A preparação higiênica dos alimentos pode prevenir a ocorrência da maioria desses casos. Hoje sabemos que mais de 200 doenças são transmitidas através dos alimentos contaminados ou portadores de bactérias, vírus, parasitas ou substâncias químicas danosas à saúde humana!

O Índice de Desenvolvimento Humano (IDH) brasileiro

Inicialmente, procuremos compreender em que consiste esse índice. O Índice de Desenvolvimento Humano (IDH) é a referência mundial para avaliar o desenvolvimento humano em longo prazo, feito a partir de três variáveis: vida longa e saudável, acesso ao conhecimento (educação) e um padrão de vida decente. Trata-se de uma medida comparativa que engloba três dimensões: riqueza, educação e esperança média de vida. É uma maneira padronizada de avaliação e medida do bem-estar de uma população. O índice foi desenvolvido em 1990 pelo economista paquistanês Mahbub ul Haq e vem sendo usado desde 1993 pelo Programa das Nações Unidas para o Desenvolvimento no seu relatório anual. Todo ano, os países-membros da ONU são classificados de acordo com essas medidas.

Critérios de avaliação do IDH são três elementos:

1. *Educação*: para avaliar a dimensão da educação, o cálculo do IDH considera dois indicadores. O primeiro, a *taxa de alfabetização* de pessoas com 15 anos ou mais de idade. O segundo indicador é o somatório das pessoas, independentemente da idade, matriculadas em algum curso.
2. *Longevidade*: é avaliada considerando a esperança de vida ao nascer.
3. *Renda per capita*: é calculada tendo como base o PIB *per capita* do país.

O IDH varia de zero (nenhum desenvolvimento humano) a 1 (desenvolvimento humano total), sendo os países classificados deste modo: [a] *baixo*, quando o IDH situa-se entre 0 e 0,499; [b] *médio*, quando o IDH está entre 0,500 e 0,799, e [c] *alto*, quando o IDH está entre 0,800 e 1.

Segundo o IDH de 2013, divulgado pelo Programa das Nações Unidas para o Desenvolvimento (Pnud) em meados de julho de 2014, o Brasil ocupa o 79º lugar entre 187 nações. Desenvolvido há 24 anos pelo Pnud, o índice tem escala de 0 a 1. Quanto mais próxima de 1, melhor a situação do país. Um dos criadores do IDH, o economista Amartya Sen questiona o índice para medir a qualidade de vida e lembra que para conquistá-la a pessoa precisa ter acesso a habitação, saúde e educação de boa qualidade, crédito e emprego decente. O Brasil alcançou índice 0,744. Noruega, a primeira colocada, 0,944, seguida de Austrália 0,933, Suíça 0,917, Holanda 0,915 e Estados Unidos 0,914. O pior indicador foi Níger: 0,337, antecedido pela República Democrática do Congo 0,338, República Centro-Africana 0,341, Chade 0,372 e Serra Leoa 0,374. As notas são dadas com base na avaliação de três quesitos: saúde, educação e renda.

Os dados atuais provocaram uma reação do governo brasileiro. Segundo a avalição de ministros da Saúde, Educação, Desenvolvimento Social e Combate à Fome, se fossem utilizados dados mais atualizados, o progresso do Brasil teria subido 12 posições. Para esses ministros, o IDH brasileiro é 0,764. Segundo eles, a expectativa de vida do brasileiro ao nascer é 74,8 anos, ante os 73,9 do Pnud. Os anos de escolaridade seriam 16,3, em vez dos 15,2 do *ranking* oficial. A média de anos de estudo da população é 7,6; no relatório da ONU, foram usados para cálculo 7,2.

Para o coordenador do sistema IDH das Nações Unidas no Brasil, Jorge Chediek, o fato de o Brasil ocupar apenas a 79ª posição no *ranking* resulta de problemas históricos. Diz ele que "o Brasil apresentou melhoras consistentes nos últimos 30 anos. Em 1980, a média de tempo de escola do brasileiro era a de 2,6 anos e a expectativa de vida, de 62,7 anos".

Levando em conta os últimos cinco anos, o Brasil retrocedeu no *ranking* do Pnud, perdeu quatro posições quando comparado com 2008. Entre os Brics, o Brasil é o único que apresenta a queda. No mesmo período, a África do Sul subiu duas posições; a Índia avançou uma, a Rússia manteve a colocação. Do grupo, a China foi a que mais cresceu: de acordo com o relatório, 10 posições. O avanço do Brasil fica muito abaixo de seus vizinhos latino-americanos: Chile (41º), Argentina (49º), Uruguai (50º) e Venezuela (67º).

Numa comparação entre Estados Unidos, Argentina e Brasil, de longe nosso país é o lanterna nos três quesitos: expectativa de vida, média de anos de estudo e renda *per capita*. Os Estados Unidos apresentam uma expectativa de vida de 78,9 anos, média de anos de estudo de 12,9 e renda *per capita* de 52.308 dólares. A Argentina apresenta uma expectativa de vida de 76,3 anos, uma média de anos de estudo de 9,8 e uma renda *per capita* de 17.297 dólares. No Brasil, segundo dados do Pnud, a expectativa de vida é de 73 anos, média de anos de estudo 7,2 e a renda *per capita* 14.275 dólares.

Se fosse feito o ajuste pela desigualdade, um indicador criado pelo Pnud em 2010, o IDHD, o Brasil perderia 16 posições na classificação. A nota brasileira deste último relatório, de 0,744, cairia para 0,54 do IDH. O desconto da nota brasileira é de 39,7% nesse quesito. Nesse índice são consideradas a média de desenvolvimento, as diferenças nos indicadores de renda, educação e saúde entre a população. Quanto maior a desigualdade, maior o desconto. Por esse índice, os Estados Unidos perderiam 23 posições, considerando a desigualdade. O desconto da nota seria de 35,6% pelas diferenças de renda. Em educação, seria de 6,7% e em expectativa de vida, de 6,2%.

Ainda segundo o relatório das Nações Unidas, a pobreza ameaça 2,2 bilhões de pessoas no mundo, que são pobres ou à beira da pobreza. Segundo os dados de renda, 1,2 bilhão de pessoas vive com 1,25 dólar ou menos por dia. O informe da ONU alerta ainda que vulnerabilidades, como conflitos, aumento dos preços dos alimentos e mudanças climáticas, tornaram-se persistentes e ameaçam o desenvolvimento humano. Embora em termos globais a pobreza diminua, permanece o risco de quase 800 milhões de pessoas voltarem à pobreza, caso ocorram esses contratempos. É preciso sustentar o progresso humano, reduzir as vulnerabilidades e construir resiliência, segundo Helen Clark, diretora do Pnud das Nações Unidas. O Brasil é hoje o 12º colocado no triste *ranking* dos países em que mais se morre violentamente, perdendo para nações como Honduras, Colômbia, África do Sul e Venezuela.

Objetivos do milênio: um balanço para 2015

No ano 2000, 189 nações firmaram o compromisso para combater a extrema pobreza e outros males da sociedade. Essa promessa se concretizou nos Objetivos de Desenvolvimento do Milênio (ODM), que deveriam ser atingidos até 2015. Os oito ODM estabelecidos pela ONU são os seguintes:

1. erradicar a extrema pobreza e a fome;
2. implementar a educação primária universal;
3. promover a igualdade entre homens e mulheres e a autonomia da mulher;
4. reduzir a mortalidade das crianças menores de 5 anos;
5. melhorar a saúde materna;
6. combater a aids, o paludismo (malária) e outras enfermidades;
7. garantir a sustentabilidade do meio ambiente;
8. estabelecer uma cooperação mundial para o desenvolvimento.

A ONU publicou em julho de 2014 um informe de avaliação relativo ao que se conseguiu quanto aos Objetivos do Milênio, um ano antes de se cumprir a consecução desse acordo realizado, acordado para 2015. Trata-se de um balanço de caminhada em direção à sua finalização. Percebe-se que algumas metas foram alcançadas, mas em grande parte ainda estamos na metade do caminho, embora se faça necessário reconhecer alguns avanços. Em alguns países existe a carência de estatísticas oficiais e confiáveis, o que torna difícil qualquer processo de mensuração de avanços ou não. A partir de 2015, os países-membros da ONU assumem outro projeto do chamado *O mundo que queremos*, com o estabelecimento de "Objetivos para um desenvolvimento sustentável", ainda a ser definidos.

O secretário-geral da ONU, Ban Ki-moon, afirma que os ODM se constituíram num processo de "reforçar os princípios de dignidade humana, igualdade e equidade, e um mundo livre da extrema pobreza" e avalia que "os esforços coordenados pelos governos nacionais, a comunidade internacional, a sociedade civil e o setor privado fomentaram um renascer da esperança e das oportunidades para as populações de todo o mundo. Contudo, muito ainda necessita ser refeito para acelerar esses avanços. Necessitam-se ações mais audazes e específicas onde ainda existem brechas".

Segundo o relatório ODM, nos últimos 20 anos salvaram-se milhões de vidas de muitas maneiras. Por exemplo, a probabilidade de uma criança morrer antes dos 5 anos foi cortada quase pela metade, o que significa que em torno de 17 mil crianças são salvas diariamente. Em termos globais, a mortalidade materna caiu em 45%, entre 1990 e 2013. Nos países desenvolvidos, morrem 6 crianças a cada mil nascidas vivas (dados de 2012), enquanto nos países pobres a cifra aumenta espantosamente para 82 mortas entre mil nascidas vivas. As terapias antirretrovirais para as pessoas infectadas com o vírus HIV salvaram 6,6 milhões de vidas desde 1995, e a expansão de sua cobertura pode salvar muito mais.

Entre 2000 e 2012, estima-se que 3,3 milhões de mortes foram evitadas graças à expansão de intervenções com maior cobertura de terapias antirretrovirais, e 9,5 milhões de pessoas que vivem com o vírus HIV, em 2012, tinham acesso ao tratamento antirretroviral. Desde 1995, esforços vêm sendo feitos na luta contra a tuberculose; estima-se que se tenham salvado 11 milhões de vidas. Entre 2000 e 2012, as intervenções contra o paludismo salvaram a vida de mais de 3 milhões de crianças.

Segundo o informe da ONU, conseguiu-se reduzir pela metade a porcentagem de pessoas que vivem com menos de 1,25 dólar por dia, que é o que a ONU considera pobreza extrema, em relação ao que ocorria em 1990. Nada menos que 700 milhões de pessoas deixaram essa condição nesse período. A China foi o país que mais reduziu: passou de 60% de sua população em situação de extrema pobreza para 12%.

Reduziu-se pela metade a proporção de pessoas que padecem de fome no mundo. Em 1990, 23% da população não podia obter alimentos de forma regular para levar uma vida saudável, e em 2011 essa porcentagem caiu para 14,3%. Embora se constate esse avanço, temos ainda 162 milhões de crianças que sofrem de desnutrição crônica e prevenível.

Com relação à educação primária universal, entre 2000 e 2012, a porcentagem de menores matriculados nos cursos primários passou de 83% a 90%. Os dados pioram quando se leva em conta que um em cada quatro menores que vão à escola nas regiões em desenvolvimento abandonará os estudos antes de completar o ciclo. As altas taxas de deserção escolar continuam sendo um grande obstáculo para alcançar este objetivo do milênio. Temos ainda 58 milhões de crianças em idade escolar que não vão à escola, das quais a metade vive em áreas afetadas por conflitos. Somente 23% das crianças subsaarianas residentes em zonas rurais finalizam o nível primário.

Em relação à igualdade entre homens e mulheres, o informe da ONU enfatiza que há muito ainda a fazer para superar a desigualdade. As mulheres ganham muito menos que os homens pelo mesmo trabalho; em muitas regiões, elas ocupam a maioria dos subempregos, os que têm pior remuneração, informais ou precários. Ainda cai sobre elas o peso de cuidar da família.

No que toca à saúde materna, diz o informe que, somente em 2013, morreram 300 mil mulheres por causas relacionadas com a gravidez e o parto. O incrível é que a maioria dessas mortes são preveníveis, diz o relatório da ONU. Desde 1990, a mortalidade materna foi reduzida em 45%, passando de 380 a 210 mortes para cada 100 mil nascidos vivos. Em 2012, 40 milhões de mulheres deram à luz sem assistência médica. Em partos realizados em condições pouco higiênicas, basta uma pequena complicação para que o desenlace seja fatal.

Em termos de saúde pública, desde 1990, 2,3 bilhões de pessoas tiveram acesso à água potável. Mais de um quarto da população global ganhou acesso a condições sanitárias, e ainda temos um bilhão de pessoas sem rede de esgotos.

Uma preocupação crescente está ligada à garantia da sustentabilidade do meio ambiente. Os sinais de alarme sobre as mudanças climáticas, os furacões, as secas e as inundações, sempre mais frequentes, alertam-nos que a humanidade deve tomar medidas drásticas nesse sentido, para evitar o colapso do planeta

Terra, esgotando os recursos das gerações futuras. Nota-se um avanço crescente de conscientização da sociedade em relação a esse desafio.

No que toca o estabelecimento de parcerias para o desenvolvimento, em 2013 a ajuda para o desenvolvimento aumentou em 6,1%, em relação a 2012, mas anteriormente houve uma expressiva queda. Os países do comitê de Assistência para o desenvolvimento destinaram somente 0,3% do produto nacional bruto, muito abaixo do 0,7% previsto, e que somente Dinamarca, Luxemburgo, Noruega, Reino Unido e Suécia conseguiram honrar essa percentagem.

Enfim, que mundo e futuro queremos construir? A agenda dos ODM está inacabada e certamente deverá ser assumida no contexto da agenda mundial pós-2015. O mundo começa a se preparar para essa agenda pós-ODM, com o processo de estabelecer os *Objetivos para um Desenvolvimento Sustentável*. Falar de urgência é até redundante; não podemos mais retardar ações de parcerias globais, pois o que está em jogo é a vida de milhões de pessoas, principalmente nas áreas mais pobres do planeta.

A agenda pós-2015: objetivos para um desenvolvimento sustentável

O que entender por desenvolvimento sustentável? Seria o processo de *"Satisfazer às necessidades presentes da humanidade, sem comprometer a capacidade das gerações futuras de suprir suas próprias necessidades"*. Esse conceito de desenvolvimento sustentável se tornou o fundamento da Conferência das Nações Unidas sobre Meio Ambiente e Desenvolvimento (ECO 92) realizada no Rio de Janeiro em 1992. O encontro foi um marco internacional, que reconheceu o desenvolvimento sustentável como grande desafio dos nossos dias e também assinalou a primeira tentativa internacional de elaborar planos de ação e estratégias nesse sentido.

O conceito de sustentabilidade é uma expressão que vem ganhando notoriedade e importância ímpar ultimamente. Trata-se de um conceito sistêmico, isto é, integra aspectos econômicos, sociais, culturais e ambientais, entre outros. Quem o utilizou pela primeira vez foi a norueguesa Gro Brundtland, ex-primeira-ministra de seu país e depois diretora-geral da OMS. Em 1987, como presidente de uma comissão da ONU que ganhou seu nome, publicou o relatório: *Nosso Futuro Comum: relatório da Comissão Mundial sobre o Meio Ambiente e Desenvolvimento*, fruto do trabalho da chamada "Comissão Brundtland" — ganhou esse nome em referência à Gro Harlem Brundtland, ex-primeira-ministra da Noruega e médica que chefiou a comissão — trabalho solicitado pela Assembleia Geral das Nações Unidas, em 1983. Essa comissão foi incumbida de investigar as preocupações levantadas nas décadas anteriores acerca dos graves impactos das atividades humanas sobre o planeta, e como os padrões de crescimento e desenvolvimento poderiam se tornar insustentáveis, caso os limites dos recursos naturais não fossem respeitados. O resultado dessa investigação foi o relatório *Nosso Futuro Comum*, publicado em 1987, como foi dito acima.

Nessa publicação temos a primeira definição do conceito de sustentabilidade: "Desenvolvimento sustentável significa suprir as necessidades do presente sem afetar as habilidades das gerações futuras de suprirem as próprias necessidades". Não se defende pura e simplesmente a interrupção do crescimento econômico, afirmou Brundtland: "Os problemas de pobreza e subdesenvolvimento só poderão ser resolvidos se tivermos uma nova era de crescimento sustentável, na qual os países do Sul do Globo desempenhem um papel significativo e sejam recompensados por isso com os benefícios equivalentes.". A sustentabilidade se aplica a toda e qualquer atividade humana, e para esta ser sustentável necessita ser economicamente viável, socialmente justa, culturalmente aceita e ecologicamente correta.

Entre as características importantes desse relatório, ele procura fazer conexões temporais entre as presentes e as futuras gerações, bem como conexões espaciais entre povos geograficamente diferentes. As questões não são meramente econômicas, sociais ou ecológicas: são também éticas, pelo menos implicitamente. Falar das relações entre as gerações presentes e futuras, articular inquietações sobre formas de progresso econômico não avaliados, advogar por interdependência das sociedades humanas e ecossistemas: estas questões situam-se no âmbito do discurso ético, filosófico e também teológico. Não se trata apenas de reflexões de cunho sociocientífico, mas de questões descritivas e prescritivas, com recomendações sobre os objetivos, os limites e os contextos da façanha do progresso humano num mundo em transformação.

Embora esse relatório tenha sido publicado há quase 30 anos, ele articula magistralmente os aspectos sociais, econômicos e ambientais, que o mantêm com uma atualidade extraordinária ainda hoje. Por exemplo, a vasta maioria das questões identificadas nesta obra, nosso Futuro Comum, amplificaram-se nas décadas seguintes, enquanto esforços diplomáticos globais para resolver esses problemas, na sua grande maioria, tiveram resultados muito limitados. Por exemplo, desde 1987, cinco painéis intergovernamentais sobre mudanças climáticas confirmaram causas antropogênicas, a severidade e a previsão dos impactos do aquecimento global, mas políticas ideológicas dos países mais industrializados do planeta impediram maiores avanços na área, principalmente na redução e no controle das emissões de CO_2. Existem ainda desacordos importantes entre as elites econômicas e políticas de muitos países a respeito de como melhor avaliar os custos com intervenção ou não em relação ao clima.

Enquanto isso, eventos extremos ligados ao tempo, como seca e desertificação, levaram a um aumento do número das pessoas que deixam suas terras de origem no interior de seus países, bem como cresce o número de refugiados internacionais por questões ambientais. O progresso das energias solar e eólica ainda é bastante limitado a pequenos centros. O acidente nuclear de Chernobyl, na Ucrânia, em 1986, que criou o contexto da justificação para elaborar o relatório Brundtland, ecoou novamente em 2011 no acidente nuclear de Fukushima,

Japão. Persistem as iniquidades sociais e econômicas, estamos também no meio do que os *experts* denominaram "a sexta grande extinção" na história do planeta; ou seja, essa erradicação das espécies é, como a mudança climática, algo sem precedentes, em que os humanos são a causa. Alguns cientistas e teóricos do meio ambiente sugerem renomear a presente era geológica como "antropocêntrica", isto é, a era das mudanças provocadas pelo próprio ser humano nos sistemas terrenos, como uma força planetária.

Enfim, atrás de cada estatística ou número, não podemos esquecer que sempre existe um rosto humano em condições de risco de vida, clamando por dignidade e vida saudável. Existem ainda muitas políticas de morte que alimentam discriminações e conflitos entre os povos no mundo a custos incalculáveis em termos de perdas de vidas humanas. Existem milhões de pessoas que esperam por um futuro e um mundo como um lugar melhor para viver, numa sociedade mais justa, solidária e saudável. É sempre oportuno perguntar, em termos de políticas mundiais e nacionais, que legado estamos deixando para as gerações futuras.

O caminho para a dignidade até 2030: sustentabilidade!

No final de dezembro de 2014, através da Resolução A/69/700, da Assembleia Geral da ONU, foi apresentado aos 193 Estados-Membros, o relatório síntese da agenda de desenvolvimento sustentável pós-2015, intitulado: *O caminho para a dignidade até 2030: acabando com a pobreza, transformando todas as vidas e protegendo o planeta*.

O secretário-geral da Organização das Nações Unidas (ONU), Ban Ki-moon, apresentou uma síntese desse documento que trata dos Objetivos de Desenvolvimento Sustentável (ODS) pós-2015. O documento final deverá guiar as negociações dos países-membros para a construção de uma nova agenda global centrada nas pessoas e no planeta, baseada nos direitos humanos, que será aprovada no final de 2015, em Paris.

Sobre o relatório, Ban disse que "nunca antes uma consulta tão ampla e profunda tinha sido feita sobre a questão do desenvolvimento". Ele lembrou que o documento vem sendo elaborado desde a *Conferência Rio+20* (2012) e conta com a colaboração dos governos, de todo o Sistema da ONU, de especialistas, da sociedade civil e de empresários. O secretário-geral agradeceu o projeto do grupo de trabalho que apresentou os 17 ODS com cento e sessenta alvos de atuação. Para ele, o resultado expressa o desejo dos países de ter uma agenda que possa acabar com a pobreza, alcançar a paz e a prosperidade e proteger o planeta.

"Em 2015, anunciaremos medidas de longo alcance sem precedentes que vão assegurar o nosso bem-estar futuro", disse Ban Ki-moon, ao falar sobre a nova agenda global que vai suceder os *Objetivos de Desenvolvimento do Milênio* (ODM), cujo prazo expira em 2015, os quais visam reduzir a pobreza extrema e a fome, promover a educação, especialmente para as meninas, combater doenças e proteger o meio ambiente. O documento Objetivos do Desenvolvimento Sustentável será o guia próximo para nortear todo o desenvolvimento global da humanidade, pós-2015, com o fim do prazo para o cumprimento dos Objetivos de Desenvolvimento do Milênio (ODM).

Ele também pediu aos países para serem inovadores, inclusivos, ágeis e determinados nas negociações, e reforçou a "responsabilidade histórica" para entregar uma agenda transformadora. "Estamos no limiar do ano mais importante para o desenvolvimento desde a fundação da própria ONU. Temos de dar sentido à promessa dessa organização que reafirma a fé na dignidade e no valor da pessoa humana e dar ao mundo um futuro sustentável", disse Ban. "Temos uma oportunidade histórica e o dever de agir de forma corajosa, enérgica e rápida".

Ele afirmou que a agenda pós-2015 deve ser construída tendo como base a cooperação global e a solidariedade, e suas metas devem levar em consideração as diferentes realidades das nações e os níveis de desenvolvimento de cada uma e respeitar as políticas nacionais.

É importante que conheçamos os *17 Objetivos de Desenvolvimento Sustentável* (ODS) propostos pela ONU, no documento intitulado: *O caminho para a dignidade até 2030: acabando com a pobreza, transformando todas as vidas e protegendo o planeta*. Este documento aborda os desafios pós-2015 e pós-Objetivos de Desenvolvimento do Milênio (ODM) e a construção da nova agenda de desenvolvimento a ser seguida pela ONU.

Os 17 Objetivos para o Desenvolvimento Sustentável (ODS) propostos são:

1. Acabar com a pobreza em todas as suas formas, em todos os lugares.
2. Acabar com a fome, alcançar a segurança alimentar, melhorar a nutrição e promover a agricultura sustentável.
3. Assegurar uma vida saudável e promover o bem-estar para todos, em todas as idades.
4. Garantir educação inclusiva e equitativa de qualidade e promover oportunidades de aprendizado ao longo da vida para todos.
5. Alcançar igualdade entre homens e mulheres e empoderar todas as mulheres e meninas.
6. Garantir disponibilidade e manejo sustentável de água e saneamento para todos.
7. Garantir acesso à energia barata, confiável, sustentável e moderna para todos.
8. Promover o crescimento econômico sustentado, inclusivo e sustentável, emprego pleno e produtivo, e trabalho decente para todos.
9. Construir infraestrutura resiliente, promover a industrialização inclusiva e sustentável, e fomentar a inovação.
10. Reduzir a desigualdade entre os países e dentro deles.
11. Tornar as cidades e os assentamentos humanos inclusivos, seguros, resilientes e sustentáveis.

12. Assegurar padrões de consumo e produção sustentáveis.
13. Tomar medidas urgentes para combater a mudança do clima e seus impactos.[1]
14. Conservar e promover o uso sustentável dos oceanos, mares e recursos marinhos para o desenvolvimento sustentável.
15. Proteger, recuperar e promover o uso sustentável dos ecossistemas terrestres, gerir de forma sustentável as florestas, combater a desertificação, bem como deter e reverter a degradação do solo e a perda de biodiversidade.
16. Promover sociedades pacíficas e inclusivas para o desenvolvimento sustentável, proporcionar o acesso à justiça para todos e construir instituições eficazes, responsáveis e inclusivas em todos os níveis.
17. Fortalecer os mecanismos de implementação e revitalizar a parceria global para o desenvolvimento sustentável.

Existem diferenças de perspectiva em relação aos oito ODM, criados pelo secretariado da ONU, os quais eram voltados para os países em desenvolvimento. Os ODS apresentam um novo salto no desenvolvimento, agregam as dimensões econômica, social e ambiental, incorporando a sustentabilidade. São metas não apenas para os países pobres, mas para todo o mundo. Notamos que as metas de 1 a 5 já existiam nos Objetivos de Desenvolvimento do Milênio. O bloco vem sendo denominado como "tarefa incompleta". Engloba erradicação da pobreza, acabar com a fome, garantir a segurança alimentar e promover a agricultura sustentável, garantir saúde, educação e igualdade entre homens e mulheres ("gênero"). A meta seis é a da água, e diz, por exemplo, que por volta de 2030 é preciso ter conseguido implementar sistemas de gestão integrada dos recursos hídricos, "incluindo a cooperação transfronteiriça, quando apropriada". A meta sete é sobre a energia ("tecnologias mais modernas e limpas de combustíveis fósseis"). Existem metas para combater a mudança climática, proteger a biodiversidade marinha e terrestre. O objetivo dezesseis fala em promover sociedades inclusivas e pacíficas, reduzindo o tráfico ilegal de armas.

É gigantesco o desafio para se atingir essas metas e esses objetivos do Desenvolvimento Sustentável, pós-2015, com o final do projeto Objetivos de Desenvolvimento do Milênio (2000-2015). O Documento em pauta, *O caminho para a dignidade até 2030: acabando com a pobreza, transformando todas as vidas e protegendo o planeta*, propõe uma agenda universal e transformadora para o desenvolvimento sustentável, tendo como base os direitos, as pessoas e o planeta como centro de discussão.

Um conjunto integrado de seis elementos essenciais (que poderíamos chamar de referenciais, e/ou critérios, ou valores éticos) foi escolhido para auxiliar e reforçar a agenda do desenvolvimento sustentável, a saber:

---

1 Reconhecendo que a Convenção-Quadro das Nações Unidas sobre a Mudança do Clima (CQNUMC) é o principal fórum internacional e intergovernamental para negociar a resposta global à mudança do clima.

a. *Dignidade*: para acabar com a pobreza e combater as desigualdades.
b. *Pessoas*: para garantir uma vida saudável, o conhecimento e a inclusão de mulheres e crianças no processo de desenvolvimento.
c. *Prosperidade*: para crescer uma economia forte, inclusiva e transformadora.
d. *Planeta*: para proteger os ecossistemas para todas as sociedades e para os nossos filhos.
e. *Justiça*: para promover sociedades e instituições fortes, seguras e pacíficas.
f. *Parceria*: para catalisar a solidariedade global para o desenvolvimento sustentável.

Muitos pragmáticos inveterados, diante dessa proposta, simplesmente reagirão dizendo que novamente estamos diante de um sonho inatingível, uma utopia inalcançável. Contudo, a crise presente da humanidade, como dizem muitos pensadores contemporâneos das mais diferentes áreas do conhecimento humano, especialmente no âmbito das ciências humanas, é consequência da falta de uma utopia maior e de um horizonte de sentido e de valores, que possam unir os esforços dos mais diferentes povos do planeta. Então, como nos diz Eduardo Galeano, "a utopia está no horizonte. Caminho dois passos, e ela se distancia dois passos e o horizonte se afasta mais dez passos adiante. Então para que serve a utopia, a não ser para caminhar!".

Referências bibliográficas

PND — Programa das Nações Unidas para o Desenvolvimento. IDH — *Índice de Desenvolvimento Humano 2014*. Disponível em: <http://hdr.undp.org/en/2014-report/download>. Acesso em: 11 abr. 2015.

UNITED NATIONS. Food and Agriculture Organization of the United Nations & World Health Organization. In: *Second International Conference on Nutrition. Better nutrition better lives. Rome Declaration on Nutrition*. 19-21 nov. 2014, Roma, Itália. Disponível em: <http://www.fao.org/3/a-ml542e.pdf>. Acesso em: 11 abr. 2015.

———. *The Road to Dignity by 2030: Ending Poverty, Transforming All Lives and Protecting the Planet*. Synthesis Report of the Secretary-General on the Post-2015 Agenda. New York. December 2014.

———. *United Nations Millennium Development Goals. Eight Goals for 2015*. Disponível em: <http://www.undp.org>. Acesso em: 7 mar. 2015.

9

O sonho da longevidade humana e a ameaça da demência: acrescentar mais vida aos anos que anos à vida?

Quão bela é a sabedoria nas pessoas de idade avançada!
Eclo 25,7

Setenta anos é o tempo da nossa vida, oitenta anos se ela for vigorosa; e a maior parte deles é fadiga e mesquinhez, pois passam depressa, e nós voamos!
Salmo 90

Em 2020, pela primeira vez na história, o número de pessoas com 60 anos ou mais no mundo superará o de crianças com menos de 5 anos. Uma pessoa em cada sete será idosa.
Organização Mundial da Saúde, 2012

A doença de Alzheimer é a forma mais comum de demência e possivelmente contribui para 60%-70% de todos os casos. [...] Embora a demência afete principalmente as pessoas mais idosas, ela não é parte do normal do processo de envelhecimento. A demência é uma síndrome, usualmente de natureza progressiva e crônica, causada por uma variedade de doenças do cérebro que afetam a memória, o pensamento, o comportamento e a habilidade de exercer as atividades normais do dia a dia.
World Alzheimer Report, 2014

NUM RELANCE HISTÓRICO, percebemos que a vida do ser humano durava muito pouco há dois mil anos, no início da era cristã. Segundo dados demográficos, naquele momento o ser humano vivia em média de 25 a 28 anos. Guerras, doenças epidêmicas, catástrofes da natureza e desconhecimento de como prevenir doenças endêmicas e pestes são as razões maiores para viver tão pouco tempo. Quando chegamos ao ano 1900, isto é, dezenove séculos mais tarde, a expectativa média de vida do ser humano na face da Terra aumentou para aproximadamente 43 a 46 anos em média. Isso significa que demoramos mil e novecentos anos para duplicar o tempo de vida.

O extraordinário nessa história da evolução do tempo de vida do ser humano é que, em menos de um século, tomando-se como referência este início do século XXI e olhando o século XX, não obstante todas as barbaridades, catástrofes naturais e ainda a existência de epidemias, a gripe espanhola por exemplo, que dizimou um terço da população da Europa em 1917, e as guerras que ceifaram milhões de vidas, a expectativa de vida do ser humano aumentou 20 anos em média, chegando aos 60-65 anos, como média mundial. Isso significa que em menos de um século nos acrescentamos 20 anos de vida, enquanto antes demoramos nada mais nada menos que 1.900 anos, ou seja, XIX séculos! Evidentemente, a evolução do conhecimento em saúde pública, a prevenção das doenças, o surgimento dos antibióticos, a melhoria das condições de vida são fatores-chave nessa revolução que ocorreu em termos de conquista de tempo de vida humana.

A expectativa de vida no Brasil aumentou 17,9% entre 1980 e 2013, passando de 62,7 para 73,9 anos, um aumento real de 11,2 anos, segundo o Programa das Nações Unidas para o Desenvolvimento (Pnud) da ONU. Números divulgados pelo Instituto Brasileiro de Geografia e Estatística (IBGE) mostram que, em 2012, a expectativa de vida ao nascer no Brasil passou para 74,6 anos. A taxa apresenta um pequeno aumento em relação a 2011, quando a expectativa de vida do brasileiro era de 74,1 anos. Contudo, se comparada à de dez anos atrás, a expectativa de vida do brasileiro aumentou mais de três anos. Em 2002, era de 71 anos. De acordo com o IBGE, em 2012 houve um acréscimo de 5 meses e 12 dias em relação ao valor estimado para 2011. Para a população masculina, o aumento foi de 4 meses e 10 dias, passando de 70,6 anos para 71 anos. Já para as mulheres, a expectativa de vida ao nascer era de 77,7 anos, em 2011, e passou para 78,3 anos, em 2012, aumento de 6 meses e 25 dias.

A OMS publicou recentemente importante informe sobre as estatísticas da saúde no mundo, intitulado: *Estatísticas sanitárias mundiais 2014*. Apresentamos a seguir alguns dados mais significativos desse panorama mundial de expectativa de vida da humanidade, que melhorou sensivelmente nas últimas décadas. Uma criança nascida em 2012 tem como esperança média de vida de 72,7 anos, se for mulher, e 68,1, se for homem. Isso significa seis anos a mais que a média mundial da expectativa de vida para os que nasceram em 1990.

Os maiores avanços ocorreram nos países de baixa renda, em que a média da expectativa de vida aumentou nove anos entre 1990 e 2012, mais precisamente de 51,2 a 60,2 anos, para os homens, e 54,0 a 63,1 anos, para a mulheres. Um fator importante que ajudou a aumentar a expectativa de vida nos países de baixa renda foi a redução da mortalidade infantil, bem como a redução das mortes por doenças infecciosas em adultos. Os seis países que apresentaram os maiores avanços em relação à esperança de vida de sua população foram: Libéria (19,7 anos), Etiópia, Maldivas, Camboja, Timor-Leste e Ruanda. Nos países de renda alta, a expectativa de vida aumentou em média de 5,1 anos, oscilando entre 0,2 ano na Federação Russa e 9,2 na República da Coreia.

Vejamos os 10 países com maior expectativa de vida para homens e mulheres que nasceram em 2012:

HOMENS:

1. Islândia, 81
2. Suíça, 80,7
3. Austrália, 80,5
4. Israel, 80,2
5. Singapura, 80,2
6. Nova Zelândia, 80,2
7. Itália, 80,2
8. Japão, 80,0
9. Suécia, 80,0
10. Luxemburgo, 79,7

MULHERES:

1. Japão, 87,0
2. Espanha, 85,1
3. Suíça, 85,1
4. Singapura, 85,1
5. Itália, 85,0
6. França, 84,9
7. Austrália, 84,6
8. República da Coreia, 84,6
9. Luxemburgo, 84,1
10. Portugal, 84,0

Como vemos, a expectativa de vida dos homens é de 80 anos ou mais em 9 países. Os valores mais altos correspondem a Austrália, Islândia e Suíça. Para as mulheres, a expectativa de vida iguala ou supera os 84 anos em 10 países com cifras mais elevadas. A maior expectativa de vida das mulheres corresponde ao Japão, com 87,0 anos, seguido da Espanha, Suíça e Singapura. No outro extremo da escala temos 9 países, todos da África subsaariana, nos quais a expectativa de vida média de homens e mulheres segue inferior aos 55 anos.

Sem dúvida, vivemos muito mais tempo, porém a duração desse tempo de vida depende da realidade do local onde nascemos. Uma criança nascida em 2012 num país rico, com renda alta, tem uma expectativa de vida de 75,8 anos, ou seja, 15 anos a mais do que uma criança que tenha nascido num país pobre de baixa renda, ou seja, 60,2 anos. Para as crianças do sexo feminino a diferença é ainda maior: 18,9 anos a mais nos países ricos, de renda alta (82,0 anos), que nos países pobres, de baixa renda (63,1 anos).

Quais são as causas mais comuns de morte no mundo? As três primeiras causas de morte prematura são a cardiopatia coronária (isquêmica), infecções das vias respiratórias (como a pneumonia) e acidentes vasculares cerebrais. A metade das 20 maiores causas de morte são doenças infecciosas ou de caráter materno, neonatal e nutricional, enquanto a outra metade corresponde a doenças não transmissíveis ou lesões. No último decênio, quase todos os países do mundo sofreram grande deslocamento das mortes prematuras por doenças infecciosas para as doenças não transmissíveis e as lesões. Nota-se, porém, que os países se encontram em fases muito diferentes dessa transição epidemiológica. Na região da África, 70% dos anos de vida perdidos, segundo a OMS, devem-se mais a enfermidades infecciosas ou de caráter materno, neonatal e nutricional, enquanto nos países de alta renda essas causas representam atualmente 8% de todos os anos de vida perdidos.

A obesidade infantil está se tornando um problema de saúde pública mundial. Em 2012, em torno de 44 milhões (6,7%) de menores de 5 anos tinham sobrepeso ou eram obesos, enquanto em 1990 eram somente 31 milhões (5%). A sobrevivência infantil melhorou de forma espetacular entre 2000 e 2012. A taxa de mortalidade de menores de 5 anos diminuiu de 75 para 48 mortes por mil nascidos vivos. Assim, em 2012, morreram cerca de 6,6 milhões de crianças. O período mais perigoso são os primeiros 28 dias de vida, durante os quais ocorrem 44% das mortes de menores de 5 anos. Após o primeiro mês de vida, as mortes infantis diminuíram muito: sarampo (–80%); aids (–51%); diarreia (–50%); pneumonia (–40%); paludismo (–37%); outras infecções, causas perinatais e nutricionais (–30%); complicações durante o parto (–29%); lesões (–22%); complicações de prematuridade (–14%); enfermidades não transmissíveis (–11%).

Envelhecimento populacional e a doença de Alzheimer ou demência

A população mundial está envelhecendo rapidamente, e isso não é mais novidade para ninguém hoje. Progressos importantes no âmbito dos cuidados da saúde e da medicina ocorridos no século passado contribuíram significativamente para que agora as pessoas vivam mais em termos de tempo de vida, e também que tenham mais qualidade de vida e saúde nesse tempo a mais. Entretanto, surgiram também novos desafios de cuidados de saúde com as chamadas doenças crônico-degenerativas nesse cenário.

Em 2020, pela primeira vez na história, o número de pessoas com 60 anos ou mais no mundo superará o de crianças com menos de 5 anos. Uma em cada sete pessoas será idosa, então. Em 2050, a população acima dos 60 anos será de dois bilhões de pessoas (uma em cada cinco) contra os 841 milhões atuais, afirma a OMS. O número de pessoas afetadas por demência, por exemplo, deve passar dos atuais 44 milhões para 135 milhões, em 2050. Esse crescimento da população idosa no mundo tem elevado significativamente o número de casos de mal de Alzheimer, uma doença neurodegenerativa que atinge principalmente pessoas com idade entre 60 e 90 anos. Sem dúvida nenhuma, a demência, incluindo a doença de Alzheimer, é hoje um dos maiores desafios de saúde pública que nossa geração enfrenta.

A doença de Alzheimer é a forma mais comum de demência e corresponde a 60%-70% de todos os casos. Demência é uma síndrome que em decorrência da doença do cérebro — normalmente de natureza crônica e degenerativa — provoca múltiplos distúrbios das funções corticais superiores, incluindo memória, pensamento, orientação, compreensão, cálculo, capacidade de aprendizado, linguagem e julgamento. A consciência não é alterada. O comprometimento das funções cognitivas normalmente é acompanhado, e ocasionalmente precedido, por alterações no comportamento emocional e social, capacidade de controle e motivação. A demência, portanto, é uma condição degenerativa e infelizmente ainda sem possibilidade de cura.

O nome atribuído à doença refere-se ao médico alemão Alois Alzheimer, o primeiro a descrevê-la, em 1906. Ele estudou o caso da sua paciente, Auguste Deter, que, aos 51 anos, desenvolveu um quadro de perda progressiva de memória, desorientação, distúrbio de linguagem, tornando-se incapaz de cuidar-se. Após seu falecimento, aos 55 anos, o Dr. Alzheimer examinou o cérebro de Auguste e descreveu alterações hoje conhecidas como características da doença. Não sabemos por que a doença ocorre, sabemos das lesões cerebrais características. As duas principais alterações que se apresentam são as placas senis decorrentes do depósito de proteína beta-amiloide e os emaranhados neurofibrilares, causados pela hiperfosforilação da proteína tau. Outra alteração é a redução do número das células nervosas, ou neurônios, e das ligações entre elas (sinapses), com a diminuição progressiva do tamanho do cérebro.

A OMS estima que existam no mundo cerca de 35,6 milhões de portadores do Alzheimer. No Brasil, segundo a Associação Brasileira de Alzheimer (Abraz), cerca de 1,2 milhão de pessoas foram diagnosticadas com a doença. Previsões da OMS indicam que nos próximos 40 anos teremos 115 milhões de pessoas portadoras.

A idade é o principal fator para a ocorrência do mal de Alzheimer. Após os 65 anos, o risco de desenvolver a doença dobra a cada cinco anos. Os familiares de pacientes com Alzheimer têm maior possibilidade de desenvolver a mesma doença no futuro, mas isso não quer dizer que a doença seja hereditária. Se o pai ou mãe forem afetados, a probabilidade de os filhos também serem afetados é de 15% a 30% maior que nos pacientes sem histórico familiar.

O mal de Alzheimer é devastador, pois furta pouco a pouco a independência e, posteriormente, a vida. O Alzheimer é uma doença neurodegenerativa que provoca o comprometimento das funções intelectuais, alterando o comportamento e a personalidade, além de interferir negativamente nas atividades profissionais e sociais do indivíduo por ela acometido.

Demência é uma síndrome decorrente de doença do cérebro, em geral de natureza crônica ou progressiva, em que existem distúrbios das múltiplas funções do córtex cerebral superior, incluindo memória, pensamento, orientação, compreensão, cálculo, capacidade de aprendizado, linguagem e julgamento.

O paciente portador do mal de Alzheimer de início perde sua memória mais recente, podendo até lembrar-se com precisão de acontecimentos de anos atrás e esquecer-se de que acabou de realizar uma refeição, por exemplo. A doença causa grande impacto no cotidiano do paciente e afeta a capacidade de aprendizado, atenção e linguagem. A pessoa torna-se cada vez mais dependente da ajuda dos outros, até para realizar as atividades mais corriqueiras e básicas do seu dia a dia. A demência afeta cada pessoa diferentemente, dependendo do impacto da doença e da personalidade do indivíduo. Os problemas ligados à demência podem ser compreendidos em três estados: estágio inicial, primeiro ou segundo ano; estágio intermediário, do segundo ao quarto ou quinto anos; e, finalmente, o estágio tardio, do quinto ano em diante.

A dura notícia para as vítimas desse mal e seus familiares é que não temos ainda tratamento de cura, ou alguma forma terapêutica que possa alterar progressivamente o curso da doença. Os avanços da medicina possibilitam que os pacientes tenham uma sobrevida maior e uma qualidade de vida melhor, mesmo na fase aguda da doença. Pesquisas em curso nos dão a entender os mecanismos que causam a doença e o desenvolvimento das drogas para seu tratamento. Uma novidade é a análise dos biomarcadores de beta-amiloide, que estão sendo estudados para auxiliar em um diagnóstico preciso. Temos hoje dois perfis clínicos específicos de Alzheimer. Os casos típicos, 80% a 85% dos casos, caracterizam-se por problemas de memória episódica de longo prazo (lembrança voluntária de fatos), enquanto nos casos atípicos, 15% a 20%, são encontrados transtornos de memória verbal ou de comportamento.

A abordagem terapêutica faz uso de remédios e da estimulação cognitiva, que ajuda na prevenção precoce, bem como no tratamento, ao retardar a evolução da demência já instalada. Não deixam de ser importantes o convívio social, a organização do ambiente e a prática de atividades físicas. Infelizmente, a pessoa portadora do mal de Alzheimer é vítima de discriminação. Estudos revelam que 24% dos pacientes ocultam ou dissimulam seus diagnóstico, apontando o estigma como o principal motivo; 40% relatam ser excluídos da vida cotidiana da família.

A demência é uma doença devastadora, não somente para as pessoas que são vítimas dela, mas também para os cuidadores e os familiares. Com um número crescente de pessoas afetadas por essa doença, hoje praticamente todos nós já fomos tocados por algum caso, seja no âmbito familiar ou no contexto de nossas relações com amigos e comunidade. Com frequência o cinema nestes últimos anos trouxe esse drama para as telas no mundo inteiro. Temos visto casos dramáticos que impactam e emocionam o público. Com isso, vem aumentando a sensibilidade pública em relação às pessoas em termos de cuidados e atenção.

Os portadores do mal de Alzheimer não podem mais ser negligenciados. Essa doença, segundo a OMS, deve ser considerada, quanto antes, como parte da agenda da saúde pública de todos os países do planeta. Infelizmente, ainda hoje existe muita gente que experimenta exclusão social, isolamento e indiferença, que devem ser vencidos com um cuidado multidisciplinar, profissionalmente competente e humanamente sensível!

Viver com dignidade o "domingo da vida"

Dom Aloísio Lorscheider, cardeal emérito da Arquidiocese de Aparecida (SP), poucos meses antes de nos deixar (em 23 de dezembro de 2007), aos 83 anos de vida, proferiu uma palestra para seus confrades franciscanos idosos no convento onde se recolheu nos últimos anos de vida, no Rio Grande do Sul, sobre "envelhecer com sabedoria". Ele transforma sua condição de ancião em meio de evangelização para os outros. Utiliza uma expressão lindíssima quando diz que "a velhice é o domingo da vida".

Deus não nos concede este tempo de vida para nos ver sofrendo! Ao contrário, Deus dá mais vida para que ajudemos o mundo jovem a ser adulto, de maneira que se sinta realizado e feliz. Quem investe nos jovens investe no futuro do mundo. O idoso não se pode entregar. O idoso necessita expandir-se criativamente. Ele está passando para uma etapa de vida plena de sabedoria existencial e pode dar muito ainda à sociedade. O idoso não pode sentir sua vida sem sentido. Aos poucos vamos aprendendo a acrescentar mais anos à vida, mas vida saudável e feliz! Destacamos resumidamente a seguir algumas orientações que esse "sábio ancião" nos deixou para envelhecermos de forma "digna e saudável":

1. *Cuidar para não perder nossa identidade*. Somos gente, e continuamos a ser gente. Há muitas maneiras de envelhecer, mas não podemos abdicar das nossas capacidades de ser e de agir. O ideal é que a pessoa morra vivendo e não viva morrendo, entregando-se a cada instante ao tédio e à morte. É necessário "curtir" cada instante, extraindo dele todo o suco da vida.
2. *Templo de contemplação*. A velhice não pode deixar de ser tempo de deslumbramento e contemplação. Pelos anos vividos, amadurecemos. Armazenamos tantos bens dentro de nós. É preciso contemplá-los. De modo especial, as verdades da nossa fé. Se o fizermos, o tempo nos parecerá curto, porque há muita coisa para aprofundar contemplativamente em nosso íntimo.
3. *Tempo de silêncio*. A idade do idoso é também tempo de silêncio. Santa Teresa de Ávila sempre insistia no recolhimento, no silêncio, sobretudo interior. Quando mais moços, éramos, por natureza e idade, mais agi-

tados. Um pouco mais avançados em idade, somos mais calmos e mais tranquilos. É possível interiorizar tanta coisa da nossa vida e ser gratos a Deus por tantas bonitas oportunidades de nossa vida.
4. *Tempo de despojamento*. Aos poucos, desapegamo-nos de muitas futilidades, de muitos pormenores, rancores, lamúrias, sofrimentos. É o tempo de perdão. Com o crescer dos anos, corremos o risco de nos tornar um bloco de granito. Duros, impermeáveis e imutáveis. Não temos mais nada a aprender dos jovens. Fechamo-nos. Nossas ideias, como ficam? Nossos gostos? As pessoas amigas? É preciso transformar o bloco de granito em bloco de cristal.
5. *Tempo de oração*. A oração é a missão especial do idoso. Ele tem mais tempo disponível. Se não oramos, nossa idade avançada perde seu sentido. A velhice é o tempo para isso. E é bom rejuvenescermos pela nossa oração. A oração rejuvenesce o coração. São Paulo lembra-nos que "o homem exterior, se caminha para a sua ruína, não impede que o homem interior se renove dia a dia" (2Cor 4,16).
6. *Tempo de domínio de nós mesmos*. Como nos comportamos? Como idosos impacientes, egoístas, murmuradores, ou como idosos puros de coração, pacientes, tolerantes, desapegados? É necessário criar em nós um olhar novo e limpo… Sempre alegres, nunca irritados com a vida. Gratos ao bom Deus e aos outros, pela idade que alcançamos.

Cultivar a sabedoria do coração

Por ocasião da celebração do Dia Mundial do Doente deste ano (2015) — sempre em 11 de fevereiro, dia de Nossa Senhora de Lourdes —, instituído pelo São João Paulo II em 1992, o Papa Francisco escreveu uma mensagem encorajadora e iluminadora a todos os doentes, bem como a todos os que trabalham como profissionais e desenvolvem ações pastorais no mundo da saúde. Num tom bastante afetivo, próprio de um coração sensível de pastor, o papa fala da importância de cultivarmos e colocarmos em prática a "sabedoria do coração".

O que entender por "sabedoria do coração? Não se trata de um conhecimento abstrato, teórico, fruto do exercício da razão humana", ele diz, mas é um dom de Deus, infundido em nós pelo Espírito Santo. Esse dom faz que nos abramos aos irmãos e neles reconheçamos a imagem de Deus ("Estive enfermo e"…). A sábia invocação do salmista nos lembra que todos somos aprendizes na tarefa de "contar os nossos dias, para podermos chegar à sabedoria do coração" (Salmo 89[90],12).

Em seguida, o Santo Padre apresenta quatro características dessa "sabedoria do coração", que são preciosas pistas para uma relação de ajuda pastoral em nossa missão perante a humanidade sofredora: sabedoria do coração é sair de si mesmo e ir ao encontro, estar com o outro, ser solidário e servir o irmão.

- *Sair de si mesmo e ir ao encontro do irmão*. Somos chamados a fazer um "êxodo pessoal" e partir para um encontro. Nessa experiência descobrimos o valor especial que tem o tempo (*kairós*) quando estamos à cabeceira do doente. Hoje vivemos na tirania do fazer, do produzir, e tudo muito depressa; esquecemos o valor da gratuidade, do prestar cuidados. Atrás dessa atitude, existe uma "fé morna", afirma o papa, "que se esqueceu da palavra que diz: 'A Mim mesmo o fizestes'" (Mt 25,40). As pessoas imersas no mistério do sofrimento e da dor, iluminadas pela fé, transformando-se em testemunhas vivas ao abraçar o próprio sofrimento, sem que a inteligência seja capaz de compreendê-lo! Jó, no final de sua experiência de sofrimento, dirigindo-se a Deus, afirma: "Os meus ouvidos tinham ouvido falar de Ti, mas agora veem-Te os meus próprios olhos" (Jó 42,5).
- *Permanecer, estar junto com o irmão*. O tempo gasto com o doente é um tempo santo. É louvor a Deus, que nos configura à imagem do seu Filho que veio para servir e dar a vida. O papa nos convida a orar ao Espírito Santo para que nos dê a graça de compreender o valor do cuidar, do estar junto com o outro no seu calvário, muitas vezes em silêncio, como Maria. No entanto, quanto conforto isso traz aos doentes! A vida humana não perde seu valor, merece ser vivida, mesmo quando acometida por enfermidades graves. "Devemos denunciar como nociva uma visão que, em nome de um conceito de 'qualidade de vida', desclassifica e descarta vidas...", declara o papa.
- *Ser solidário ao sofrimento alheio, sem julgar*. É necessário cultivar tempo para visitar, estar junto e cuidar, como fizeram os amigos de Jó: "Ficaram sentados no chão, ao lado dele, sete dias e sete noites, sem lhe dizer uma palavra sequer, pois viram que sua dor era demasiado grande" (Jó 2,13). Contudo, é necessário evitar o julgamento negativo que eles fizeram de Jó, ao defenderem o ponto de vista teológico de que sua infelicidade, sua "desgraça" fosse castigo de Deus por algo de errado que ele houvesse feito. Procuraram ser advogados de Deus, acusando Jó. Trata-se de um terrível engano! Deus não precisa de advogados. A verdadeira caridade "é partilha que não julga, que não tem a pretensão de converter o outro", diz o papa. É importante ouvir em silêncio o que é dito, mas principalmente o que não precisa ser dito... Somente na Cruz de Jesus, ato supremo de solidariedade de Deus para com a humanidade, é que vamos encontrar um sentido para a dura experiência de Jó, uma trilha de luz e resposta ao sofrimento do inocente, ao "Por que, Senhor?".
- *E, finalmente, servir o irmão samaritanamente*. Em Jó, também conhecido como o "justo sofredor", quando afirma "eu era os olhos do cego e seria os pés ao coxo" (Jó 29,15), vemos a dimensão de serviço aos necessita-

dos. Sua estatura moral manifesta-se no serviço ao pobre, que clama por ajuda, bem como no cuidado do órfão e da viúva. O papa lembra-nos de que hoje ser "os olhos do cego" e "os pés para o coxo" é o testemunho dos que estão junto com os doentes que necessitam de cuidados contínuos para se lavar, vestir-se e alimentar-se. Esse serviço pode tornar-se cansativo e pesado, e difícil principalmente quando dura meses, anos, inclusive quando a pessoa já não é nem mais capaz de agradecer! Esse é um lindo caminho de santificação, lembra Francisco!

Somos desafiados a fazer um "êxodo pessoal" e partir para o encontro das pessoas que estão nas "periferias geográficas existenciais do coração humano, onde grassam injustiça, sofrimento, dor e enfermidades, a aí ser discípulos missionários. Em meio a tanta notícia triste de descaso, descarte e mortes humanas, somos portadores e testemunhas da alegre notícia, de um Deus que veio trazer 'vida em abundância' (Jo 10,10) para todos". Então sim "a sabedoria do coração", de que nos fala o Papa Francisco, traduz-se concretamente num caminhar solidário com os outros, verdadeiros e sagrados "documentos humanos viventes", que em meio ao Calvário e Getsêmani de suas vidas, em meio a dores e sofrimentos, clamam por libertação, solidariedade, amor e cuidado!

Referências bibliográficas

PAPA FRANCISCO. *Mensagem do Papa Bento XVI para o XX Dia Mundial do Doente*. 11 fev. 2012. Disponível em: <http://w2.vatican.va/content/benedict-xvi/pt/messages/sick/documents/hf_ben-xvi_mes_20111120_world-day-of-the-sick-2012.html>. Acesso em: 11 abr. 2015.

WORLD ALZHEIMER REPORT — 2014. *Dementia and Risk Reduction. An Analysis of protective and Modifiable Factors. Executive summary. Alzheimer. The Global voice on dementia*. 2015. Disponível em: <http://www.Alz.co.uk>. Acesso em: 3 mar. 2015.

WORLD HEALTH ORGANIZATION AND ALZHEIMER'S DISEASE INTERNATIONAL. *Dementia: a public health priority*. Genebra: WHO, 2012. Disponível em: <http://www.who.int/mental_health/publications/dementia_report_2012/en/>. Acesso em: 3 mar. 2015.

10

Perante a globalização da indiferença, o desafio de redescobrir o valor da hospitalidade

> A hospitalidade [...] é algo valioso "em si", significando que tem um "valor intrínseco". Ocorre o mesmo com a justiça, a paz e a solidariedade. Não podemos conceber uma sociedade em que não haja paz, ou justiça ou solidariedade, em que os seres humanos não se ajudem uns aos outros em suas necessidades. Sem estes valores estamos diante de uma sociedade inumana.
>
> Deliberação moral é um procedimento intelectual, racional, que nos torna conscientes dos valores que assumimos de modo inconsciente em nossa infância e juventude, e que devemos reafirmá-los ou corrigi-los, e em qualquer caso analisá-los criticamente e assumi-los de modo autônomo e responsável.
>
> **Diego Gracia Guilhem**

A INDIFERENÇA EM relação ao outro simplesmente mata! Ela é uma marca terrível de nossa sociedade urbana em vias de globalização excludente, que, mais do que globalizar a solidariedade, acaba globalizando a indiferença. Para nos contrapor a essa cultura de morte temos de descobrir o valor da acolhida e da hospitalidade. Reflitamos ainda que brevemente sobre o sentido dos valores hoje e da hospitalidade em particular.

Somos seres capazes de valorar e emitir juízos sobre o valor de algo. Diante de uma novidade, dificilmente deixamos de valorar, positiva ou negativamente. Os valores são uma linguagem muito própria da sociedade contemporânea, secular e plural. Os educadores falam hoje do grande desafio de "formação em valores". Existem muitos valores, e sobre os mais importantes todos concordamos. Ninguém pensa que a injustiça seria um valor positivo e a justiça um valor negativo! E o que dizemos da justiça vale para a paz, a solidariedade, a espiritualidade, a verdade, o amor, a saúde, a vida, o bem-estar, entre tantos outros valores claramente universais.

Segundo Diego Gracia, que seguimos nas linhas fundamentais desta reflexão: "A hospitalidade, mais que uma obra de misericórdia ou um ato de caridade, é algo valioso 'em si', significando que tem um 'valor intrínseco'. Ocorre o mesmo com a justiça, a paz e a solidariedade. Não podemos conceber uma sociedade em que não haja paz, ou justiça ou solidariedade, em que os seres humanos não se ajudem uns aos outros em suas necessidades. Sem estes valores estamos diante de uma sociedade inumana".

Diego Gracia, bioeticista espanhol, defende que temos dois tipos de valores: os "valores intrínsecos", como vimos acima, e os "valores instrumentais". Estes últimos têm valor somente em referência aos primeiros. O remédio, por exemplo, é valioso enquanto está a serviço de outro valor, o da saúde, de combater a dor e/ou o sofrimento. Se ele não nos ajuda para termos uma saúde melhor, dizemos que "não vale para nada". Os valores instrumentais estão a serviço dos valores intrínsecos. Estes nos apontam para o os fins e o sentido maior da vida humana.

É a partir do mundo dos valores que adquire sentido outro mundo, o dos "deveres", ou seja, o âmbito próprio da ética. Nossa obrigação moral consiste sempre em promover a realização dos valores positivos e evitar os negativos. Porque não temos paz plena entre nós, nosso dever consiste em procurar torná-la possível, concreta. O mesmo pode-se dizer da hospitalidade, que não é somente um valor, mas também um dever, portanto um compromisso moral. Os valores se originam sempre no nível pessoal e acabam objetivando-se numa sociedade. O depósito de valores intrínsecos de uma sociedade é o que chamamos de "cultura", e o conjunto de valores instrumentais, "civilização". Os valores possuem um apelo utópico, e pertence à utopia nos transportar a horizontes cada vez mais altos e abertos. Sua função é nos desinstalar e fazer andar. Eles se assemelham às estrelas: nunca serão alcançadas por nós, mas orientam os navegadores e iluminam e encantam nossas noites!

Vivemos numa civilização com inúmeros instrumentos técnicos que facilitaram muito nossa vida (celular, internet, carro, avião etc.); porém, esta não é a sociedade mais "culta da história". Nossa sociedade ocidental, a partir do século XVIII, optou pelos valores instrumentais técnicos, com o consequente endeusamento da técnica, caindo assim na "tecnolatria", em detrimento dos valores intrínsecos. Aqui surge a necessidade de promover os valores intrínsecos, que mais lhe dão sentido e possiblidade de viver. Um desses valores é o da hospitalidade.

Como promover a hospitalidade?

Os desafios para a promoção da hospitalidade são idênticos aos da promoção de qualquer outro valor intrínseco. Ao longo da história, procurou-se promover os valores a partir de três estratégias, segundo Diego Gracia:

1. *Doutrinamento.* Foi o que todos nós aprendemos no catecismo. Trata-se de transmitir o valor de umas gerações às outras, dos mais velhos para os jovens, a fim de que o depósito de valores não se perca. Não procura entender, nem discutir o conteúdo do depósito, mas obedecer. Obediência cega diante do critério desse modo de formar em valores é imprópria para pessoas adultas.
2. *Mero processo de informação.* Nos últimos tempos, ante o fenômeno da secularização e do pluralismo, em que nos defrontamos sempre mais com "estranhos morais" que com "amigos morais", generalizou-se outra tática. A educação em valores foi reduzida a mero processo de "informação" sobre eles, evitando-se qualquer tipo de envolvimento, juízo crítico ou opinião, seja de uma postura seja de outra. A tese que impera hoje é a da "neutralidade" axiológica de quem educa. Educar seria simplesmente informar, preservando a completa neutralidade do educador!
3. *Deliberação sobre valores.* Nenhuma das duas estratégias anteriores seria a correta ou a ideal em termos pedagógicos. Precisamos aprender a deliberar em relação aos valores, tanto individual como coletivamente. Aqui nasce a terceira postura, "a atitude deliberativa", que não é impositiva e advoga a neutralidade. "Formar nessa nova atitude é uma das questões mais graves e urgentes do momento atual. A formação em valores é muito complexa, porque diz respeito à dimensão mais profunda de todos os seres humanos", diz Gracia.

O processo de formação pode ser de três tipos quanto aos objetivos:

1. *Conhecimentos teóricos.* Fica-se simplesmente na formalidade da teoria, e estes são os mais fáceis de abordar. Até em idades avançadas podemos adquirir conhecimentos;
2. *Adquirir habilidades.* Estas se diferenciam dos conhecimentos teóricos por serem práticos e situarem-se no mundo das relações concretas entre humanos. Adquirem-se não através do estudo teórico, mas da prática, do tirocínio e dos exercícios. Sabemos que a habilidade do sistema nervoso em adquirir novas aptidões se perde muito rapidamente ao longo da vida. Na área do cuidado dos enfermos, por exemplo, não basta conhecimento teórico, de como cuidar com competência técnica e humana; para além deste nível teórico é necessário adquirir destreza instrumental e prática, e o que conta são as habilidades humanas da arte de cuidar;
3. *Trabalhar as atitudes e/ou o caráter da pessoa.* Adquirem-se muito cedo na vida (criança na relação com os pais e os avós) e permanecem indeléveis durante toda a vida.

O desafio de educar em valores é que tem a ver com esses três níveis, ou seja, com conhecimentos teóricos, habilidades práticas e atitudes e/ou caráter das pessoas.

Daí a necessidade de que a educação em valores se inicie desde a mais tenra idade. Nas pessoas adultas, as atitudes básicas e as características de caráter não podem se modificar facilmente, a não ser através de conhecimentos e habilidades. Nisso consiste o procedimento que Gracia denomina "deliberação", como "um procedimento intelectual, racional, que nos torna conscientes dos valores que assumimos de modo inconsciente em nossa infância e nossa juventude, e que devemos reafirmar ou corrigir, e em qualquer caso analisar criticamente e assumir de modo autônomo e responsável". É com base nesse método de educação em valores, exigente e desafiador para a pedagogia contemporânea, que temos de promover a hospitalidade.

Como pensar e falar hoje do valor da hospitalidade?

O termo "hospitalidade" deriva do latim *hospes*, que significa acolhida de hóspedes, peregrinos e tem origem religiosa: peregrinação aos santuários, centros ou lugares de acolhida dos peregrinos. Até hoje se entendeu hospitalidade como uma "obra de caridade". Tudo isso é muito estranho para a sociedade secular, ao considerar que muitas dessas obrigações não são propriamente de caridade, mas de justiça.

Nesse contexto não basta encarar a hospitalidade como uma obra de caridade e entendê-la como um valor. É preciso também que nos perguntemos se não seria melhor denominar de outra forma e que dialogasse melhor com o mundo secular da ciência e da técnica. Segundo Diego Gracia, "o valor da hospitalidade identifica-se com o valor da 'promoção da qualidade e da excelência' no mundo da assistência e do cuidado da saúde". A hospitalidade deve tornar-se sinônima de qualidade total, ou de excelência, tanto na ordem técnico-científica quanto na perspectiva humana e ética, nas instituições de saúde. E essa linguagem tem ressonância no mundo secular hoje.

Avançando nessa direção, em nossas instituições de saúde temos de implantar uma política de gestão de valores com as seguintes características:

1. distinguir a dimensão "transcendental" da "categorial" no tema da hospitalidade. Na perspectiva transcendente, hospitalidade expressa um tipo de vivência cristã, como nas bem-aventuranças evangélicas. Na perspectiva categorial pode se identificar com a promoção e a busca da qualidade total e da excelência;
2. essa dupla distinção de perspectivas é muito importante, porque pode-se assumir sem problemas a segunda perspectiva sem estar de acordo com o primeira. Isso é importante diante da distinção entre instituições religiosas e seculares. Contudo, não podemos generalizar para o conjunto de todos os funcionários das instituições de saúde religiosas, pois isso vai contra o respeito à liberdade de consciência, uma vez que nesse nível impera o pluralismo de valores religiosos Nesse nível, deve-se exigir o estrito cumprimento do conteúdo da hospitalidade na ordem categorial, isto é, na busca da qualidade total e a excelência, caso contrário estaríamos promovendo uma violência;
3. faz-se necessário definir os "valores institucionais" das instituições de saúde religiosas, evitando o enfoque diretamente religioso, como ocorreu até agora;

4. a toda pessoa que almeja trabalhar numa instituição de saúde religiosa, deixar bem claro quais são os valores e as políticas institucionais; que se trata da busca da máxima competência e qualidade técnica e humana. Ela tem o direito do exercício da "objeção de consciência";
5. uma vez que o profissional assume esses objetivos, é preciso dar-lhe autonomia para que viva esses valores de maneira criativa. Não se pode solicitar a excelência e logo cortar a autonomia;
6. por fim, avaliar periodicamente o desempenho de cada profissional, segundo os objetivos e os valores da instituição de saúde. Não é preciso cortar a liberdade, mas checar o comprimento dos objetivos e da vivência dos valores.

A hospitalidade não é somente um valor cristão, mas também um valor humano, que nossa sociedade plural e secularizada reconhece e do qual está tão necessitada. Sem dúvida estamos diante de um enorme desafio para todos, mas especialmente para aquelas famílias religiosas que fazem da dimensão samaritana do Evangelho a acolhida e a hospitalidade, o objetivo e a razão de ser de suas vidas e instituições.

Um exemplo extraordinário de hospitalidade e cuidado

No Evangelho narrado por Lucas, encontramos uma das páginas mais importantes da história humana relacionada à hospitalidade e ao cuidado do outro. Trata-se da parábola ou estória do Bom Samaritano, que todos conhecemos e que se transformou num verdadeiro patrimônio da literatura universal, para além da cultura judaico-cristã (Lc 10,30-38).

Destacamos algumas características essenciais para o exercício da hospitalidade inspirados nessa parábola. A primeira atitude que constatamos é a de total descaso e indiferença. O sacerdote e o levita veem o outro necessitado, mas não lhe dão a mínima importância. Ambos são membros do povo escolhido, não se fizeram próximos do outro. A segunda atitude é a de quem vê, comove-se e muda radicalmente seus planos. Coloca o outro em primeiro lugar e sua agenda e seus interesses em segundo plano. Testemunha hospitalidade e cuidado. Segundo as leis e os cânones da época, não se poderia esperar nada de bom desse samaritano, pois é considerado um herege e está fora da lei divina.

O samaritano, diante do despojado e assaltado, suspende sua agenda de viagem, para, aproxima-se e vê o outro. Não se trata de uma visão fria de jornalista, que busca uma reportagem sensacionalista. O samaritano vê com o coração, por isso enche-se de "compaixão". Ele se despoja de si próprio e prioriza o outro, "vendo-o" e descobrindo-o na sua originalidade de ser e em seguida presta-lhe cuidados. Esse gesto de cuidar se traduz num serviço de profunda solidariedade e compaixão. Compaixão significa assumir a mesma "paixão" pelo outro, sofrer com quem sofre, mas também se alegrar com quem se alegra.

O samaritano se aproximou do outro e se fez seu próximo. A atitude que temos em relação aos outros faz emergir a ética. Ele "tratou de suas feridas", "colocou-o na sua montaria" e "levou-o a uma hospedaria mais próxima". Não foi apenas um cuidado emergencial, mas ele também se preocupou com o depois, pagou as despesas de abrigo. Manifestou, enfim, uma hospitalidade incondicional até o fim. Destacamos um trecho lindíssimo da *Exortação Apostólica* sobre o sentido cristão do sofrimento humano, de João Paulo II, quando fala da Parábola de Lucas:

> Bom samaritano é todo homem que se detém junto ao sofrimento de outro homem, seja qual for o sofrimento. [...] é todo homem sensível ao sofrimento de outrem, o homem que se "comove" diante da desgraça do próximo. Se Cristo, conhecedor do íntimo do homem, põe em realce esta comoção, quer dizer que ela é importante para todo o nosso modo de comportar-nos diante do sofrimento de outrem. É necessário portanto cultivar em si próprio esta sensibilidade do coração, que se demonstra na compaixão, para quem sofre (n. 28).

O Papa emérito Bento XVI, em sua última mensagem para o Dia Mundial do Doente, de 2013, propõe a imagem do Bom Samaritano para iluminar a qualidade de cuidado perante o ser humano fragilizado pela dor e pelo sofrimento. Diz o então Bento XVI

> Jesus quer fazer compreender o amor profundo de Deus para cada ser humano, especialmente quando se defronta com a doença e no sofrimento. Ao mesmo tempo, porém com as palavras finais "vai e faz tu também o mesmo" (Lc 10,37), o Senhor indica qual é a atitude que cada um dos seus discípulos deve ter para com os outros, em especial se necessitados de cuidados.

Urge redescobrirmos com urgência a arte de cuidar num contexto extremamente indiferente e hostil à vida!

Referências bibliográficas

Boff, Leonardo. *Virtudes para um outro mundo possível*. 3 vols. (v. I — Hospitalidade — direito e dever de todos, v. II — Convivência, respeito e tolerância, v. III — Comensalidade e paz). Petrópolis: Vozes, 2006.

Gracia, Diego. *La cuéstion del valor*. Discurso de Recepción del Académico de Número. Excmo. Sr. Dr. Diego Gracia Guillén, Real Academia de Ciencias Morales e Políticas. Sessíon de dia 11 de enero de 2011. Madrid: Academia de Ciencias Morales e Políticas, 2010. Disponível em: <https://www.scribd.com/fullscreen/93758610?access_key=key-1mglyofn34yae4efq5s8&allow_share=true&escape=false&view_mode=scroll>. Acesso em: 11 abr. 2015.

11

A mistanásia: morte em nível social, coletivo, infeliz e "antes do tempo"

O país (Brasil) tem um assassinato a cada 10 minutos.
Folha de S.Paulo, 12 nov. 2014

Polícia mata 6 pessoas por dia no Brasil.
O Estado de S. Paulo, 11 nov. 2014

QUANDO ESTAMOS DIANTE de situações caracterizadas por muito sofrimento, geralmente na fase final de vida, o que ganha manchete e vira notícia, na maioria das vezes, é a morte provocada pela prática da eutanásia. Para uma compreensão mais precisa das questões éticas envolvidas na fase final de vida, procuramos definir o que entendemos pelos conceitos fundamentais hoje utilizados na discussão ética sobre a finitude e a morte do ser humano. Temos assim os conceitos de eutanásia, distanásia, ortotanásia, suicídio medicamente assistido e nesta breve reflexão o termo mistanásia.

Em termos gerais, o significado de eutanásia hoje, muito longe de suas origens filológicas, que significa morte feliz, doce, sem dor ou sofrimento (*eu* = feliz, boa; *thanatos* = morte), significa basicamente abreviação da vida. Diante de uma situação de dor e sofrimento considerados "intoleráveis", a pessoa solicita a um terceiro, que pode ser um familiar, um profissional da saúde ou um médico para terminar com o sofrimento, abreviando a vida. O oposto dessa prática chama-se distanásia (*dys* = difícil; *thanatos* = morte), que é o prolongamento indevido do processo de dor, sofrimento e morte. Quando deveríamos deixar a pessoa se despedir em paz, acaba-se submetendo-a a uma verdadeira tortura terapêutica, com aplicação de tratamentos inúteis, utilização da UTI, aparelhos...

Os códigos de ética das profissões de saúde em geral, bem como a legislação, não aprovam a prática da eutanásia, mas inexplicavelmente silenciam em relação à prática da distanásia. Apenas recentemente no Brasil é que temos menção dessa prática, que também deveria ser proibida, com o último código de Ética Médica, que entrou em vigor em 2010. Entre esses dois extremos, de um lado a convicção de não abreviar a vida (eutanásia) e, de outro, de também não prolongar tecnológica e artificialmente o processo do morrer (distanásia), temos a ortotanásia (*orthos* = reto; *thanatos* = morte), que é o despedir-se da vida, no "momento e tempo certos", sem abreviações e muito menos prolongamentos indevidos do processo do morrer. É o que chamamos hoje de "morrer com dignidade e elegância". Esse processo atualmente é muito valorizado pela medicina paliativa ou prática dos cuidados paliativos. Procura-se ir ao encontro do todo da pessoa, atendendo-a em suas necessidades físicas, psíquicas, sociais e espirituais.

Quando estamos diante de uma situação de suicídio medicamente assistido, a pessoa procura a assistência ou a ajuda de um médico, que com o respaldo da lei vai lhe dar os meios necessários (medicação ou comprimidos) para a própria pessoa ser a autora da ação de colocar um ponto-final em sua vida. O suicídio medicamente assistido é legalizado no estado do Oregon, nos Estados Unidos, onde tivemos o celebre caso Brittany Maynard, que aos 29 anos, perante um diagnóstico de tumor maligno cerebral, tirou sua vida, com todos os detalhes de um melodrama hollywoodiano, em 1º de novembro de 2014. Esse foi um caso amplamente divulgado pela mídia mundial.

Para além desses conceitos de eutanásia, distanásia, ortotanásia e suicídio assistido, até recentemente alguns moralistas católicos (Patrick Verspieren, por exemplo) utilizavam a expressão "eutanásia social", para caracterizar aquelas situações coletivas, sociopolíticas em que ocorrem perdas de vidas em nível social por causa de situações de desigualdade, iniquidade, injustiça, violência e acidentes de transito, entre outras causas. Na verdade estamos diante não de uma boa morte em nível social, como sugeriria a expressão "eutanásia social", mas de mortes infelizes e sofridas, não apenas de alguns privilegiados dentro do sistema hospitalar, mas de milhares de vidas em nível social. O viver sofrido leva a um morrer fora do tempo, ou "antes da hora". Estamos diante de uma situação de mortes distanásicas!

Emergência de um novo conceito: a mistanásia

Ao mesmo tempo em que se insiste, com recorrência, em temas relacionados à longevidade, ao aprimoramento biológico e à melhor qualidade de vida, decorrentes do acelerado progresso científico-tecnológico, seguem situações emergentes que abreviam a vida ou a sobrevida de considerável parte da população.

O conceito de mistanásia (morte miserável, infeliz, precoce e evitável) apresenta-se pelo viés da Bioética social, cotidiana, crítica, latino-americana, integrativa e vivencial. Para evidenciá-lo, de modo mais contundente, na agenda da Bioética local e global, na produção científica e bibliográfica e no conteúdo das disciplinas afins, como tema orgânico e transversal na reflexão referente à dignidade do viver e do morrer, por ocasião da celebração dos 25 anos do neologismo "mistanásia", cunhado em 1989 por Márcio Fabri dos Anjos, bioeticista brasileiro (Boletim ICAPS, *Eutanásia em chave de libertação*, jun. 1989, p. 6-7). Trata-se de um conceito já coexistente e subjacente nas reflexões bioéticas, especialmente na América Latina, mas que ainda não aparece de forma clara e satisfatoriamente difusa. Até pouco tempo, fala-se em "eutanásia social", mas aqui pela etimologia da palavra grega (*eu* = bom, *thanatos* = morte), isto é, morte boa em nível social. Muito pelo contrário, trata-se de mortes horríveis, que têm como causa abandono, indiferença, injustiças e violências.

Propõe-se, à luz do conceito de mistanásia e da Bioética social, uma ampliação do horizonte da Bioética e o deslocamento de acento para as questões vitais e emergenciais que atingem especialmente as pessoas vulneradas, cujas vidas estão expostas continuamente à morte mistanásica. Por essa razão, a Bioética tem encontro obrigatório com as questões sociopolíticas, contextualmente imbricadas no viver e no morrer.

Bioética, como ética aplicada, situada num contexto de desigualdade social, visa contribuir para salvaguardar e promover a vida humana, sobretudo a exposta à possibilidade de morte mistanásica, morte adjetivada, com conotação ética que pede transformação social e pessoal. O viver sofrido quase sempre leva a morrer fora do tempo ou "antes da hora". Com esse novo enfoque, que emerge da responsabilidade ética pela vida e sensibilidade social, evita-se que seja negado o *status* de vítima às vítimas da mistanásia.

Nesse cenário, a Bioética configura-se como uma espécie de ação afirmativa para corrigir o sistema e impedir ou diminuir as mortes evitáveis e precoces, conectando duas dimensões: ética e profética. A bioética, acrescida do vivencial e do afirmativo, assumida tanto como substantivo quanto como adjetivo, não pode deixar de cumprir seu indiscutível papel de promotora da dignidade do viver e do morrer. Mistanásia é um referencial que vem preencher uma lacuna sentida no habitual trio eutanásia, distanásia e ortotanásia, transformando-o em quarteto com a sua inserção.

O Brasil tem algo novo a dizer ao mundo e, por conseguinte, alargar o horizonte da reflexão com o aporte mistanásia, uma voz que pode ser perfeitamente integrada à sinfonia possível e necessária da Bioética global, transnacional e plural. A Bioética brasileira, sem isolamento ou distanciamento, oferece uma proposta inquietante, emblemática e inovadora, paulatinamente incorporada ao pensamento global, a fim de que a vida em geral e a vulnerada em particular tenham futuro. Surge assim uma Bioética do cotidiano, do dia a dia, assumida como adjetivo, que contribui para a defesa da vida física com qualidade e dignidade, evitando as denominadas mortes mistanásicas.

Algumas estatísticas que comprovam mortes distanásicas: um verdadeiro holocausto silencioso

Em meados de novembro de 2014, a chamada grande imprensa brasileira divulgava dados estarrecedores ligados à segurança pública no Brasil, a partir do *Anuário Brasileiro de Segurança Pública*, 2014 (8. ed.). Citamos algumas manchetes para ilustrar: "País tem um assassinato a cada 10 minutos" (*Folha de S. Paulo*, 12 nov. 2014); "Polícia mata 6 pessoas por dia no Brasil" (*O Estado de S. Paulo*, 11 nov. 2014); "Mortes por depressão crescem 75%" (*O Estado de S. Paulo*, 17 set. 2014).

Vejamos alguns números desse verdadeiro holocausto silencioso de mortes distanásicas. Segundo o *Anuário Brasileiro de Segurança Pública*, 2014 (8. ed.), em 2013 morreram 50.806 vítimas de homicídios no Brasil. O índice tolerado pela OMS é de 10 casos por 100 mil habitantes. Na Alemanha, a taxa de homicídios é de 0,8 enquanto nos Estados Unidos é de 4,7 vítimas por 100 mil habitantes. Embora a taxa brasileira tenha diminuído em relação a 2012, de 25,9 para 25,2, esses índices de perda de vidas são assustadores. Em 2013, São Paulo teve a menor taxa de vítimas de homicídio: 10,8 mortos por 100 mil habitantes, contra 12,4 em 2012, com 4.739 pessoas mortas. O estado brasileiro que lidera esse fatídico *ranking* é Alagoas, cuja taxa em 2013 foi de 64,7 vítimas por 100 mil habitantes, com 2.140 pessoas assassinadas. O estado do Rio Grande do Norte apresentou o maior aumento da taxa de vítimas de homicídio, de 2012 para 2013. A taxa saltou de 11,4 para 22,1 por 100 mil habitantes. O total de pessoas assassinadas no Brasil chegou a 53.646 casos, ou seja, 1 morte a cada 10 minutos. A maioria das vítimas (93,8%) é formada de homens; 53,3% são jovens com idade entre 15 e 29 anos; e 68% são negros.

No Brasil em 2013, foram registrados 50.320 estupros, mas o número pode chegar a 143 mil, pois 35% das vítimas não relatam o caso, segundo as pesquisas. Além de ser um grande tabu e as vítimas terem medo e vergonha de denunciar, estamos diante de um sério problema de política pública para dimensionar o atendimento e o volume de vítimas depois de um caso de violência sexual.

Ainda segundo o anuário, 574 mil pessoas estão encarceradas no Brasil. O déficit é de 220.057 vagas. Este cresce 10% a cada ano no país. Proporcionalmente, o Brasil investe mais que os Estados Unidos (1,02 do PIB) em segurança pública (1,26 do PIB), mas a taxa de homicídios brasileira é quase cinco vezes maior que a dos norte-americanos. A polícia brasileira matou em média seis pessoas por dia entre 2009 e 2013. Em cinco anos, foram 11.197 mortes, número superior ao registrado pela polícia norte-americana ao longo de 30 anos (11.090). Entre 2009 e 2013 tivemos 1.779 policiais mortos no Brasil, e 11.197 pessoas foram mortas por policiais no período.

Outro grave problema de saúde pública no Brasil é o suicídio. O Brasil é o oitavo país em número absoluto de suicidas. Em 2012 foram registradas 11.821 mortes, cerca de 30 por dia, das quais 9.148 eram homens e 2.623 eram mulheres. Em 2012, segundo a OMS, cerca de 804 mil pessoas morreram por suicídio em todo o mundo. A cada 40 segundos uma pessoa comete suicídio e a cada 3 segundos uma pessoa atenta contra a própria vida. As taxas globais estão crescendo aceleradamente. Dados de pesquisa estimam que 60 pessoas são afetadas em cada morte por suicídio. Esse tipo de morte chama a atenção do público através da mídia, especialmente quando alguma personalidade pública ou artista se suicida, como foi recentemente o caso do famoso ator norte-americano Robin Williams, que tinha apenas 63 anos. Hoje sabemos muito bem que é possível prevenir o suicídio, reconhecendo os fatores de risco presentes, com medidas que reduzem esse risco e evitam o suicídio.

Estamos diante da morte provocada por sistemas e estruturas iníquas. A essa realidade chamamos de mistanásia (*mis* = infeliz; *thanatos* = morte), isto é, morte miserável, infeliz e precoce, morte fora e antes do tempo. Mistanásia significa a morte de pessoas cuja vida não é valorizada, ocorre nos porões da sociedade, no submundo da violência e do tráfico, por isso são desconhecidas, desconsideradas ou mesmo ocultadas.

Enfim, o cenário acima descrito nos apresenta a vida e a morte tocando-se e encontrando-se a todo instante de forma paradoxal e assustadora. Estamos diante de mortes provocadas, vidas interrompidas violentamente, potencialidades de existência no futuro negadas. São mortes distanásicas. Uma Bioética que tenha sentido e ressonância nessa realidade, para além dos temas biomédicos e biotecnológicos, obrigatoriamente tem o encontro marcado com as condições da vida humana, marcada por desigualdade, pobreza e vulnerabilidade. Urge que resgatemos a esperança onde o início promissor e esperançoso da vida está tão próximo do seu infeliz e injusto adeus!

Referências bibliográficas

Fabri dos Anjos, M. Eutanásia em chave de liberação. In: *Boletim do Instituto Camiliano de Pastoral da Saúde* (ICAPS). Ano 7, n. 57, jun. 1989, p. 6-7.

Martin, L. M. "Eutanásia — Mistanásia — Distanásia — Ortotanásia", in: *Dicionário Interdisciplinar da Pastoral da Saúde*. C. Vendrame — L. Pessini (diretores da edição em português), São Paulo: Paulus e Editora do Centro Universitário São Camilo, 1999, p. 467-482.

Pessini, L.; Barchifontaine, C. de P. de. *Problemas atuais de Bioética*. 11. ed. ampliada e revisada. São Paulo: Loyola e Editora do Centro Universitário São Camilo, 2014.

Ricci, Luiz Antonio Lopes. *Mistanásia e bioética*: da morte infeliz e ocultada à dignidade do viver e morrer. Por uma bioética afirmativa e vivencial. Tese (pós-doutorado em Bioética). Centro Universitário São Camilo. São Paulo, São Paulo, 2014.

12

Alguns desafios éticos emergentes de final de vida: o caso Brittany Maynard, o suicídio e o cuidado da dor e do sofrimento

> Com tristeza anunciamos a morte de uma mulher querida e maravilhosa, Brittany Maynard. Ela morreu em paz, em sua cama, rodeada pela sua família e entes queridos.
>
> **Compassion & Choices**
> Comunicado da Organização que ajuda
> as pessoas no processo do suicídio assistido

> Segundo a Organização Mundial da Saúde (OMS), em 2012, cerca de 804 mil pessoas morreram por suicídio em todo o mundo. Uma pessoa a cada 40 segundos se suicida no mundo, e existe uma tentativa a cada três segundos!
>
> **Organização Mundial da Saúde**

> Existem espaços em nosso coração que ainda não existem, e nos quais o sofrimento penetra para que eles passem a existir.
>
> **León Bloy**

O adeus (in)digno de Brittany Maynard?

JOVEM, LINDA, RECÉM-CASADA, com o sonho de constituir família como tantas outras jovens, inesperadamente descobre o diagnóstico fatal de ser portadora de câncer cerebral incurável (glioblastoma multiforme) em janeiro de 2014. Em abril os médicos prognosticam em torno de seis meses de vida. Perante uma perspectiva crescente de muita dor, sofrimento e dependência de seus entes queridos, Brittany toma a decisão de não mais viver e nessa decisão tem o irrestrito apoio de seu marido e seus pais. Muda-se na metade do ano de 2014 com a família, marido e pais, da Califórnia para Portland, capital do Estado do Oregon, um dos cinco estados norte-americanos em que o suicídio assistido é legalizado. Nesse estado o suicídio assistido foi legalizado em 1997. Nesses 17 anos da existência dessa lei (*Death with Dignity Act*), segundo registros oficiais das autoridades sanitárias, 1.173 pessoas se valeram dela, solicitando aos médicos receitas de drogas letais para pôr fim à própria existência. Desse total, apenas 752 pacientes ingeriram medicamentos para morrer. Isso significa que um número muito grande de pessoas que obtêm de seus médicos a medicação fatal decide finalmente não tomar e opta por outro tipo de final de vida, notando-se que um dos mais procurados é a assistência de cuidados paliativos!

Brittany e sua família tiveram a assessoria de uma organização que defende a legalização do suicídio assistido, denominada "Compassion and Choices" (Compaixão e Escolhas). O vídeo em que Brittany anuncia sua decisão de abreviar sua vida, para o dia 1º de novembro de 2014, tomando um coquetel de barbitúricos com prescrição médica, teve mais de 10 milhões de visitantes no último mês. Sua história comoveu os Estados Unidos e tornou-se um evento mundial, divulgado em jornais, rádios e noticiários de TV.

Um dos últimos desejos que realizou, entre outras viagens a lugares maravilhosos que escolheu conhecer antes de sua despedida, foi visitar o Grand Canyon, com o seu marido e seus pais. A foto de sua visita corre o mundo. Deixa registrado na sua página de internet: "Tive a oportunidade de desfrutar meu tempo com as coisas que mais amo na vida, minha família e a natureza". A experiência, no entanto, não foi totalmente plena e positiva, pois, segundo ela, "é impossível esquecer o câncer". No mesmo texto em que ela fala da visita ao Grand Canyon, Brittany diz que seu sonho "é que todos os que sofrem de doenças terminais possam morrer dignamente da maneira que desejarem".

Após uma leve hesitação quanto à data de sua despedida, ela fala de sua decisão num vídeo: "Não parece ser o momento adequado. Se chegar o dia 2 de novembro e estiver morta, espero que minha família sinta-se orgulhosa de mim e das decisões que tomei. Se chegar o dia 2 de novembro e estiver viva, sei que seguiremos movendo-nos como família, sentindo amor entre nós e sabendo que essa decisão chegará mais adiante", diz entre lágrimas a jovem Brittany.

No dia 3 de novembro, a organização "Compaixão e Escolhas" comunica que Brittany morreu no sábado, 1º de novembro, como tinha planejado: "Com tristeza anunciamos a morte de uma mulher querida e maravilhosa, Brittany Maynard. Ela morreu em paz, em sua cama, rodeada pela sua família e entes queridos". Brittany deixa a seguinte mensagem de despedida: "Adeus para todos meus queridos amigos e familiares que tanto amo. Hoje é o dia que escolhi para partir com dignidade em face de minha doença terminal, este terrível câncer cerebral que tirou tanto de mim... mas que poderia tirar muito mais. O mundo é um lugar maravilhoso, as viagens que fiz me ensinaram tantas coisas, meus amigos próximos e as pessoas são os maiores dons. Eu tenho apoio deles em torno de minha cama enquanto digito estas palavras... Adeus mundo. Espalhem boa energia".

Diante da narrativa destes fatos que nos apresentam uma realidade dramática dos últimos dias de vida de Brittany Maynard, surgem sérios questionamentos éticos a respeito do valor da vida humana. Por limitação de espaço, levantamos tão somente alguns.

A cultura norte-americana cultua a autonomia e autodeterminação pessoal em altíssimo grau. Não resta dúvida de que são valores importantes ao longo da vida, mas foram a solidariedade, o cuidado e o respeito que garantiram nossa existência como pessoas que somos até hoje. A "ideologia do autonomismo" vai dizer que esta vida quando marcada pela dependência crescente, pela dor e pelo sofrimento, pela necessidade de ser cuidado por outros, gerando despesas e custos, não vale a pena ser vivida! Ou seja, é melhor morrer do que viver nessa situação. E, quando alguém pede para morrer, no fundo está solicitando uma forma diferente de viver, com mais cuidado e afetividade, melhor controle dos sintomas e da dor, bem como o cuidado da espiritualidade. No caso de Brittany, tudo isso é trabalhado com uma estética cinematográfica perfeita, num verdadeiro melodrama hollywoodiano pela organização "Compaixão e Escolhas", que transforma Brittany em "garota-propaganda" para a legalização do suicídio assistido. Um drama pessoal é transformado num drama público mundial. Perguntamos: a tão propalada liberdade de escolha, tão preciosa e ciosamente defendida pelos que são pró-suicídio medicamente assistido, estaria sendo preservada nesse contexto, sem nenhum tipo de coerção?

Outro aspecto interessante é o silêncio em torno da possibilidade de ressignificação de vida nesse contexto, bem como a ausência de qualquer referência a algum tipo de crença religiosa e espiritualidade. Hoje, facilmente aqueles que se declaram ateus ou agnósticos são aplaudidos e admirados (por exemplo, os neodarwinianos), mas nem isso é mencionado. O silêncio em torno da afirmação ou da negação de um ser transcendente se choca com as centenas de mensagens de solidariedade enviadas por *e-mail* para essa jovem, nas quais estamos diante de expressões legítimas de fé, solidariedade e proximidade. Muitos desses solidários manifestantes são pessoas portadoras de câncer em estágio avançado e prestes a se despedir da vida (condição de doença terminal similar à de Brittany), sem cogitarem em abreviá-la, mas estão determinados a desfrutá-la e degustá-la até o último minuto. Tocamos aqui no coração do mistério de nossa existência humana em que somos convidados a respeitar a pessoa, embora sem concordar com a sua opção. Esse é um imperativo em tempos de pluralismo crescente de nossas sociedades, onde convivemos sempre mais com "estranhos morais".

Afinal, dirá o caro leitor, qual é a opinião, ou melhor, a posição de vocês diante do suicídio assistido? Respondemos, não é importante ou relevante nossa posição, mesmo porque não somos nem temos a mínima pretensão de ser donos da verdade; além disso, nem de longe nossa posição deve ou pode ter algum papel de decisão. Nossa opinião ou posição só tem significado se serve de subsídio para o diálogo, no seio da sociedade, em busca da melhor posição ética. Com essas ressalvas, nós nos manifestamos: como cidadãos brasileiros é nosso dever cumprir as normas legais, traduzindo os valores da sociedade, pelos usos e pelos costumes, isto é, valores morais. E as normas vigentes no Brasil não amparam o suicídio assistido. Como nós nos posicionaríamos, caso fôssemos o doente terminal, que deseja o suicídio assistido? Difícil responder sem estar vivenciando a situação da terminalidade da vida. Contudo, podemos dizer que, nessa situação, procuraríamos preservar a dignidade humana e tudo faríamos para usufruir do amor das pessoas a nós ligadas. O amor da *Philia* e do Ágape.

Como bioeticistas, diante do desejo do paciente de querer o "suicídio assistido", seguramente, antes de mais nada respeitaríamos (respeitar não significa aderir) a opção do paciente, decorrente do princípio (ou referencial da Bioética) da autonomia, isto é, da autodeterminação. Não atribuímos, porém, à autonomia o significado de soberania, ou seja, o desejo (opinião) do sujeito enfermo não pode ser tido como imposição.

Em nome da dignidade do ser humano, em nome da Ética e da Bioética, o desejo do sujeito não pode ser imposto, mas também não deve, preconceituosamente ser repelido. Convém lembrar ainda que a autonomia também vale para o agente.

Em Bioética se delibera, quem decide é quem tem o dever e o poder de decidir. Nossa posição como bioeticistas será a de, respeitando a opinião do sujeito, tentar conhecer, em profundidade, toda a gama de agravos pelos quais está passando o sujeito e, em colóquios multi, inter e transdisciplinares, envolver o paciente e seus familiares, para chegar à proposta de opção mais adequada, como deliberação. Como médico (W. S. Hossne), a situação merece profunda reflexão. Afinal, são 65 anos de profissão, como médico cirurgião, vocacionado, formado e treinado para cuidar da vida e do viver. E o pedido de suicídio assistido soa como alerta para meditar e analisar a relação médico-paciente. Qual é o significado do pedido? Não seria o pedido um grito de socorro? Socorro para o quê?

Em situação de terminalidade da vida há que evitar o "não há o que fazer". Há sim, e é o momento, se assim se pode dizer, em que o paciente precisa mais do médico e da equipe de saúde. Por outro lado, o médico não pode abandonar o paciente, mas também, como preceitua o Código de Ética Médica, o médico tem o direito de "recusar-se a realizar atos médicos" que, embora permitidos por lei, sejam contrários aos ditames de sua consciência (inciso IX, capítulo Direitos dos Médicos). É preciso saber ouvir o grito de dor, o sussurro de sofrimento, o murmúrio de socorro à procura de abrigo e de solidariedade de acolhida, de despedida e de amor.

Ativistas defensores da prática da eutanásia e do suicídio medicamente assistido, atentos à carga de julgamento moral negativo e condenatório a que historicamente são submetidas as pessoas que se encontram existencialmente diante de uma dessas escolhas dramáticas de vida ou morte, estão propondo que se utilize um novo termo substitutivo para o suicídio. Trata-se do termo *"dignicídio"*! Inventam-se novos eufemismos para fugir de avaliação ética negativa ou condenatória, mas a realidade não muda, antes pelo contrário, fica ainda mais complexa eticamente falando.

Tudo deve ser feito para oferecer ao sujeito os adequados cuidados paliativos compatíveis com a dignidade do ser humano, cuidando do paciente para "melhor viver a morte". Nossa convicção ética defende que, como fomos cuidados para nascer, necessitamos do mesmo cuidado respeitoso no momento de partir desta vida, quando chega nossa hora. Esse cuidado respeitoso de partida não se coaduna com corte ou abreviação de vida (eutanásia ou suicídio medicamente assistido), muito menos com um prolongamento doloroso do processo do morrer (obstinação terapêutica ou distanásia), mas com a prática da ortotanásia, ou seja, a morte certa, no momento certo, sem abreviações nem prolongamentos desnecessários. É o que os cuidados paliativos proporcionam, cuidado respeitoso integral ao todo da pessoa, em suas necessidades fundamentais, sejam de cunho físico (controle dos sintomas e da dor), psíquico, social, sejam de cunho espiritual. Esses elementos configurariam para nós o que denominamos despedir-se da vida com dignidade e elegância estética!

Depois de termos refletido sobre uma situação de suicídio medicamente assistido, o caso de Brittany Maynard, passemos a outra questão existencial ética também carregada de muita emoção, dúvidas, sentimento de culpa, remorso: por que as pessoas se suicidam?

Sobre o suicídio: um verdadeiro holocausto silencioso

Mais de 800 mil pessoas se suicidam por ano no mundo. A cada 40 segundos, aproximadamente, uma pessoa tira a própria vida e a cada 3 segundos uma pessoa atenta contra a própria vida no mundo, segundo a OMS. O suicídio não deixa de ser uma trágica autodestruição. O Brasil é o oitavo país em número absoluto de suicidas. Em 2012, foram registradas 11.821 mortes, cerca de 30 por dia, entre as quais 9.148 eram homens e 2.623 eram mulheres. Os efeitos sobre as famílias, os amigos e as comunidades são terríveis e o sofrimento perdura por muito tempo após a morte da pessoa. O suicídio (matar-se deliberadamente) não deixa de ser uma trágica autodestruição que a pessoa impõe a si mesma. Pela sua gravidade e por causa do aumento espantoso de casos, em maio de 2013 a OMS, em sua 66ª Assembleia Geral, adotou o primeiro plano de ação de saúde mental da sua história. A prevenção do suicídio é parte integrante desse plano que propõe reduzir em 10% até o ano de 2020 a taxa de suicídios no mundo.

O objetivo desse informe da OMS é "priorizar a prevenção do suicídio na agenda global da saúde pública, nas políticas públicas e conscientizar a respeito do suicídio como uma questão de saúde pública". Não existe uma explicação única por que as pessoas se suicidam. Fatores sociais, psicológicos, culturais e de outro tipo podem agir para conduzir uma pessoa a um comportamento suicida; porém, graças à estigmatização dos transtornos mentais e do suicídio, muitos não solicitam ajuda. A seguir estão algumas mensagens-chave desse importante informe da OMS.

O suicídio é a segunda causa principal de morte entre pessoas de 15 a 29 anos. Existem indícios de que, para cada adulto que se suicidou, possivelmente mais de outros 20 tentaram se suicidar. Os suicídios são preveníveis. Para que as respostas sejam eficazes, necessita-se de uma estratégia integral multisetorial de prevenção. A estratégia deve melhorar a vigilância, bem como as políticas de saúde mental e o combate ao consumo nocivo do álcool, em particular. A restrição do acesso a meios utilizáveis para suicidar-se gera bons resultados. Entre os meios mais frequentes estão venenos, armas de fogo e determinados medicamentos.

Os serviços de saúde devem incorporar a prevenção do suicídio como um componente central. Os transtornos mentais e o consumo nocivo de álcool, e outros fatores de risco, contribuem para que se cometam muitos suicídios. Uma melhor qualidade da atenção às pessoas que buscam ajuda é a chave para reduzir o número de suicídios.

As comunidades têm uma função crucial na prevenção do suicídio. Podem apoiar as pessoas vulneráveis, acompanhando-as, lutar contra a estigmatização, bem como apoiar os que perderam entes queridos que se suicidaram.

Em todos os níveis há que evitar a estigmatização ligada à doença mental e ao comportamento suicida. O processo de estigmatização leva as pessoas a se sentir envergonhadas, excluídas e discriminadas. Precisamos conscientizar toda a sociedade de que o suicídio é uma questão de saúde mental, prevenível na maioria dos casos. Temos de identificar os fatores de risco mais graves e sensivelmente proteger as pessoas.

Existe ainda uma herança histórico-cultural-religiosa entre nós, a ser superada, de culpabilizar o suicida. Somente podemos imputar responsabilidade a alguém eticamente falando quando essa pessoa agiu de forma consciente e livre. Na maioria dos casos, esses dois valores éticos estão profundamente comprometidos; impossível, portanto, responsabilizá-la. Solidariedade é ter uma atitude de ajuda, sem julgamento, mas de compreensão empática com a pessoa, mesmo que discordando do ato, bem como para como os familiares enlutados que sentem profundamente a perda do ente querido!

A boa notícia: em muitos casos é possível prevenir o suicídio

Sim, hoje falamos de prevenção do suicídio. Graças aos estudos em curso e às descobertas científicas no âmbito das ciências humanas, atualmente sabemos e superamos o tabu cultural que via este como um destino cego e já traçado na vida da pessoa! Cada suicídio é sempre uma tragédia pessoal que rouba prematuramente a preciosa vida de uma pessoa e afeta profundamente a vida daqueles que conviveram com essa pessoa e da comunidade. Podem existir fatores de risco e predisposições que necessitam de cuidados terapêuticos especializados.

O suicídio transformou-se hoje num grave problema de saúde pública em todo o mundo e vem exigindo dos sistemas de saúde dos países políticas públicas eficazes em termos de proteção às pessoas vulneráveis e prevenção. É nesse sentido que a OMS recentemente, maio de 2013, na 66ª Assembleia Geral, adotou o primeiro Plano de Ação sobre saúde mental da história da organização. A prevenção do suicídio forma parte integrante desse plano que se propõe reduzir em 10%, até o ano 2020, a taxa de suicídios em nível mundial, segundo o informe da OMS *Prevenindo o suicido: um imperativo global*. Na esteira dessa iniciativa, a Sociedade Brasileira de Psiquiatria e o Conselho Federal de Medicina (CFM) lançam no Brasil uma campanha de educação e conscientização sobre o suicídio, com a publicação de uma interessante cartilha intitulada: *Suicídio: informando para prevenir*. Lembramos que o Brasil é o oitavo país em número absoluto de suicídios. O custo de perdas de vida é muito alto: Em 2012, 804 mil pessoas no mundo tiraram sua própria vida. O suicídio continua sendo a segunda principal causa de morte entre jovens de 15 a 29 anos, com indícios de que, para cada adulto que se suicidou, possivelmente outros 20 tentaram suicidar-se.

Não existe uma única explicação abrangente e simples que revele por que algumas pessoas se suicidam. Muitos suicídios ocorrem impulsivamente, e, nessas circunstâncias, o acesso fácil a meios como venenos, instrumentos cortantes ou armas de fogo pode marcar a diferença entre a vida e a morte de uma pessoa. Especialistas na área mencionam que fatores sociais, psicológicos, culturais atuam conjuntamente ao conduzir uma pessoa a um comportamento suicida. Infelizmente, por causa da estigmatização relacionada aos transtornos mentais e suicídio, muitos que necessitam de ajuda não a solicitam. A conscientização da comunidade e a ruptura dos tabus relacionados a essa questão são vitais em termos de prevenção.

Quais são as causas do suicídio? Por que tantas pessoas tiram sua própria vida anualmente? O suicídio não teria como causas a pobreza, o desemprego, a deterioração das relações sociais ou a depressão e outros transtornos mentais graves? O suicídio é o resultado de um ato impulsivo ou poderia ser causado pelos efeitos do consumo de álcool ou outras drogas? Existem muitas perguntas, porém nenhuma resposta simples. Nenhum fator desses explica suficientemente por que uma pessoa se suicida, pois o comportamento suicida é muito complexo. Dados científicos indicam que o contexto é sempre indispensável para compreender o risco de suicídio. Em determinados casos mais graves de transtornos metais, como depressão, transtorno bipolar, transtornos relacionados ao uso de álcool e outras substâncias, transtornos de personalidade e esquizofrenia, entre outros, necessitamos de ajuda de profissionais de saúde mental para tentar entender as razões que levam ao suicídio.

A necessidade de superar estigmas e mitos

Os suicídios são preveníveis. Urge que tenhamos em nosso sistema de saúde estratégias de vigilância, política pública de saúde mental e de combate ao uso nocivo do álcool em particular e difusão educativa de informações esclarecedoras sobre os transtornos mentais (depressão, transtorno bipolar, transtornos de personalidade e os relacionados ao uso de álcool e esquizofrenia, entre outros) e o suicídio. As comunidades desempenham função crucial na prevenção. Podem prestar apoio às pessoas vulneráveis e acompanhá-las, cuidando de suas necessidades, lutar contra a estigmatização, bem como apoiar solidariamente os sobreviventes de perda por suicídio, no seu processo doloroso de viver e processar o luto, ao ter de lidar com a dor da perda de um ente querido. Dados de pesquisas estimam que 60 pessoas sejam afetadas em cada morte por suicídio. Sabemos hoje que praticamente todos os que morrem por suicídio tinham uma doença mental, muitas vezes não diagnosticada e não tratada.

São abundantes os preconceitos que contribuíram muito para a criação de um estigma. Este resulta de um processo em que as pessoas são levadas a se sentir envergonhadas, excluídas e discriminadas. Temos como consequência os chamados mitos, que precisamos descontruir. Elencamos alguns mais comuns:

1. *A pessoa que tentou uma vez o suicídio, será sempre um suicida em potencial.* Embora pensamentos de suicídio possam retornar, eles não são permanentes e uma pessoa que pensava em se suicidar pode viver uma longa vida.
2. *Seria uma péssima ideia falar sobre suicídio, pois poderia ser interpretado como encorajamento.* Graças ao estigma que cerca o suicídio, muitas pessoas que pensam em se suicidar não sabem com quem falar. Antes de encorajar um comportamento suicida, falar abertamente pode dar às pessoas outras opções ou tempo para repensar sua decisão, portanto prevenir o suicídio.
3. *Somente as pessoas que têm transtornos mentais são suicidas em potencial.* Fato: um comportamento suicida indica uma infelicidade profunda, mas não necessariamente um transtorno mental. Muitas pessoas que vivem com

transtornos mentais não são afetadas com comportamentos suicidas, nem todas as pessoas que tiram a própria vida têm um transtorno mental.
4. *Muitos suicídios ocorrem repentinamente, sem aviso.* Fato: a maioria dos suicídios são precedidos por sinais de alarme, sejam verbais ou comportamentais. Sem dúvida, existem alguns suicídios que ocorrem sem nenhum aviso. Entretanto, é importante compreender quais são os sinais de aviso e procurar por eles.
5. *Alguém que tem comportamento suicida está determinado a morrer.* Pelo contrário, pessoas com comportamento suicida são frequentemente ambivalentes sobre o viver e o morrer. Alguns podem agir impulsivamente e beber venenos, por exemplo, e morrer em poucos dias, mesmo se eles tivessem gostado de seguir vivendo. Acesso a apoio emocional no momento certo pode prevenir um suicídio. As pessoas que falam em suicídio podem estar verbalizando necessidade de ajuda ou apoio. Um número significativo de pessoas que pensam em se suicidar está experimentando ansiedade, depressão, desespero, desemparo, desesperança e pode sentir que não existe outra opção.

Outra postura ética saudável que necessitamos cultivar é aquela de não culpabilizar o suicida e isolar a família. Necessitamos encarar a pessoa como um ser humano normal, que se encontra numa situação de extrema vulnerabilidade e naquele momento necessita de ajuda, cuidados, e compreensão solidária e não rígidos julgamentos morais excludentes. Tradicionalmente, temos uma história cultural de pesada culpabilização. Para além do sofrimento por que passa pela sua corrente situação de saúde, acrescentamos sofrimento ao vitimizá-lo, culpabilizando-o por ser um "pecador" contra Deus por ter atentado contra o dom da própria vida. Não muito tempo atrás, os que se suicidavam eram enterrados num lugar à parte no cemitério em muitas regiões do interior do Brasil, assim como as crianças não batizadas, que morriam "pagãs".

Hoje estamos conscientes de que para imputar responsabilidade a alguém precisamos saber que essa pessoa deve estar plenamente consciente e livre. Ora, justamente são estes dois valores éticos que estão profundamente comprometidos neste contexto todo em que falamos de comportamentos suicidas.

Enfim, muitos perguntam se o suicídio seria um ato de coragem ou covardia. Nem coragem, muito menos covardia, mas um ato de desespero, um grito de profunda infelicidade de viver que clama por compreensão e ajuda solidária.

O cuidado da dor e do sofrimento humano como um direito

A dor e o sofrimento são companheiros da humanidade desde tempos imemoriais. Seu controle e seu alívio constituem-se hoje numa das competências e das responsabilidades éticas fundamentais dos profissionais da saúde. Esta ação constitui-se num indicador fundamental de qualidade de cuidados, bem como de assistência integral ao paciente no âmbito da saúde.

A dor é um sintoma e uma das causas mais frequentes da procura pelos serviços de saúde. Em muitas instituições de saúde humanizadas, a dor é reconhecida como quinto sinal vital integrado na prática clínica. Se a dor fosse cuidada com o mesmo zelo que os outros sinais vitais (temperatura, pressão arterial, respiração e frequência cardíaca), sem dúvida haveria muito menos sofrimento. Os objetivos da avaliação da dor são identificar a causa, bem como compreender a experiência sensorial, afetiva, comportamental e cognitiva da pessoa para implementar alívio e cuidado.

Hoje se reconhece que a dor é uma doença. De acordo com a definição da OMS, a saúde "é um estado de completo bem-estar, físico, mental e social, e não somente a ausência de doença ou de mal-estar". É evidente que as condições dolorosas são um estado de mal-estar, portanto o ser humano que sofre de dor não está sadio e pode-se afirmar legitimamente que se está violando seu direito inalienável à saúde. O artigo 25 da *Declaração Universal dos Direitos Humanos* reconhece como um dos direitos dos seres humanos "um nível de vida adequado para a saúde e o bem-estar". Infelizmente, a saúde e o bem-estar nem sempre são uma opção possível. Ocorre que em inúmeras situações, muitas pessoas, em decorrência da velhice ou de doenças, sentem dor e sofrem muito no final da vida.

A falta de tratamento adequado para a dor é uma das maiores injustiças e causa de grandes sofrimentos e de desespero. Precisamos levar a sério a premissa filosófica e humanística de considerar o tratamento da dor um direito humano fundamental. Este reconhecimento é importante, mas precisamos ir além deste nível, avançando para sua aplicação prática. Além desse princípio de elevar o tratamento da dor à categoria de um dos direitos fundamentais do ser humano, busca-se dar-lhe uma estrutura legal, aliviar a dor, eliminar a opção pela eutanásia como medida desesperada para pôr fim ao sofrimento, prover qualidade de vida àqueles que são vítimas dessa tortura e levar paz e esperança às famílias das pessoas que padecem do terrível flagelo da dor.

Ouvimos com frequência no âmbito dos cuidados de saúde pessoas dizerem que "não tenho medo de morrer, mas sim de sofrer e sentir dor". Ou então outros que dizem que "dói o coração", "dói a alma". Pois bem, essas são expressões metafóricas de um sofrimento interior. É importante que distingamos os conceitos de dor e de sofrimento. O corpo sente dor, e esta está ligada ao nosso sistema nervoso central. Para tratar dessa dor necessitamos de medicamentos, analgésicos. O sofrimento atinge a pessoa como um todo. Mais que um problema de técnica farmacológica, constitui-se num desafio ético, perante o qual nosso enfrentamento e cuidado se fazem a partir da atribuição de um sentido e valores transcendentes (Dr. Victor Frankl).

Cuidando da dor e do sofrimento

A dor física é geralmente a mais fácil de controlar. Embora os textos médicos descrevem abordagens farmacológicas e não farmacológicas para controlar a dor, existe muita dor física que não é aliviada. Peritos estimam que 75% dos pacientes com dor são tratados inadequadamente, e de 60% a 90% dos que estão na fase terminal sentem dor de severa a moderada, suficiente para prejudicar as funções físicas, o humor e a interação social. Quase 25% dos pacientes de câncer morrem com dor severa, e não aliviada.

Na perspectiva do paciente a dor pode aumentar a partir de medo, isolamento, insônia ou depressão. As respostas dos pacientes para os tratamentos de dor também podem variar. Um dos grandes problemas que os pacientes têm é encontrar uma linguagem adequada para expressar sua dor, de maneira que ela possa ser adequadamente identificada e abordada. Muitos pacientes relutam em falar da dor, porque sentem que os outros, profissionais e mesmo familiares, os julgariam como fracos e pessoas que só sabem reclamar. Outro problema em cuidar da dor a partir da perspectiva dos pacientes é que alguns não cooperam com o programa terapêutico, talvez para evitar efeitos colaterais do tratamento que impediriam de resolver questões pendentes, ou simplesmente como uma forma para garantir algum controle diante da perda de controle. Outros negam a dor para manter o sentimento de que ainda estão no controle, apesar de evidências em contrário. Alguns, ainda, usam de sua dor para se proteger de questões mais difíceis. Outros, numa perspectiva de fé, abraçam a dor acreditando que tem um valor redentor que podem oferecer para Deus.

Os médicos também falham em aliviar a dor dos pacientes. Alguns ignoram a natureza da dor. Outros não diagnosticam acuradamente a origem da dor, ou falham ao avaliar o paciente em intervalos regulares para detectar novos processos causadores de dor que exigem novas terapias. Alguns simplesmente não acreditam na descrição da dor do paciente. Outros, ainda, não tentam alternativas para a terapia medicamentosa, como estimulação elétrica dos nervos, blocagem dos nervos, massagem, ou terapias orientais como a acupuntura.

Os que usam de terapias medicamentosas são demais tímidos em prescrever narcóticos, porque: [a] ignorância básica da magnitude de doses necessárias para combater dor aguda; [b] medo exagerado de causar uma parada respiratória; [c] ansiedade em relação ao perigo de adição; [d] medo irracional de ser processado civil ou criminalmente; [e] uma estimativa exagerada dos efeitos colaterais de alguns analgésicos, como adição potencial. Recentes estatísticas estimam que mais de 90% da dor pode ser aliviada, e geralmente por meio de drogas. O desafio para os médicos é identificar acuradamente a necessidade de cuidar da dor e usar as técnicas para controle.

Na verdade há muito a ser feito nesta área de controle e administração da dor. O sofrimento sentido na fase terminal da doença é muito mais que físico.

Ele afeta não somente o conceito de si próprio, mas também seu senso global de se sentir conectado com os outros e com o mundo. Esse sofrimento psicossocioespiritual pode ser sentido como uma ameaça para o paciente em relação ao sentido da vida, perda de controle, enfraquecimento da relação com os outros, uma vez que o processo do morrer intensifica o isolamento e interrompe as formas ordinárias de contatar os outros. Os pacientes em estado terminal frequentemente têm sentimentos de impotência, desesperança e isolamento.

Um plano adequado para lidar com esse sofrimento é simplesmente enfrentar essa realidade a partir de uma boa relação terapêutica. "Talvez o remédio mais eficaz em termos de cura seja a qualidade do relacionamento mantido entre o paciente e seus cuidadores, e entre o paciente e sua família. A qualidade curadora da relação terapêutica pode facilmente ser enfraquecida ou ameaçada quando reações emocionais (negação, raiva, culpa e medo) sentidas por pacientes, famílias ou cuidadores não são adequadamente abordadas. É claro que está no coração da relação terapêutica entre paciente e cuidadores o cuidado das necessidades dos pacientes de relação e sentido, bem como de comunicação honesta e verdadeira."

Em suma, um cuidado digno dos pacientes que estão na fase final no contexto clínico procura respeitar a integridade do paciente como pessoa. Portanto, um cuidado digno procura garantir pelo menos que o paciente: [1] será mantido livre da dor tanto quanto possível, de forma que ele possa morrer de maneira confortável e com dignidade; [2] receberá continuidade de cuidados e não será abandonado ou perderá sua identidade pessoal; [3] terá tanto controle quando possível em relação à decisões relacionadas ao seu cuidado e lhe será permitido recusar as intervenções que prolongam de forma inútil e sofrida simplesmente a vida biológica; [4] será ouvido como pessoa nos seus medos, pensamentos, sentimentos, valores e esperanças; e finalmente [5] terá a opção de morrer onde ele desejar.

O cuidado efetivo da dor exige um programa compreensível, como é exemplificado na filosofia dos cuidados de *hospice*.

Os profissionais da saúde têm o dever de oferecer efetivo alívio da dor e paliação para os sintomas dos pacientes quando necessário, de acordo com um julgamento médico apropriado e as abordagens mais avançadas disponíveis.

O alívio da dor e dos sintomas da doença é uma contribuição poderosa para a qualidade de vida do paciente. Ele pode também apressar a recuperação e prover outros benefícios. Os médicos têm a responsabilidade ética e profissional de oferecer um cuidado efetivo da dor e dos sintomas. Essa responsabilidade deve ser entendida como central na arte da Medicina e dos cuidados médicos. O cuidado dos sintomas do paciente não deve ser restrito ao final da vida, nem deve ser um sinal de que os esforços curativos foram abandonados. Os cuidados paliativos devem ser compreendidos para incluir o controle dos sintomas em todos os estágios da doença.

Os cuidados paliativos: agora na agenda da OMS

A OMS estima que anualmente no mundo em torno de 40 milhões de pessoas necessitam de serviços de cuidados paliativos no final de suas vidas. Desse total, 67% são idosos, com mais de 60 anos, enquanto 6%, 20 milhões, necessitam cuidados paliativos no final de suas vidas. Essas estatísticas não levam em conta aqueles que necessitam de cuidados paliativos ao longo do curso da vida, por exemplo portadores de doenças crônico-degenerativas. A inexistência de cuidados paliativos e de medicação para alívio da dor causa um quadro desolador; estamos diante de um tratamento cruel, degradante e desumano.

Existem hoje no mundo mais de 400 mil profissionais que trabalham na área de cuidados paliativos; mais de 1,2 milhão de voluntários e mais de 9 milhões de pessoas atuam como cuidadores familiares. Tudo isso significa que mais de 10,5 milhões de pessoas estão envolvidas em cuidados de *hospice* e cuidados paliativos. Existe anda uma grande falta de profissionais de *hospice* e cuidados paliativos no mundo. Hoje somente 10% das necessidades da área estão sendo cobertas. Anualmente, sempre no início de outubro, celebra-se o Dia Internacional do *Hospice* e Cuidados Paliativos. Em 2014, foi comemorado em 10 de outubro, e o tema foi: *"Atingindo cobertura universal em cuidados paliativos. Quem cuida. Nós cuidamos"*. Esse dia teve como objetivos: [a] aumentar a disponibilidade de *hospice* e cuidados paliativos no mundo, ao criar oportunidades para falar sobre as questões; [b] aumentar a consciência e a compreensão das necessidades médicas, sociais, práticas e espirituais das pessoas que vivem com doenças limitadoras de vida e seus familiares; e [c] levantar recursos para apoiar e desenvolver serviços de *hospice* e cuidados paliativos no mundo.

O que a OMS entende por cuidados paliativos:

> Trata-se de uma abordagem que aprimora a qualidade de vida dos pacientes e suas famílias que enfrentam problemas relacionados com doenças ameaçadoras de vida, através da prevenção e do alivio do sofrimento, com identificação precoce, rigorosa avaliação, tratamento da dor e outros problemas físicos, psicossociais e espirituais (2002).

Um paciente em cuidados paliativos pode receber cuidados em domicílio, no hospital, num centro de *hospice* ou numa instituição de longa permanência.

Hoje, um terço das pessoas que necessitam de cuidados paliativos sofrem de câncer. Outras têm doenças progressivas que afetam coração, pulmão, fígado, rim e cérebro; doenças ameaçadoras de vida, incluindo o HIV/aids e a tuberculose. Em 2011, somente três milhões de pacientes no final de suas vidas que recebiam cuidados paliativos, na sua grande maioria, residiam em países desenvolvidos. Em apenas 20 países no mundo os cuidados paliativos estão integrados nos seus sistemas de saúde. Urge ampliar esse serviço para os países mais carentes de recursos. Hoje só 10% das necessidades em cuidados paliativos são atendidas, e essa necessidade crescerá ainda mais no futuro com o envelhecimento populacional em curso.

E foi a partir dessa realidade que a OMS aprovou recentemente (maio de 2014) uma histórica resolução intitulada: *Fortalecendo os cuidados paliativos como um componente integrado ao tratamento contínuo proporcionado ao paciente*. Essa resolução encoraja os países-membros a integrar os cuidados paliativos nos sistemas de saúde, a formação de profissionais da saúde especializados, a assegurar que medicação necessária, incluindo aquelas que aliviam a dor, e a aumentar sua assistência técnica para os países-membros desenvolverem e implantarem os cuidados paliativos.

Os cuidados paliativos hoje começam a ser tratados como um "direito humano". Um avanço histórico recente é o reconhecimento dos cuidados paliativos como parte integrante do "direito à saúde", pelas Nações Unidas, bem como seu reconhecimento pela OMS por intermédio da resolução: *Fortalecendo os cuidados paliativos como um componente integrado do tratamento ao longo do ciclo da vida*. Acena-se ainda para progressos maiores. A comunidade internacional de cuidados paliativos reunida em Montreal, recentemente, faz um apelo às Nações Unidas. Incluir cuidados paliativos no novo plano mundial prestes a ser assumido por todos os estados-membros, denominado *Objetivos do Desenvolvimento Sustentável 2015-2030*, no item específico "Objetivos do desenvolvimento sustentável para a saúde", que substitui os "Objetivos do Milênio".

O reencantamento com a arte de cuidar

Vivemos hoje uma verdadeira "crise de humanização" cujos sintomas mais evidentes se manifestam sob o descuido, o descaso, a indiferença e o abandono da vida mais vulnerável que clama aos céus. Para citar apenas alguns exemplos: crianças famintas que perambulam nos cruzamentos de nossas cidades, aumento do número dos excluídos das benesses do progresso, descaso para com os idosos, utilitarismo depredatório em relação ao meio ambiente e instituições de saúde tecnicamente impecáveis, mas frias, sem calor e alma humana!

Felizmente, estamos começando a ter exemplos e testemunhos de sensibilidade e solidariedade em relação à vida humana vulnerabilizada pela doença e pelo sofrimento que nos deixam esperançosos ao nos apontar que a essência da vida é o cuidado. Mas o que entender por cuidado? A expressão terapêutica deriva do grego *therapéuo*, que significa "eu cuido". Na Grécia antiga, o *thérapeuter* era aquele que se colocava junto ao que sofre, que compartilhava da experiência da doença do paciente para poder compreendê-la e então mobilizar seu conhecimento e sua arte de cuidar, sem saber se poderia realmente curar. Para compreender a doença, ele se interessava pela totalidade da vida do doente, inclinando-se para ouvi-lo e examiná-lo. Essa inclinação (*klinos*, em grego, termo do qual deriva a palavra "clínica") significava também uma reverência e respeito ante o sofrimento do doente.

Cuidar é sempre possível, mesmo quando a cura não é mais possível. Sim, deparamos com doentes ditos "incuráveis", mas que nunca o são, e nunca deveriam deixar de ser "cuidáveis". Cuidar, mais que um ato isolado, é uma atitude constante de ocupação, preocupação e ternura com o semelhante, que une competência técnico-científica com humanismo e ternura humana.

Nas palavras de um paciente, partilhamos a reflexão de um amigo camiliano, Tom O'Connor, sobre o que significa a experiência de cuidar.

Cuidar é quando você:

- aproxima-te de mim, mesmo sabendo que não podes atender ao meu mais profundo desejo, isto é, minha cura;
- vem me visitar, mesmo sabendo o que todos sabemos, que estou me despedindo da vida;
- continua a me ver, mesmo sendo um dos representantes de uma das profissões que falharam em me curar;
- vem me ver, porque acreditas em mim, tenha ou não cura a minha doença;
- perde tempo comigo, embora eu esteja numa situação tão frágil e incapaz de dar algo em troca. Não posso nem dizer "obrigado" com elegância;
- faz-me sentir como alguém especial, embora eu seja como todos os outros pacientes;
- não me vê apenas como um caso perdido, mas como alguém, e assim me ajuda a me concentrar no viver.
- relembra-te de pequenas coisas minhas, interessa-te pelo meu passado, pelo meu futuro e pela minha família;
- diz um "boa-noite" que não significa "adeus", mas me dá a certeza de que estarás de volta ao amanhecer;
- não te concentra no meu "mau humor", mas sim em mim, como pessoa.
- aproxima-te de mim sem ares de profissionalismo insensível, mas como pessoa humana que todos somos.
- ouço minha família falar bem de ti e vejo-a se sentir confortada na tua presença quando me fazes sentir seguro em tuas mãos.

O cuidado autêntico é amor, tem um poder próprio, que é o poder do amor!

É bom nos perguntarmos: Qual é a marca que estamos deixando em nossa vida e na vida das pessoas com quem nos relacionamos? Oxalá seja sempre uma marca de ternura e cuidado, ou de ciência com ternura!

O profeta na arte de cuidar: Camilo de Lellis (1550-1614)

Vivemos em tempos de incertezas e marcados por um desencanto pavoroso, um descaso terrível e uma indiferença mortal em relação à vida humana. Urge recuperarmos o encanto e a responsabilidade de cuidar da vida humana samaritanamente. Camilo de Lellis é o grande ícone humano e divino que há quatro séculos serve de inspiração na arte de cuidar para todos os profissionais que trabalham no mundo da saúde. Veja a seguir algumas características dessa nova "arte de cuidar".

- *Amor ao doente*. Camilo dizia que o pobre e o doente são o coração de Deus, são a pupila dos olhos de Deus; neles servimos Jesus Cristo. Em sua carta-testamento, Camilo exorta seus seguidores a continuar fiéis na permanente disposição de optar pelos mais pobres e doentes, com todas as exigências que esse compromisso comporta. Aos trabalhadores que cuidavam dos doentes, grande número de mercenários sem preparação nenhuma, ficou célebre seu grito de "colocar mais coração nas mãos". O Bom Samaritano é a medida do cuidado. Para Camilo não deveria existir lei que atrapalhasse o cuidado dos doentes. Camilo convidou seus seguidores a dar a vida pelos doentes, com a disposição de cuidar deles, mesmo com o risco da própria saúde e vida.
- *Cuidar com sensibilidade feminina*. Aos que trabalhavam com ele, dizia Camilo: "Primeiramente cada um peça a graça ao Senhor que lhe dê um afeto materno para com seu próximo, para que possa servi-lo com toda a caridade, tanto da alma como do corpo, porque desejamos, com a graça de Deus, servir a todos os enfermos com aquele amor com que uma mãe amorosa cuida de seu único filho enfermo".
- *Cuidado holístico e acolhida incondicional*. Camilo seguia mais a hierarquia das necessidades humanas do que a hierarquia das exigências da Igreja. A Igreja exigia por norma que os doentes ao entrar nos hospitais primeiramente se confessassem. Camilo lutou contra essa regra, dizendo que precisávamos, em primeiro lugar, atender às necessidades de cuidados de saúde dos pacientes e depois então, respeitando sua liberdade, levá-los ao sacramento da reconciliação. Camilo desejava que os camilianos provessem cuidados globais aos doentes. A hospitalidade era uma virtude muito presente no coração de Camilo. Durante as epidemias, quando os hospitais estavam abarrotados, abria as igrejas e as casas para os doentes sem teto.
- *Liturgia ao pé do leito*. Para Camilo a maior liturgia acontecia ao pé do leito do doente. Tudo o que acontecia com o doente tinha uma dimensão sacramental. Poderíamos dizer que era a liturgia do banho de leito, liturgia da alimentação, liturgia de estar junto de alguém que está prestes a se despedir

da vida. Tudo isso são atos de amor que se transformam em ações sacramentais do ato de cuidar. Os ritos eram cortar cabelo, pentear, cortar as unhas, aquecer os pés, secar camisas ensopadas de suor, aplicar cautérios, umedecer os lábios, pôr vinagre sob as narinas, lavar e enxugar as mãos, dar comida na boca, entre tantos outros atos. Um de seus célebres ditos é que "não seria boa aquela piedade que cortasse os braços da caridade".

- *Educar para cuidar com ternura*. Camilo via, sentia e sofria com a presença dos mercenários que trabalhavam nos hospitais sem cuidar bem dos doentes. Ele ensinou seus seguidores a mostrar pelo exemplo a forma correta de cuidar. Assim, as instituições camilianas são vistas como "escolas de caridade", que motivam os outros também ao cuidado amoroso para com os doentes. Grande desafio para nossas entidades, em tempos de crescente economicismo sem coração, é o de não perderem a sensibilidade e a intuição original de Camilo. Lemos em nossa *Carta de Princípios* que nossas entidades "empenhar-se-ão em promovê-las e cuidá-las (a vida e saúde), até o limite de suas possibilidades, segundo os valores éticos, cristãos e eclesiais, dentro de uma visão holística e ecumênica, repudiando tudo quanto possa agredir ou diminuir sua plena expressão."

- *Unir ética e estética*. Camilo tinha um apreço todo especial pela música e frequentava Igrejas para ouvi-la. Compara o cuidado aos doentes com uma sinfonia musical. Dizia: "Agrada-me a música dos doentes no hospital, quando muitos chamam ao mesmo tempo: Padre, traga-me água para refrescar a boca; arrume minha cama, esquente meus pés...". Essa deveria ser a música agradável também para os ministros dos enfermos". Também afirma aos seus seguidores que precisam ter certo talento artístico ao aproximar-se suavemente das camas, sem barulho, caminhando em meio às galerias de leitos, sem arrastar os pés, com passo de dança. Uma das mais brilhantes criações desse artista e gênio da caridade é de ter introduzido no cuidado aos doentes a ideia da beleza.

Sem dúvida, São Camilo soube interpretar e realizar profeticamente os sonhos presentes no coração humano, fazendo diferença diante de tanta indiferença! E nós, onde ficamos diante desse desafio, como cristãos(ãs), comunidades, equipes de pastoral da saúde, congregações e comunidade eclesial?

Referências bibliográficas

Cavaliere, Victoria. Brittany Maynard dies using Oregon's assisted suicide law. In: *Chicago Tribune*, 2 nov. 2014. Disponível em: <http://www.chicagotribune.com/news/nationworld/chi-brittany-maynard-dead-assisted-suicide-20141102-story.html>. Acesso em: 11 abr. 2015.

Hirschhorn, Dan. Terminally Ill Woman Who Planned Assisted Suicided dies. *Time Magazine*. 2 nov. 2014. Disponível em: <http://time.com/3553770/brittany-maynard-dies/>. Acesso em: 11 abr. 2015.

Pessini, L.; Bertachini, L.; Barchifontaine, de C. de P. *Bioética, cuidado e humanização*. 3 vols. (v. I — Bioética: das origens à contemporaneidade; v. II — Sobre o cuidado respeitoso; v. III — Humanização dos cuidados de saúde e tributos de gratidão). São Paulo: Centro Universitário São Camilo e Loyola, 2014.

World Health Organization (WHO). *Preventing suicide: A global imperative*. Mental Health. Genebra: WHO, 2014. Disponível em: <http://apps.who.int/iris/bitstream/10665/131056/1/9789241564779_eng.pdf>. Acesso em: 11 abr. 2015.

13

A Europa em busca de novas diretrizes éticas para o final de vida

Ao cuidar de você no momento final da vida, quero que você sinta que me importo por você ser você, que isso me importa até o último momento de sua vida e faremos tudo o que estiver ao nosso alcance não somente para ajudá-lo a morrer em paz, mas também para você viver até o dia de sua morte.

Cicely Saunders (1918-2005)

Eu não me comprometi a mudar o mundo, mas a fazer algo com a dor. Faz muito tempo que compreendi que a dor não é somente física, mas também psicossocial e espiritual.

Cicely Saunders
Entrevista ao *The Daily Telegraph* (Londres, 2002)

O CONSELHO DA Europa, através de sua Comissão de Bioética, que abarca hoje 47 estados-membros, 28 dos quais são membros da União Europeia, aprovou no final de 2013 (26 a 28 de novembro) um importante documento a respeito de cuidados médicos de final de vida, intitulado *Guia sobre o processo de decidir sobre tratamento médico em situações de final de vida*.

Quais são os direitos dos pacientes que estão no final da vida? Qual é o fundamento legal e ético em que o processo de decisão se apoia? Como e com quem as decisões relacionadas ao tratamento médico, quando se faz necessário, devem ser implementadas ou interrompidas? Este novo guia objetiva responder a essas difíceis questões e a muitas outras. Este guia é direcionado aos profissionais da saúde envolvidos no cuidado de pessoas no final da vida, mas também serve como fonte segura de informação e base de discussão para pacientes, seus familiares e amigos próximos, bem como a todas as outras pessoas que dão apoio e a associações que lidam com situações de final de vida. Todos sabemos que os avanços da medicina, particularmente os desenvolvimentos em tecnologia médica, possibilitam que a vida seja prolongada e aumentam as chances de sobrevivência. Contudo, doenças crônicas ou de progressão lenta dão surgimento a situações complexas e estão mudando o quadro de valores a partir do qual essas decisões são tomadas sobre tratamentos médicos em situações de final de vida.

As referências éticas do processo de tomada de decisão no final da vida são basicamente os princípios do paradigma da Bioética principialista norte-americana. Vejamos:

1. O princípio da autonomia: O respeito pela autonomia se inicia com o reconhecimento do legitimo direito e da capacidade de uma pessoa fazer escolhas pessoais. Ele é implementado através do consentimento livre e esclarecido.
2. Os princípios da beneficência e não maleficência: Esses princípios dizem respeito à dupla obrigação médica de buscar maximizar os benefícios potenciais e limitar tanto quanto for possível qualquer dano que possa surgir a partir da intervenção médica. A obrigação de proporcionar somente o tratamento apropriado e o conceito de que o tratamento desnecessário ou desproporcional deve ser limitado ou suspenso.
3. O princípio da justiça: Diz respeito ao acesso equitativo aos cuidados de saúde de qualidade apropriada, como está definido na *Convenção sobre Direitos Humanos e Biomedicina*. Equidade significa primeiro, e antes de tudo, ausência de discriminação.

Sobre o processo de tomada de decisões, temos dois aspectos:

1. Sobre as partes envolvidas e seus papéis. De um lado temos o paciente, seu representante, seus familiares, e outras pessoas significativas próximas; do outro temos os cuidadores, isto é, a equipe dos profissionais da saúde. O médico tem a maior, se não a principal responsabilidade em prover os pacientes e outras pessoas envolvidas no processo de tomada de decisão, com as necessárias informações médicas do caso. Os outros cuidadores também contribuem para o processo, com informações cruciais a respeito dos pacientes, como informação sobre seu ambiente de vida e contexto de valores e crenças.
2. O processo deliberativo e de tomada de decisões: O paciente deve sempre estar no centro de qualquer processo de tomada de decisão. Esse processo adquire uma dimensão coletiva quando o paciente não deseja, ou não é capaz de participar diretamente. O representante legal, advogados e pessoas de confiança, e mesmo seus familiares e amigos próximos, devem sempre ter acesso às informações que correspondem ao seu papel no processo de tomada de decisões. Ao paciente sempre deve ser dada a informação sobre seu estado de saúde (diagnóstico e prognóstico), as indicações terapêuticas e os tipos possíveis de cuidado.

Cuidados de final de vida:
revisão do *Protocolo de Liverpool*

O chamado *Protocolo de Liverpool* de cuidados do paciente em fase terminal, elaborado nos anos de 1990 do século passado, num hospital de câncer de Liverpool (Inglaterra), após uma série de duras críticas, por parte da imprensa e familiares de pessoas que foram incluídas nesse processo de cuidados, passou recentemente por uma profunda revisão, coordenada pelo Ministério da Saúde da Inglaterra. Em sua concepção, o protocolo era uma alternativa saudável e sem dúvida mais humanitária diante de uma medicina agressiva, com investimentos agressivos até o instante final da vida. Segundo o Dr. Thomas Hughes-Hallett, que foi diretor do centro onde o protocolo foi criado, "o juramento de Hipócrates exige que os clínicos não parem de tratar do doente, até o momento da sua morte".

Segundo esse médico, "não se trata de apressar a morte. Trata-se de constatar que alguém está morrendo e de dar-lhe algumas opções. Você quer uma máscara de oxigênio? Ou gostaria do beijo de sua esposa?". Em situações de final de vida, conclui-se que seria inútil prolongar uma vida que está próxima de seu final e esteja sendo progressivamente consumida pela dor, pela imobilidade, pela incontinência, pela depressão e pela persistente demência. Médico e família conversam e concordam em interromper a terapêutica que prolongue essa situação agônica. E então o hospital para de ministrar insulina, antibióticos e alimentação intravenosa, deixando apenas um soro e um sedativo para controlar a dor e o enjoo. Tira-se o paciente do ventilador mecânico, da terapia intensiva, e este é transportado para um quarto tranquilo à espera de partir para "o outro lado" com muito mais serenidade.

Busca-se proporcionar a possibilidade de "uma morte mais humana", e isso hoje já é uma norma na maioria dos hospitais britânicos e em vários outros países, mas não nos Estados Unidos. Os defensores do *Protocolo de Liverpool* foram acusados de estar "promovendo uma forma disfarçada de eutanásia". Nos Estados Unidos, esse é o ponto de partida para os que defendem esses programas, e a análise de custos e benefícios. Chama a atenção que 25% dos custos do *Medicare* (programa estatal para os idosos) destinam-se ao último ano de vida, o que sugere que se está desperdiçando uma fortuna para ganhar apenas algumas semanas ou meses de vida, em que o paciente permanece ligado a máquinas e acaba experimentando medo e vivendo o estresse do desconforto.

O bom-senso ético sugere que as autoridades não tivessem medo de ser criticadas e de perder votos; poder-se-iam economizar mais recursos suspendendo o tratamento quando, em vez de salvar uma vida, ele serve apenas para prolongar o inevitável processo do morrer. Aqui trata-se de evitar a distanásia, isto é, a obstinação terapêutica, que, já estando a pessoa no final de seus dias, apenas adia o momento final, prolonga-se mais a morte do que vida propriamente!

Nessa área de cuidados de final de vida sempre aumentam os temores de que o complexo médico-hospitalar esteja apressando a morte de nossos entes queridos, a fim de economizar com gastos médicos e leitos hospitalares. Se a questão do custo-benefício é tão decisiva nos Estados Unidos, na Inglaterra os especialistas, perguntados se o *Protocolo de Liverpool* reduziu os custos, dizem que não fazem essa pergunta. "Não acredito que ousaríamos fazer essa pergunta!". O Dr. Thomas acrescenta ainda que na Inglaterra "a imprensa foi muito maldosa a respeito do *Protocolo de Liverpool*, afirmando que é uma maneira de matar as pessoas rapidamente a fim de liberar leitos hospitalares".

Uma revisão profunda do *Protocolo de Liverpool* foi assumida pelo Ministério da Saúde da Inglaterra, e as novas prioridades de cuidados dos pacientes no final de vida foram apresentadas em julho de 2013. Segundo o Ministro da Saúde, Norman Lamb, "o cuidado precário dado a algumas pessoas e seus familiares, admitidos no *Protocolo Liverpool*, não devem mais acontecer. As novas prioridades significarão que o cuidado será focado nos desejos e nas necessidades das pessoas que estão no final da vida, antes que nos processos. Isso garantirá que suas vozes, bem como a de seus familiares, sejam levadas em consideração sempre".

As cinco novas prioridades de cuidado apontadas são as seguintes:

1. a possibilidade de que uma pessoa possa morrer dentro de poucos dias ou horas deve ser reconhecida e comunicada claramente. As decisões a respeito de cuidado devem ser proporcionadas segundo as necessidades de desejos da pessoa, e estes devem ser revistos regularmente;
2. primar por uma comunicação clara e respeitosa entre o *staff* (equipe de cuidadores), a pessoa que esteja morrendo e as pessoas que são importantes para ela;
3. a pessoa que esteja morrendo e aqueles identificados como importantes devem ser envolvidos em decisões sobre os cuidados e o tratamento;
4. as pessoas importantes para o paciente que esteja no final de sua vida devem ser ouvidas e suas necessidades respeitadas e atendidas quando possível;
5. um plano de cuidados individualizados, que inclua alimentação e hidratação, apoio psicológico, social e espiritual, deve ser consensuado, coordenado e oferecido com compaixão.

Aponta-se para a necessidade imediata de um esclarecimento público, em termos inequívocos e simples, de modo que todos possam entender do que se trata, a respeito de que tipo de cuidados as pessoas em geral têm direito e, em especial, os que estão no final da vida, com estas novas prioridades. Sem isso, novamente se aumentam as dúvidas a respeito do cuidado apropriado, confundem-se procedimentos terapêuticos com eutanásia, quando na verdade não têm nada de eutanásia. Ao se estabelecer princípios claros, isso certamente encorajará pacientes e cuidadores a ter um diálogo mais franco, com liberdade de perguntar sobre dúvidas a respeito de seu tratamento. Ajudará na mudança cultural de que necessitamos para assegurar que todos que estejam morrendo sejam bem cuidados e atendidos nas suas necessidades. Para que isso aconteça, é necessário o acesso a um especialista em cuidados "durante todo o dia, 7 dias por semana, e apoio telefônico 24 horas por dia".

Sonhamos e nutrimos a esperança de que, em um dia não muito distante, outro mundo de cuidados, uma nova cultura de cuidados de saúde aos que estejam no final da vida também seja possível para os 200 milhões de brasileiros. Já temos em nossa realidade diversos programas de cuidados paliativos implantados em muitas instituições filantrópicas e em alguns hospitais públicos brasileiros. Urge que seja implantado em todo o sistema SUS, quanto antes, e que também os futuros profissionais da área da saúde tenham educação aprimorada sobre esta questão.

Almejamos que o coroamento de nossa vida, principalmente o momento de nossa partida deste mundo, não seja uma jornada de humilhações e privações, marcada pela dor e pelo sofrimento causados pela falta de recursos e cuidados indispensáveis, mas um despedir-se em paz, com dignidade e elegância! Isso seria o que entendemos por dignidade de nascer, viver, crescer, envelhecem, mas também de partir com dignidade elegância, depois de muito viver!

"Em 2001, apoiei nossa lei da eutanásia, mas foi um erro terrível!" (Theo Boer)

O título deste subitem é o *mea culpa* do eticista holandês Theo Boer, professor de ética na Universidade Teológica Protestante em Groningen. Durante nove anos ele fez parte, como membro, das comissões regionais de avaliação dos casos de eutanásia na Holanda. Perante a questão da eutanásia, é muito difícil não se envolver emocionalmente e tomar partido pró ou contra. Em meio a uma cultura pós-moderna liberalizante de tudo, o posicionamento pessoal de Theo Boer não deixa de ser uma grande novidade, um choque contracultural. Leiamos a seguir trechos principais do seu surpreendente depoimento, que veio recentemente a público:

> Em 2001 a Holanda foi o primeiro país no mundo a legalizar a eutanásia e, juntamente com ela, o suicídio assistido. Várias garantias foram colocadas em prática para mostrar quem poderia ser candidato à prática da eutanásia, e os médicos, agindo de acordo com essas diretrizes, não seriam processados. Levando em conta que cada caso é único, foram criadas cinco comissões regionais para avaliar caso por caso e decidir se cumpriam ou não a lei. Durante cinco anos após a aprovação da lei, mortes por indução médica permaneceram no mesmo nível, e até caíram em alguns anos. Mas a estabilização dos núme-

ros era apenas uma pausa temporária. A partir do início de 2008, o número de mortes pela prática da eutanásia cresceu 15% ano após ano. O Relatório Anual das Comissões que avaliam os casos de eutanásia para 2012 registraram 4.188 casos em 2013 (comparados com 1.882 em 2002). Em 2013, ocorreu uma continuação dessa tendência, e a perspectiva é que para este ano ou para o próximo tenhamos 6 mil casos. A eutanásia está se tornando um modo padrão para os pacientes de câncer morrerem.

Juntamente com essa escalada, outros desenvolvimentos ocorreram. Sob o nome "Clínica de final de vida", a Sociedade Holandesa do Direito de Morrer fundou uma rede de médicos que praticam a eutanásia, viajando em *vans* específicas em diferentes localidades. Embora a lei pressuponha (mas não exija) uma relação médico-paciente estável, em média esses médicos veem o paciente apenas três vezes antes de administrarem drogas que abreviam a vida deste. Com certeza essa Sociedade não deixará de lutar até que se torne disponível para qualquer pessoa acima de 70 anos uma pílula fatal, para quem deseje morrer.

Outros desenvolvimentos incluem uma mudança no tipo de pacientes que recebem esses tratamentos. Enquanto nos primeiros anos após 2002 dificilmente pacientes com doenças psiquiátricas ou com demência eram citados nos relatórios, esses números agora estão aumentando significativamente. Foram registrados casos de suicídio assistido pelo simples motivo de as pessoas serem idosas, sentirem-se sós ou em luto. Alguns desses pacientes poderiam ainda ter vivido por anos ou mesmo décadas.

Enquanto a lei considera o suicídio assistido e a eutanásia exceções, a opinião pública está mudando de visão, considerando-os direitos, com os deveres correspondentes de os médicos os praticarem. A lei hoje em vigor obriga os médicos que se recusam a praticar eutanásia a encaminhar seus pacientes para um colega que a pratique. Existe muita pressão sobre os médicos para atender aos desejos dos pacientes, em alguns casos aumentada também com a pressão dos familiares.

Conclui seu inédito depoimento o bioeticista Holandês dizendo: "Eu era um dos que apoiavam a legislação, mas agora, com doze anos de experiência, tenho uma visão diferente".

O crescente e preocupante "turismo do suicídio assistido" na Suíça

Não muito distante da Holanda, na vizinha Bélgica, temos também a eutanásia legalizada e, na Suíça, o chamado "suicídio assistido". Fixemos nossa atenção no que vem ocorrendo atualmente na Suíça. Sua legislação contempla a prática do suicídio assistido, e uma das principais organizações que ajudam as pessoas a executá-lo chama-se *"Dignitas"*. Recentes pesquisas revelam que o número de "turistas do suicídio" que vão à Suíça para terminar com sua vida dobrou nos últimos quatro anos. Alemães e britânicos, com condições neurológicas como paralisia, doenças do "neurônio motor", Parkinson e esclerose múltipla constituem quase a metade dos casos. Entre 2008 e 2012, 611 não residentes suíços foram ajudados a abreviar a vida. A idade varia de 23 a 97, com uma média de 69 anos, dos quais mais da metade (58%) dos turistas eram mulheres e 40% homens. No total, pessoas de 31 países foram à Suíça entre 2008 a 2012 para utilizar serviços de suicídio assistido. Da Alemanha, 268, do Reino Unido, 126. Outros países (os dez mais) incluem a França, com 66, Itália, com 44, Estados Unidos, com 21 casos, Áustria, com 14, Canadá, com 12, Espanha e Israel, com 8 casos cada. Os números de pessoas que optaram pelo suicídio assistido na Suíça dobraram entre 2009 e 2012.

Segundo os pesquisadores, uma em cada três pessoas tinham mais de uma condição, mas as condições neurológicas constituíram quase a metade de todos os casos, seguidas pelo câncer e doenças reumáticas. Esse fenômeno do turismo suicida na Suíça tem provocado mudanças na legislação e sérios debates parlamentares na Alemanha, na Inglaterra e na Franca, países com maior número de casos. Discussões também não faltam no interior da própria sociedade Suíça, que começa a acordar desse pesadelo de ser vista como terra do turismo, não por suas incríveis belezas naturais, mas lugubremente, por tristes finais de vida!

Faremos um comentário final quanto à argumentação ética relacionada com a chamada "escada escorregadia". No início de 2002, quando da aprovação da lei, os que procuravam procedimentos de eutanásia eram intrinsicamente os pacientes em fase terminal de câncer. Os candidatos a eutanásia seriam mais pessoas que têm um "sofrimento intolerável" (*unbearable suffering*) no final de sua existência, basicamente como pacientes em fase final de vida. Hoje, situações existenciais, como sentir-se só ou sentir solidão, dor pela perda de um ente querido, passar por um luto, ser portador de uma doença crônico-degenerativa, como Alzheimer (demência) ou Parkinson, tornaram-se motivos para a prática da eutanásia.

Não se menciona uma ação terapêutica ou médica de "cuidar ou aliviar a dor ou o sofrimento da pessoa", de ressignificação da vida diante desses desafios existenciais que já foram denominados "as doenças da alma do século XXI". Por que não se potencializa a filosofia dos cuidados paliativos, isto é, dos cuidados integrais, que visam atender a pessoa humana na sua integralidade de ser, ou seja, nas suas necessidades humanas, físicas, psíquicas, sociais e espirituais (necessidade de um significado de vida, de uma esperança maior)? Por causa dessa dor incurável ou desse sofrimento intolerável, tira-se a vida da pessoa. Não nos esqueçamos de que nesses casos estamos diante de pessoas que poderiam viver ainda muito tempo, anos ou mesmo décadas.

Referências bibliográficas

COUNCIL OF EUROPE. *Guidevon the Decision Making process regarding medical treatment in end-of-life situations*. Estrasburgo, 5 maio 2014. Disponível em: <http://csc.ceceurope.org/fileadmin/filer/csc/Ethics_Biotechnology/CoE_FDV_Guide_Web_e.pdf>. Acesso em: 11 abr. 2015.

INDEPENDENT REVIEW OF THE LIVERPOOL CARE PATHWAY. *More Care, Less Pathway: a review of the Liverpool care Pathway*, jul. 2013. Disponível em: <https://www.gov.uk/government/uploads/system/uploads/attachment_data/file/212450/Liverpool_Care_Pathway.pdf>. Acesso em: 11 abr. 2015.

THE LIVERPOOL CARE PATHWAY (LCP). O Protocolo de Liverpool foi desenvolvido pelo hospital da Universidade Real de Liverpool em conjunto com o Instituto de cuidados paliativos Marie Curie, no final de 1990, para o atendimento de pacientes com câncer em estado terminal. Desde então, o âmbito de aplicação do LCP foi estendido a todos os pacientes considerados em iminência de morrer.

14

Hans Kung reflete sobre seus últimos dias de vida

Eu não quero continuar vivendo sendo apenas uma sombra de mim mesmo.
Hans Kung

Introdução

UM DOS MAIORES teólogos católicos de nosso tempo, o suíço Hans Kung, está contando seus últimos dias de vida e deixa claro como ele gostaria que fossem seus últimos dias de vida. Ele escreveu sobre isso em seu terceiro e último livro de memórias, intitulado: *Humanidade vivida. Memórias*, edição em alemão, lançada na feira do livro de Frankfurt, em outubro de 2013, com tradução para o espanhol por Editorial Trotta, 2014 (Madri, 776 p.), ainda sem tradução para o português. O primeiro volume de suas memórias, *Liberdade conquistada*, vai de 1928 a 1968, ainda no fervor do Concílio Vaticano II; o segundo volume, *Verdade contestada*, percorre os anos de 1968-1980 e reconstrói com objetividade seu caso canônico e teológico com as autoridades romanas, que se conclui — experiência difícil que ele superaria com seu valor teológico reconhecido internacionalmente — com a proibição canônica de ensinar na Faculdade de Teologia Católica de Tubinga. Kung continuou sua docência no Instituto de Pesquisa Ecumênica da Universidade de Tubinga, onde ele teve como colegas, entre outros eminentes pensadores e teólogos, Ernest Bloch, Joseph Ratzinger e Jürgen Moltmann, mas passou, na sua atividade acadêmica e de escritor, da fase eclesiológica à fase do diálogo intercultural e inter-religioso.

O terceiro volume, *Humanidade vivida. Memórias*, recolhe sua história das últimas três décadas, de 1980 a julho de 2013, como marca a data da introdução dessa obra, redigida aos 85 anos, em que Hans Kung faz um balanço de sua vida. A leitura do epílogo do livro é realmente uma experiência comovente, em que o autor faz algumas confidências sobre suas atuais condições e dificuldades de vida quanto à sua então atual condição de saúde.

Nessas três décadas, Kung esteve presente e ativo como, além de professor, conselheiro na ONU, na Unesco e no Parlamento das Religiões. Ele tem uma visão ecumênica, internacional, planetária. É um intérprete cristão da globalização. Kung também é um escritor comprovado e divide pedagogicamente o múltiplo material das últimas três décadas em 12 seções:

1. Chegada a novas margens (depois do processo romano);
2. Uma nova visão (para além da eclesiologia);
3. Explorações em novas terras (as culturas e as religiões);
4. Minha década americana (com a docência em Chicago e os contatos e as colaborações no vasto e movimentado canteiro de obras teológico norte-americano);
5. O mundo do islã;
6. O mundo do judaísmo;
7. O mundo da Oceania, África e Índia;
8. O mundo das religiões da Índia;
9. O mundo das religiões da China;
10. O projeto Ética Mundial: um Ethos para a humanidade;
11. Um problema permanente — a reforma das Igrejas;
12. No entardecer da vida.

Nessas sequências, que tendem ao projeto da "Ética Global", que representa a herança do grande teólogo, chamam a atenção as páginas dedicadas ao seu colega Joseph Ratzinger, que Kung encontrou como Papa Bento XVI em Castel Gandolfo, em um amigável dia de 2005. Não falta a carta do Papa Francisco (26 de maio de 2013), enviada em resposta a uma correspondência do teólogo:

> Caro Dr. Hans Kung, recebi a sua carta do dia 13 deste mês e um artigo com dois livros que lerei com gosto. Agradeço-lhe a sua amizade. Fico à sua disposição. Por favor, reze por mim, eu preciso muito. Jesus o abençoe e a Santa Virgem o ajude. Fraternalmente, Francisco (p. 677).

Ao refletirmos sobre seus pensamentos e seus desejos de final de vida, em fevereiro de 2015, praticamente quase dois anos após essas confidências, e Kung estando ainda vivo, é bem provável que a evolução da doença tenha agravado ainda mais sua condição de saúde.

Este texto, mais do que uma interpretação a respeito dos pensamentos, das convicções e dos sentimentos humanos e de fé cristã de Hans Kung, procura simplesmente garimpar, no contexto do terceiro volume de suas memórias, seus pensamentos-chave, que definem sua personalidade, seus valores e sua fé nesse momento em que, consciente e decididamente, ele está se despedindo da vida e torna pública essa trajetória de enfrentamento da própria vulnerabilidade da natureza humana.

Trata-se de uma tentativa de fazer o próprio Hans Kung explicar, como professor que foi por ofício durante toda a sua vida, através de excertos de sua autoria que definem seu percurso e seu adeus à vida, ou melhor, como ele próprio define essa obra; trata-se de uma "prestação pública de contas de sua vida".

1. Iniciando e contextualizando a fala a respeito do final de sua vida: um balanço objetivo e positivo

No fim eu vejo as minhas últimas três décadas em uma luz totalmente positiva. Eu experienciei muita humanidade no sentido mais verdadeiro da palavra e tive de me comprometer contra todas as formas de desumanidade, para promover mais de humanidade no gênero humano: pela unidade das Igrejas cristãs, pela paz entre das religiões e pela paz no contexto da comunidade das nações. É bom constatar quanto isto se desenvolveu de forma esperançosa, apesar da continua luta, em minha vida e em meus trabalhos. Não poderia prever que seria capaz de concluir esta prestação de contas dos últimos trinta e três anos de minha vida e, ao fazê-lo e colocar um ponto-final, é para mim uma graça imerecida (p. 11).

Kung conclui a introdução de sua obra autobiográfica desta maneira: "Porém, a morte faz parte da condição humana. Ao longo deste último volume, também gostaria de me confrontar com ela, em especial no epílogo. Também aqui: a verdade com veracidade!", conclui (p. 11).

O epílogo do terceiro volume de suas memórias, *Humanidades vividas*, possui 45 páginas densas e surpreendentes pela sua transparência ao relatar fatos, sentimentos, pensamentos suas esperanças e fé (p. 661-706). Trata-se de uma profunda reflexão antropológica em relação à sua condição humana como idoso que inicia sua trajetória de declínio causada pelo mal de Parkinson. Um relato simplesmente comovente e confidencial, redigido na perspectiva do texto paulino, 2 Timóteo 4,6: "Chegou o momento de deixar esta vida". E aqui ele faz uma confidência de estar afetado, há dois anos, além de outras doenças, próprias do processo de envelhecimento humano, por uma doença crônico-degenerativa, o tão temido mal de Parkinson, que lhe compromete a visão e limita progressivamente sua mobilidade e suas atividades. Ele confia e se abandona em Deus, renunciando a outros escritos (salvo breves textos, na medida do possível), apreciando a música clássica em que pressente "sinais de transcendência" (especialmente Mozart), a natureza e o conversar com pessoas mais próximas. Cuida-se seguindo rigorosamente as indicações médicas e de outros profissionais da saúde, tomando uma dezena de comprimidos por dia e com os exercícios de fisioterapia para conviver com a doença incurável.

2. Os primeiros sinais sensíveis e visíveis do mal de Parkinson: "presságios da morte"

Refletindo sua condição humana, afirma Kung que "a mortalidade é parte essencial da condição humana. O envelhecimento começa já no momento de nascer, dizem-nos os biólogos. Contudo, nos anos de juventude o que envelhece e termina por morrer é substituído com facilidade e volta a crescer por si próprio. Porém chega um tempo em que a regeneração das células e de órgãos individuais não mais se produz tão facilmente.".

Profundamente consciente de sua condição humana, afirma: "Não me dizem nada os *slogans* publicitários *Forever young* (eternamente jovem) nem os cursos *anti-aging* (antienvelhecimento). Nada e ninguém pode enganar o processo de envelhecimento".

A seguir, de forma detalhada e bastante sensível, descreve como seus principais órgãos vão aos poucos perdendo sua vitalidade de potencialidade.

> Os dedos enrijeceram-se. Já não me permitem a fazer uma grafia bonita. Minha letra ficou menor. Micrografia, assim chamam os médicos a este fenômeno. Por vezes custa-me ler o que escrevi. As radiografias revelam a presença de uma artrose progressiva (p. 647).

> Os ouvidos, estes engenhosos pequenos órgãos que me prestaram incomensuráveis serviços durante todas as décadas de minha vida e me deram imensas alegrias, em especial permitindo-me gozar da música clássica... Passei por uma perda repentina de audição, que me deixa somente 15% de audição no ouvido direito. Preocupa-me que isso possa passar ao ouvido esquerdo e eu fique surdo. O destino de Beethoven me aterroriza.

> Meus olhos sofrem de uma degeneração progressiva da mácula devido à idade. Com os medicamentos que tomo diariamente poderei atrasar todo o processo uns dois anos, me avisa o médico-chefe da clínica oftalmológica de Tubinga, em 8 de setembro de 2011. Devo então apressar-me em concluir este terceiro volume de memórias? Com efeito chegará o dia em que já não poderei ler. E o que será da vida de um homem de letras incapaz de ler e escrever? (p. 648).

O diagnóstico é inequívoco e impactante. Trata-se dos primeiros sintomas de Parkinson, com possíveis repercussões no aparato locomotor e nas cordas vocais. No dia 6 de junho de 2012, escrevi que, com todo este processo degenerativo da doença avançando, "serei apenas uma sombra de mim mesmo"...

A condição humana se vive de maneira diferente em cada fase da vida, notando-se que, na velhice, cada vez mais como fragilidade. Agora cultivo conscientemente uma disciplina da ancianidade. E isto significa sobretudo: diminuo meu ritmo vital, até agora elevado. O mal de Parkinson acaba por afetar profundamente todo o aparato cinético. Os medicamentos descobertos até o presente momento podem atrasá-lo, mas não curá-lo (p. 649).

Graças à medicina e à farmacologia, devo praticamente um período adicional de vida artificial. Mas não seria eu também o único que pode decidir por quanto tempo eu tomo estes medicamentos para continuar vivendo? (p. 649).

Uma vez confirmado o último diagnóstico, chamei meu advogado com o notário, para escrever de maneira definitiva o testamento preparado já há bastante tempo e que seja certificado cartorialmente. Minha herdeira universal será a Fundação Ética Mundial de Tubinga, os meus mais estreitos colaboradores e colaboradoras receberão um legado. Em 24 de julho de 2012, legalizei o testamento, junto com os poderes gerais e preventivos, e o Dr. Stephan Schlenson foi declarado o testamentário.

Conclui Kung, afirmando: "Todos estes procedimentos são para mim presságios da morte" (p. 650).

Kung relata extensivamente a gradativa retirada de suas responsabilidades acadêmicas e públicas, obrigado a centrar-se mais sobre os necessários cuidados para continuar a viver, mas aí se coloca de uma forma mais crucial a pergunta: "Quanto tempo de vida ainda me resta?"

3. Ainda vivendo no cronos, "quanto tempo de vida ainda me resta?"

Em junho de 2013, Kung recebe um telefonema de Inge Jens, sua amiga, de que Walter Jens havia falecido. Assim expressa seus sentimentos: "Apesar da tristeza, ambos experimentamos também alívio; depois de longos anos de demência, por fim alçou sua meta eterna."

Emociono-me naturalmente ao pensar que minha tumba estará junto à de Walter e Inge. Quem de nós será o próximo? Assim, a morte de meu amigo torna-me novamente consciente da pergunta sobre o final de minha própria existência.

Estou muito consciente de que não somente envelhecem meus órgãos externos, mas também os internos. O trato estomacal e intestinal enrijecem-se e perdem a elasticidade; a cirurgia de próstata, tão comum em homens, já a realizei há muito tempo. Os rins e o fígado continuam funcionando bem, sempre que não sejam transtornados por fatores externos. Contudo, quando nado, os pulmões não me permitem mais dar três braçadas seguidas embaixo da água sem tomar ar. Para mim é quase um milagre que o coração, a despeito de todos os pesares e alegrias, siga batendo segundo a segundo com fidelidade e que as batidas sempre se normalizem com rapidez, depois de um esforço.

O meu cérebro — que como todos os outros cérebros nunca dorme — funcionar ainda perfeitamente não é algo tão óbvio. Constata-se que entre 40% e 50% dos homens com 90 anos sofrem de demência. Estremeço cada vez que ouço dizer de alguém que valorizo: "Ele perdeu a cabeça". Minha reação espontânea é: "Não, ele não merece isto. É algo inconcebível!". Porém, como se poderia prevenir uma situação dessas? Minha inteligência "cristalina", a que administra todo meu tesouro de experiências, conserva-se bem, como demonstrei também nestas memórias. Contudo, minha inteligência "fluida" se alimenta dos acontecimentos diários, que vêm e vão. E agora, mais do que nunca, se veem submetidos a uma seleção, que não me permite fazer duas ou três coisas por vez, como antes fazia com a maior naturalidade do mundo (p. 652).

Kung relembra a cerimônia inaugural dos Jogos Olímpicos de Londres, em 2012, em que a TV mostrou para o mundo inteiro o famoso boxeador norte-americano Mohammed Ali, vítima do Parkinson. E comenta: "Rígido e mudo, uma lástima. Serei eu também apresentando quem sabe dentro de pouco tempo como semelhante 'modelo'" (p. 652).

Kung conclui essa reflexão dizendo: "Por quanto tempo minha vida seguirá em condições de ser vivida com dignidade? Agora estou mais consciente do que nunca, sei que a vida é um tempo precioso e um dom. No entanto, sei que não desejo viver sendo uma sombra de mim mesmo" (p. 652).

Tampouco deseja ser internado numa residência de idosos ou de pacientes em fase terminal. Prefere se despedir da vida em sua própria casa, ou em Tubinga, ou então na casa no lago Sursee. Não gostaria de estar num coma induzido durante anos, como o general e o primeiro-ministro de Israel, Ariel Sharon, que viveu nessa condição vegetativa durante oito anos, de 2006 a 11 de fevereiro de 2014, morrendo aos 85 anos. Kung também deixa claro que renuncia à administrada alimentação artificial.

4. O protagonismo de assumir a responsabilidade pela própria vida, no final

Aqui se toca o delicado tema da eutanásia. Kung aponta que deveria ser encontrada uma solução legal para o problema da eutanásia, comentando a atual situação alemã. Na Alemanha a questão da eutanásia tornou-se um tabu; por causa do programa nazista de eutanásia, é sempre carregada de pesadas emoções. Entretanto, segundo Kung, não se pode e não se deve fugir da discussão da questão. Em agosto de 2012, 77% dos alemães entrevistados respondiam afirmativamente à pergunta: "Deve-se permitir por princípio aos médicos ajudar aos pacientes terminais a consumar sua morte livremente?". Somente 19% dos entrevistados respondem com um não; 69% por cento são favoráveis a que os médicos possam decidir em consciência.

Kung se posiciona diante da problemática dizendo que assume seriamente os argumentos dos quem dizem não à eutanásia e sustem um juízo matizado. A esse respeito convida o leitor a reler o que ele escreveu a respeito da medicina paliativa e do movimento dos *hospices*, na terceira edição ampliada do livro *Morrer com dignidade* (2009), de sua autoria e de Jens.

Pergunta-se Kung,

> Onde está escrito que a pessoa não possa decidir responsavelmente sobre a sua última fase de vida? Em nenhuma passagem da Bíblia se lê que o ser humano deva aguentar até "o final do disposto", nem que a redução da vida humana ao biológico-vegetativa seja "querida" e que, por conseguinte, a devolução de uma vida destruída por sofrimentos insuportáveis seja "prematura" (p. 654).

"O direito de continuar a viver, sob nenhum aspecto conceitual comporta o dever de em todas as situações continuar vivendo", afirma objetivamente e de forma lapidar Kung: "Certamente desejo com todas as forças seguir adiante com minha vida." (p. 654).

Não deveríamos fechar os olhos ante os fatos. Nem na Alemanha os suicídios são um fenômeno marginal. Estatísticas oficiais apontam que, em 2010, 10 mil mortes ocorreram pelas próprias mãos. São aproximadamente três vezes mais mortes que em acidentes de carro. Números da OMS apontam que na Europa ocorrem por ano mais de 20 mil suicídios. A cifra de mortes pelas próprias mãos pode chegar a cerca de um milhão. Seja o que for, o suicídio se encontra entre as 20 formas mais frequentes de morte.

Pergunta-se Kung:

> Vamos deixar todas essas pessoas para sempre sem ajuda médica, nem psicológica e sem conforto espiritual? "Para tudo tem um tempo e um momento debaixo do sol: tempo para nascer, tempo para morrer" (Ecl 3,1 s.). O homem tem o direito de morrer quando já não existe esperança nenhuma de uma sobrevivência que ele pessoalmente considere humana. É ele mesmo que deve decidir a esse respeito e não outra autoridade ou organização" (p. 655).

Kung não deixa de apontar para uma missão das Igrejas nesta área:

> É de esperar que as Igrejas não adotem atitudes equivocadas como as que um dia adotaram a respeito do início da vida (contracepção!) e que — quanto an-

tes melhor, decidam-se a oferecer as pessoas desejosas de morrer um digno acompanhamento do processo de morrer, melhor que os "santos óleos", ou a Unção dos Enfermos (p. 655).

E o que a mim diz respeito, tendo em vista a insatisfatória situação jurídica existente na Alemanha, com cujas consequências tantas e tantas pessoas sofrem, força-me a afiliar-me a uma organização em prol do direito a uma morte digna na Suíça. A ela desejo vincular meu amável pedido para que leve em conta o motivo de uma morte voluntária a partir da confiança (razoável, não antirracional) em Deus e inclusive, sempre que a situação o permita, fale dela sem preconceitos (p. 655).

Pelo modo como relata, não se trataria de uma associação chamada "direito de morrer com dignidade", como a suíça Exit, que na verdade ostenta um belo nome que aponta para uma realidade que todos desejamos ter no final de nossos dias — "não perder a dignidade", tendo os nossos valores de vida respeitados —, mas apoia a prática do suicídio assistido. Tratar-se-ia aqui de uma associação de cuidados paliativos? Por que Kung não fala de forma clara e transparente disso? Uma convicção profunda, creio que também compartilhada com a perspectiva do protagonismo da pessoa no final de sua vida, proposta por Kung, é a de que, como fomos cuidados ao nascer, também necessitamos de cuidados ao morrer! Enfim, esse tema merece pela sua complexidade um estudo aprofundado à parte para não cairmos em simplismos fáceis, do ser "pró ou contra". Sem ir às raízes profundas dessas questões existenciais e antropológicas, discutindo as questões éticas e bioéticas, acabamos sacralizando e prolongando meramente processos biológicos em fase final (distanásia); dizendo que por aqui caminha a visão e a doutrina da Igreja (o que não é verdade) e crucificando pessoas no altar do Getsêmani de suas vidas, propondo um dolorismo nada cristão, que simplesmente expropria a pessoa de sua "dignidade de ser"! Aqui, sem dúvida nenhuma precisamos fazer brotar uma nova visão e cultura de cuidados e respeito à vida humana na sua integralidade.

5. Fé cristã *versus* morte como marca da vulnerabilidade humana

"Manter a fé?", pergunta-se Kung, e discorre: "Para mim, ter mantido a fé durante décadas de uma vida nunca tranquila, porém sim com frequência fatigosa e conflitiva, não é algo em absoluto que se possa dar como presumido" (p. 700). "[…] Já deixei atrás de mim, mais ou menos decentemente, 84 anos, assim agora posso me atrever citar a Bíblia, a carta de Paulo a Timóteo: 'Já fazem de mim uma libação, e a hora da partida é iminente. Combati o bom combate, terminei a carreira e mantive a fé'" (2Tm 4,6-7).

Kung faz sua profissão de fé na Ressurreição de Cristo como "devoto cristão", como se autodefine. Afirma que

> A morte é o trânsito para a verdadeira pátria, regresso ao oculto de Deus e à gloria do ser humano. Na realidade, somente um ateu pode afirmar que com a morte termina tudo. Para mim, a fé na vida eterna não é senão consequência da fé no Deus Eterno. Ela que dá para mim simultaneamente a resposta à pergunta pela justiça: não posso nem desejo resignar-me a que um sem-número de pessoas, que não puderam desfrutar uma vida tão boa quanto a minha, nunca encontrem sua realização, a que aos oprimidos e escravizados não se lhes faça justiça; a que os exploradores e assassinos triunfem para sempre sobre os explorados e assassinados (p. 657).

> É precisamente nesta hora de tristeza e despedida que celebramos com gratidão e esperança. Agradecidos por tudo o que a pessoa que está para partir foi e significa para nós. Perdoando-se ao mesmo tempo pelas faltas cometidas e pelas ofensas que porventura nos tenha infligido. E, finalmente, esperamos na paz que transcende toda razão, na alegria, a felicidade que também nos aguardam (p. 657).

Não, afirma Kung, "em mim aninha-se a esperança de que Deus, segundo as palavras do profeta Isaías e do Apocalipse, vai lhes enxugar toda lágrima de seus olhos e de que a morte deixará de existir e que não haverá mais sofrimento, nem luto e tribulações" (p. 657).

No encontro cruel e transparente com sua própria condição humana faz uma pergunta cruel e responde de forma surpreendente, com serenidade: "O que resta de um estudioso que não é mais capaz de ler e de escrever? Não quero continuar vivendo sendo apenas uma sombra de mim mesmo. Uma pessoa tem o direito de morrer, se não tem mais nenhuma esperança de continuar vivendo de modo humano segundo a sua concepção pessoal" (p. 655).

Hans Kung descarta a possibilidade de se entregar aos cuidados de uma clínica suíça especializada em suicídio medicamente assistido. "O ser humano tem o direito de morrer quando já não tem nenhuma esperança de continuar levando o que, segundo seu entendimento, seria uma existência humana", escreve Kung.

Não é "o nada" nossa última morada, mas o Mistério, que algumas religiões, entre elas o cristianismo, denominam Deus, com frequência afirma Kung. Como já vimos anteriormente, recapitulamos o que Kung deseja para si no final da vida. Muitos logo identificaram que se trata de uma postura que assume o "suicídio assistido". Na verdade não é nada disso. Ele deseja para si uma morte digna, sem dor e/ou sofrimento. Não deseja sofrer e passar pela lenta agonia que em 1954 sofreu seu jovem irmão Georg, vítima de um tumor cerebral. Nem mesmo desejaria se ver sumindo na demência sofrida por seu amigo Walter Jens durante dez longos anos e não vê nenhum sentido na vida puramente vegetativa como a levada adiante por muitos anos no caso de Ariel Sharon, primeiro-ministro de Israel.

A morte não é uma ameaça longínqua, mas um visitante que não se faz por esperar. "Estou esperando" e preparado para "despedir-me a qualquer momento". Ele rejeita o suicídio. Não quer devolver sua vida ao Criador irado e desesperado. No entanto, pede ajuda para um bem morrer. Não havendo nenhuma esperança de vida, ele rechaça a alimentação artificial e a respiração assistida como formas de prolongar artificialmente a vida.

> Devo lutar pela minha sobrevivência. Assim, diariamente tomo uma dezena de comprimidos, faço meus exercícios para fortalecer os músculos das costas e acalmar minha coluna vertebral e depois nado e realizo exercícios adicionais na água. Tudo seguindo com exatidão as instruções dos melhores médicos e de minha excelente fisioterapeuta, que uma vez por semana supervisiona meus exercícios. Ao mesmo tempo escuto música, e com frequência canto a fim de fortalecer de novo minhas cordas vocais. [...] Vivo de forma disciplinada como sempre, bebendo menos vinho e mais água, tenho uma alimentação sã, com poucas gorduras. Também renunciei a grandes viagens ao estrangeiro e respondo a minha correspondência internacional com cartas o mais breves possível... Porém, por quanto tempo se manterão todas essas coisas? (p. 702).

> Já se foram os dois anos que meu oculista me garantiu que, com seus medicamentos, eu poderia seguir lendo e escrevendo bem, apesar da progressiva degeneração da mácula. E também deveria ser capaz de conviver com o diagnóstico de Parkinson, com a ingestão de caros medicamentos três vezes ao dia (p. 702). E dou graças a Deus por ter podido concluir este terceiro e último volume de minhas memórias dentro do prazo de dois anos concedido aos meus olhos. Já não quero escrever mais livros, tampouco preparar novas conferências, nem fazer longas viagens (p. 703).

> Eu me comprazo com todas as amostras de amabilidade que recebo no cuidado diário e nas mil coisas belas que se me apresentam ante os olhos na natureza ou então em minha casa. E meu coração se aperta quando penso que terei de renunciar a tudo isso. Contudo, "a hora de minha partida é iminente" (2Tm 4,6). Ainda tenho energia vital, porém esta diminui perceptivelmente. [...] Escrever resulta cada vez mais difícil. Assim como meus passos se tornam cada vez menores, igualmente minha escrita progressivamente fica menor se não traço cada uma das letras com cuidado. Sigo com ardente interesse em ler jornal, escutar rádio e ver televisão, acompanhar os acontecimentos políticos e econômicos do dia a dia de nosso planeta (p. 704).

> Entretanto, também penso na curiosidade de meu antigo companheiro de Tubinga, o marxista e ateu Ernst Block, pelo que ocorrerá depois da morte. Estou

consciente de que a qualquer momento pode ocorrer repentinamente uma séria complicação de saúde. E até agora não sinto nenhum desejo de chegar aos 90 anos. Considero que cumpri com minhas grandes tarefas, tenho um bom ânimo, não sofro de depressão nenhuma, estou disposto a partir qualquer que seja o dia. Mantenho a convicção de que é minha responsabilidade decidir o quando e o como de minha morte, salvo que essa decisão me seja subtraída mediante uma "morte súbita", um acidente ou um golpe do destino. Isso deriva, a meu juízo, de minha fé em Deus compassivo, de minha confiança em que não cairei no nada, mas nas mãos misericordiosas de Deus. Afinal, trata-se de uma vida em que devemos estar dispostos a partir a qualquer momento, e confio em reconhecer o dia em que me sinto chamado para casa (p. 704).

Aos meus 85 anos, gostaria de agarrar-me para sempre na escolha que fiz conscientemente em meus anos juvenis. Segundo o matemático e filósofo francês Blaise Pascal, uma "aposta" em que temos de cara as probabilidades: nada contra e tudo a favor do infinito. Isso significa que não perco nada crendo em Deus e na vida eterna, porém nesta fé posso ganhar tudo. Sem dúvida, uma e outra vez disse que para esta fé não disponho de nenhuma prova matemático-científica, nem portanto de segurança absoluta. No entanto, sim, tenho boas razões a favor dela e, consequentemente, uma certeza serena e profunda (p. 704).

Tudo isto é, inequivocamente, a última grande audácia da liberdade, sim, confio em Deus, mantenho-me livre a respeito de todos os poderes e instâncias finitas que não são Deus. Meu sim incondicional, meu último Amém de modo nenhum entregarei a uma instância ou poder terrenos qualquer que seja, a um Estado ou a uma Igreja, ou a um superior, guru, *fuhrer* ou papa. O meu Amém eu somente o darei diante Daquele em quem, ao longo de toda a minha vida, coloquei minha confiança última: "A ti, Senhor, me entrego, que eu não fracasse para sempre!" (Sl 71,1) (p. 705).

6. Momentos celebrativos da cerimônia litúrgica de despedida da vida

Antes, eu via a morte na frente da vida. Hoje, ao contrário, vejo minha vida a partir da morte. Eu não sei quando e como vou morrer. Talvez seja chamado de repente, e me será poupada uma escolha individual. Seria bom que fosse assim. Mas, no caso de que eu mesmo pessoalmente deva decidir sobre a minha morte, peço a todos que se atenham aos meus desejos e vontades. Isso não deve acontecer numa atmosfera triste e desconsolada, naquele clima em que as reportagens de TV apresentam a morte digna daqueles que se apoiaram em associações para ter uma morte doce. O meu desejo é ser acompanhado e confortado espiritualmente, na minha casa em Tubinga ou na casa do lago Sursee (p. 655).

Gostaria de despedir-me dignamente de meus companheiros, colaboradoras e colaboradores mais próximos. Depois, uma alegre missa de Ação de Graças poderia ser celebrada na paróquia, com o canto: "Agora, dai graças a Deus", e depois será o meu enterro no cemitério da cidade de Tubinga, onde, há dez anos, eu procurei um túmulo para mim ao lado de meus amigos, Walter e Inge Jens. Desejaria que a cerimônia em minha casa fosse dirigida pelo doutor em Teologia, Stephan Schlensog, e ofereço um texto meditativo, que, segundo o permita ou não a situação, pode ser lido durante a cerimônia: "Pleno de gratidão pelo dom de uma vida sumamente rica e tomado ao mesmo tempo por um profundo desejo, uma imensa curiosidade e uma inquebrantável esperança, inicio esta minha última viagem: para a casa de meu Deus, e oxalá seja para mim 'tudo em todos'" (cf. 1Cor 15,28).

Kung expressa sua fé em Deus dizendo:

Não creio numa intervenção arbitrária de Deus contra as leis da natureza. Confio em que serei acolhido pelo Deus misericordioso ali onde a natureza, em virtude de suas próprias leis, chega ao seu final. Assim, não se trata de um final, menos ainda de um perecimento, mas de uma consumação (p. 656).

Encaminho-me como pessoa finita para o infinito. Para minha despedida desejo o décimo movimento de uma cantata de Bach, tocado pelo genial pianista romeno Dinu Lipatti. Em seguida, todos juntos rezem a oração pela "Libertação do mal", tal como Jesus nos ensinou a rezar a Deus "Pai nosso..." A oração para a minha morte eu a tomei do eremita e pacificador Nicolas de Flue, patrono da Suíça, e a tenho rezado com frequência.

Meu Senhor e meu Deus, elimina tudo, o que me distancia de ti.
Meu Senhor e meu Deus, dá-me tudo o que me aproxima de ti.
Meu Senhor e meu Deus, separa-me de mim e entrega-me
   completamente a ti.

Para terminar, gostaria que se tocasse o adágio da última grande obra orquestral de Mozart, o *Concerto para Clarinete* KV 622, música em que sempre vislumbrei "sinais da transcendência". E, depois, que sejam pronunciadas as seguintes palavras: "O Senhor te abençoe e te guarde. O Senhor te revele o seu rosto radiante e tenha compaixão de ti. O Senhor revele o seu rosto e te conceda a paz" (Nm 6,24-26).

O epitáfio escolhido para ser colocado na sua tumba será breve:

Professor Hans Kung. Deseja ser lembrado pelo seu "ofício", professor. "Não fui um profeta, mas um professor", afirma com convicção. Um professor que se aproxima do final de sua vida com a serena certeza do dever cumprido: "Minha obra está concluída".

7. "O último Amém": uma belíssima e profunda oração

A última página desse livro de memórias que retrata uma vida tão ativa e produtiva é marcada por uma oração profunda, "O meu último Amém", que reproduzimos a seguir. Vale a pena meditar, refletir e orar junto com Kung.

> Ao final destas memórias não quero invocar minha fé em Deus somente com uma citação bíblica, mas, antes, gostaria de atestá-la com uma oração na linguagem dos homens de hoje, como ocasionalmente me atrevi a fazê-lo também ante um público mais amplo (p. 706).
> A nossa vida é breve, a nossa vida é longa e com grande admiração estou diante de uma vida que teve as suas reviravoltas inesperadas, e que também seguiu a linearidade de um caminho: uma vida de mais de 31 mil dias, uns muito bonitos e outros sombrios, cambiantes, que me trouxeram muitas experiências, para o bem, assim como para o mal.
> Uma vida diante da qual eu posso dizer: foi bom assim!
> Eu recebi incomensuravelmente mais do que pude dar, todas as minhas boas intuições e as minhas boas ideias, decisões e ações me foram doadas, possibilitadas pela graça.
> E, mesmo quando decidi erroneamente e agi mal, Tu me guiaste de modo invisível.
> Peço-Te perdão por todos os erros.
> Agradeço-Te, inapreensível, onipotente e Senhor de tudo, o fundamento, o princípio, o sustento e o sentido original do nosso ser, que nós chamamos de Deus,
> Tu, ó grande Mistério indizível da nossa vida, Tu, o infinito em toda finitude, Tu, o inexprimível em todo nosso discurso.
> Dou-te graças por esta vida com todo o inexplicável e raro.
> Dou-te graças por todas as experiências, tanto as luminosas quanto as obscuras.
> Dou-te graças por tudo o que foi exitoso, e por tudo o que no fim Tu transformaste em bem.
> Dou-te graças porque a minha vida pôde se tornar uma vida exitosa, não só para mim, mas também para aqueles que puderam dela participar.
> Somente Tu conheces o plano sobre o qual transcorre a nossa vida com todos as erros, acertos e confusões.
> Não sabemos de antemão o propósito que Tu tens para conosco.
> Não podemos ver o Teu rosto neste mundo, como tampouco puderam vê-lo Moisés ou os profetas.
> Porém, assim como a Moisés foi permitido ver pela fenda da rocha a Deus quando passava, assim também nós podemos reconhecer retrospectivamente Tua mão em nossa vida, ó, Senhor, e sentir Tua mão, ó Senhor, na nossa vida; reconhecer e experimentar que Tu nos sustentaste e nos guiaste e

o que nós mesmos decidimos e fizemos, sempre foi novamente reconduzido por Ti, para o bem.

Coloco o meu futuro, que pode ser de muitos anos ou de poucas semanas, com serenidade e confiança, nas Tuas mãos.

Alegro-me por cada novo dia que eu recebo como dom e confio a Ti, cheio de confiança, sem preocupação e angústia, tudo o que me espera.

Tu estás no início do início, e no centro do centro, assim como no fim do fim, e na meta das metas.

Dou-Te graças meu Deus, porque és amável e a tua bondade dura eternamente.

Amém. Assim seja!

Referências bibliográficas

KUNG, Hans. *Humanidad vivida*. Memorias, v. 3. Madri: Editorial Trotta. Tradutor do alemão para o espanhol José Manuel Lozano-Gotor. 2014, 766 p.

———. *Morire Felici?* Lasciare la vita senza paura. Tradução de Chicca Galli. Milano: Rizzoli, 2015.

15

Bioética de alto risco: arriscando a própria vida para salvar outras vidas

Ao se aproximarem de Hourana (a Milícia assassina), ela simplesmente fechou os olhos e perguntou como iria morrer: seria com um tiro ou uma machete?

Diante da ameaça de assassinato de uma criança de 13 anos: "Se vocês quiserem mesmo matá-lo, atirem antes em mim!".

Confidenciei a ele (irmão mais velho) que, se por acaso eu viesse a morrer, ele deveria dizer para a minha mãe que eu morri feliz.

Relatos do **Pe. Bernard Kinvi, MI**

EM TEMPOS NOVOS e inovadores na Igreja com o Papa Francisco, a busca de revitalização da espiritualidade cristã, somos convidados a fazer um "êxodo pessoal" e ir ao encontro daqueles que estão nas "periferias geográficas e existenciais do coração humano." Nesse sentido, apresentamos flagrantes do trabalho desenvolvido durante a guerra civil que estourou naquele país recentemente, pela missão camiliana em Bossemptele, na República Centro-Africana, onde temos uma comunidade camiliana, Pe. Bernard Kinvi e Pe. Brice Patrick Nainangue, da Vice-Província Camiliana do Benin/Togo. Estamos diante de uma realidade terrível e dramática! Nossos religiosos salvaram a vida de milhares de muçulmanos, ariscando a própria vida! Em tempos de pluralismo religioso, quando tanto se fala da necessidade de diálogo inter-religioso, temos aqui um magnífico exemplo.

O Pe. Bernard Kinvi é o diretor do hospital João Paulo II, de Bossemptele. Durante a guerra civil, esse hospital — que tem sido ajudado pela ONG da nossa Ordem, "Saúde e Desenvolvimento", na implementação de vários serviços —, a Igreja-matriz e uma escola vizinha, das religiosas Carmelitas, formaram o cenário missionário de salvamento de centenas de refugiados muçulmanos que estavam fugindo da guerra.

Essa ação missionária camiliana de salvar a vida de mais de 1.500 muçulmanos recebeu o reconhecimento internacional pela Organização *Human Rights*

Watch (HRW), na pessoa do Pe. Bernard Kinvi. Ele esteve nos meses de novembro e dezembro participando de uma série de eventos na Europa, Paris, Londres, Roma e Genebra, e recebeu o prestigioso prêmio "Alison Forges Award" em reconhecimento de seu trabalho e comunidade. Pe. Kinvi esteve também na nossa Casa Geral em Roma (2 de dezembro de 2014), ocasião em que nos encontramos e o Padre também falou da sua experiência para uma atenta plateia de interessados. Elaboramos este texto a partir do que publicaram e veicularam ao público, jornalistas e repórteres da grande imprensa internacional leiga e secular, a respeito desse trabalho, que é um verdadeiro hino de respeito e resgate do valor dos direitos humanos feridos de centenas de milhares de pessoas na violenta guerra civil que explodiu na RCA recentemente.

Algumas informações sobre a República Centro-Africana

Estamos no centro do continente africano, num país chamado República Centro-Africana (RCA), uma ex-colônia francesa que se tornou independente da metrópole em 1960. Bangui, sua capital e a maior cidade do país, tem hoje 701.597 habitantes. Estamos num dos países mais pobres do planeta e entre os 54 que compõem o continente Africano. Possui quase 5 milhões de habitantes (4,6 milhões em 2012), 44,8% de analfabetos, uma taxa de mortalidade infantil de 111 por mil nascidos vivos e uma expectativa de vida das mais baixas do planeta, de apenas 48 anos. O índice de desenvolvimento Humano (IDH), de 0,343, coloca o país entre os últimos piores do mundo (2011). Pior que a RCA, temos Serra Leoa, Burkina Fasso, Libéria, Chade, Moçambique, Burundi, Níger e Congo, todos na África. Em termos de religião, sua população é composta de 66% de cristãos (católicos 20,4%, independentes 18% e protestantes 15,1%); crenças tradicionais, animistas, 15,4% e islâmicos, 14,6%.

A RCA é o país em que ocorreram conflitos genocidas entre forças islâmicas Seleká (significa "aliança" em Sango, idioma oficial do país), contra as milícias cristãs radicais antibalaká, após a tomada do poder do presidente François Bozizé, um cristão, pelo muçulmano Michel Djotodia, em 2013. Instalou-se uma luta sangrenta, que ocasionou verdadeiro genocídio étnico, de março de 2013 a janeiro de 2014, conduzindo uma campanha de perseguição contra os cristãos e destruição de suas Igrejas. As milícias antibalaká, compostas em grande parte de animistas e cristãos, inicialmente organizaram-se em defesa própria, mais tarde partiram para vingança, atacando mesquitas e expulsando os muçulmanos de suas casas e matando centenas. A hierarquia católica do país declarou publicamente que a organização antibalakás não era cristã e denunciou a brutal violação de direitos humanos de ambos os lados.

Essas duas facções rivais engajaram-se numa sangrenta luta que resultou em milhares de mortes e outras centenas de milhares de pessoas que foram obrigadas a abandonar seus lugares nativos e casas e fugir para locais mais seguros no país, virando refugiados em países vizinhos, principalmente na República de Camarões. Segundo relatos de organizações internacionais de apoio humanitário, como Médicos sem Fronteiras, e de vigilância dos direitos humanos, como a Anistia Internacional e a Human Rights Watch (HRW), o que aconteceu foi "um brutal conflito de limpeza étnica". Atualmente está no país um corpo de paz da ONU, os "the Blue", assim chamados por causa da cor azul do capacete dos soldados da ONU, que tentam evitar potenciais conflitos. A Anistia Internacional acusou o corpo de paz da ONU de falhar em prevenir o conflito.

A RCA foi dilapidada de seus preciosos recursos naturais, desde diamantes até urânio. Entrou num verdadeiro caos quando os Seleka assumiram o poder em março de 2011, num país de maioria cristã. Eles perderam o poder para os antibalaká, ao custo de pelo menos 3 mil vidas, e deixaram 2,5 milhões de pessoas, mais da metade de sua população, em situação miserável, com necessidades de assistência emergencial humanitária para sobreviver.

Segundo o coordenador das ações de emergência da HRW, Peter Bouckaert, em entrevista à CNN internacional: "Os promotores da paz estão diante de uma difícil missão na RCA. Basicamente não existe governo na maior parte do país. O Estado simplesmente desapareceu. Não existem centros de detenção. Eles necessitam reestabelecer a lei e a ordem num país tão grande quanto a França, com uma tropa de somente 12 mil homens".

O reconhecimento internacional do jovem Pe. Bernard Kinvi

É nesse contexto violento e sangrento de guerra que entra em ação o jovem religioso camiliano Pe. Bernard Kinvi, 32 anos, saudado pela CNN como um "símbolo vivo de esperança no futuro do país (RCA)". A repórter da CNN Cristiane Amanpour pergunta a Peter Bouckaert a respeito do futuro da RCA: "Existe esperança?". Ele responde que sim, "por causa da existência de muitas pessoas como ele (apontando para o Pe. Kinvi). Nós podemos fazer a diferença. Falamos muito dos que morreram mas esquecemos do grande número de pessoas que foram salvas com ações como a do Pe. Kinvi. É muito importante que alguém, que muitos gritem 'Parem de matar, por favor! Parem, por favor!', e que os feridos sejam tratados".

Embora o destaque maior da imprensa internacional seja dado ao Pe. Bernard Kinvi, por causa do prêmio recebido, não podemos esquecer que o prêmio é para toda a comunidade camiliana com a participação do Pe. Brice Patrick Nainangue, o próprio Pe. Kinvi reconhece essa realidade. O Pe. Bernard Kinvi nasceu no Togo e, logo após sua ordenação, partiu em missão para a RCA. Numa pequena cidade denominada Bossemptele, distante 300 quilômetros da capital do país, acabou providenciando teto e cuidados no hospital, Igreja-matriz e escola (que pertence às irmãs carmelitanas) para centenas de muçulmanos cujas vidas corriam seriíssimo risco, ameaçadas pelas milícias antibalaká. No centro missionário camiliano, protegeu mais de 1.500 pessoas muçulmanas, ajudando-as como refugiados a fugir para um lugar mais seguro, no país vizinho, a República de Camarões. As forças de paz internacionais (ONU, francesas e africanas) estavam basicamente presentes apenas na capital do país, Bangui, deixando essa área do país completamente desguarnecida e campo aberto para o "extermínio étnico". As únicas forças de paz foram os padres e as religiosas católicas.

Segundo a organização internacional HRW, após um dos ataques mais sangrentos que ocorreram em Bossemptele, no qual as milícias antibalaká mataram mais de 80 muçulmanos, "Kinvi passou dias procurando por sobreviventes muçulmanos, muitos deles crianças, e levando-os para a Igreja por questão de segurança. Durante o curso do conflito, ele acolheu centenas de muçulmanos na Igreja, no hospital e na escola, apesar de repetidas ameaças de morte".

Segundo o Pe. Kinvi, todo esse envolvimento com a população em guerra "não foi uma decisão pessoal, mas algo que simplesmente aconteceu. Como padre, não posso apoiar a morte de um homem sequer. Todos somos humanos: a religião não entra aqui em discussão. Se um antibalaká chega ferido, eu cuido dele. Não importa quem você seja, o que você faz com sua vida, ou qual a sua religião, você é um ser humano e eu vou cuidar de você".

O diretor para situações emergenciais da organização HRW, Peter Bouckaert, num artigo publicado no prestigioso jornal *The Washington Post* (15 de março de 2014), fala por que sua organização concedeu o prestigioso prêmio "Alison Des Forges Award 2014" da HRW Award 2014 ao Pe. Bernard Kinvi: "Durante o banho de sangue na República Centro-Africana, o Pe. Kinvi arriscou a própria vida, dia após dia, salvando centenas de muçulmanos da morte certa nas mãos de assassinos. Demonstrando uma coragem humilde e inquebrantável, sempre com um sorriso contagiante, ele defendeu os mais vulneráveis!".

Num comunicado da organização é dito que a "HRW homenageia o Pe. Bernard Kinvi por sua coragem férrea e dedicação em proteger a população civil na República Centro-Africana". Este prêmio "Alison Des Forges Award" da HRW, segundo a filosofia de valores dessa organização, "celebra o valor das pessoas que colocaram as próprias vidas em risco para proteger a dignidade e os direitos dos outros. A HRW colabora com esses corajosos ativistas para criar um mundo em que as pessoas possam viver livres da violência, da discriminação e da opressão!".

O prêmio leva o nome da doutora Alison Des Forges, uma conselheira da HRW por quase 20 anos que morreu num acidente aéreo nos Estados Unidos em 2009. Ela tornou-se internacionalmente conhecida, como a maior *expert* em Direitos Humanos em Ruanda, por seu envolvimento pró-direitos humanos no genocídio que ocorreu naquele país em 1994.

Sem medo de arriscar a própria vida

Selecionamos a seguir alguns relatos mais interessantes e impactantes de entrevistas do Pe. Kinvi, dados a vários meios de comunicação mundiais, entre os mais prestigiosos jornais ingleses (*The Independent* e *The Guardian*), europeus e norte-americanos (*US Today*, *The New York Times*, *The Washington Post*), bem como uma belíssima entrevista concedida à CNN Internacional, por ele e pelo diretor de emergências da HRW, Peter Bouckaert. A repercussão mundial na assim chamada imprensa secular foi simplesmente impressionante. Muito mais forte que mídia religiosa, embora esta também tenha dado algum destaque, ainda que tímido.

Na entrevista para a CNN, no programa da reconhecida jornalista Cristiane Amanpour, ao ser perguntado sobre o que aconteceu quando as milícias antibalaká chegaram a seu vilarejo, Bossemptele, ele descreveu:

> Quando percebemos que os antibalaká estavam chegando, tentamos negociar para parar o confronto armado, mas eles não nos ouviram e infelizmente o pior aconteceu. Muitos muçulmanos morreram, outros se esconderam, outros conseguiram escapar e muitos entraram no nosso hospital. Muitos foram se esconder na floresta, e os que não eram capazes de fugir do conflito, infelizmente, foram todos mortos! Aconteceu um verdadeiro massacre!
>
> Eu fui ao encontro das crianças, das pessoas que estavam escondidas, dos inválidos, feridos e os trouxe todos para o hospital. Eles queriam matar um jovem de 13 anos que encontrei. Este aterrorizado estava agarrado em meu hábito religioso e terrificado de medo. O entendimento deles é que este jovem cresceria, ia se tornar um adulto e um dia tentaria se vingar deles. Então, para não se correr este risco, deveria ser morto já! Eu intervi energicamente e disse: "Não, isto é impensável, ele é um ser humano. Se vocês quiserem mesmo matá-lo, atirem antes em mim!" No final, eles desistiram do que estavam decididos a fazer e permitiram que a criança ficasse comigo.

O jornal *The Independent* assim descreve a ação do Pe. Kinvi:

> Por mais de um mês, cuidou dos lutadores antibalaká (grupo de cristãos e animistas), muitos dos quais bêbados ou drogados, todos convictos por suas crenças animistas de que são invulneráveis às balas (que bela ilusão, nosso comen-

tário), coletando corpos nas ruas e arredores do vilarejo. Vestido num hábito preto com uma Cruz Vermelha de sua Ordem, ele negociou diariamente com os homens da milícia para poupar o maior número de vidas, incluindo a sua.

É de arrepiar a frieza com que agiam estes líderes da milícia, segundo o Pe. Kinvi. Ele recebia inúmeros telefonemas desses assassinos para informar-lhe que mais um muçulmano havia sido morto e pediam-lhe que buscasse e enterrasse o corpo. Eles me diziam: "Nós fazemos nosso trabalho, padre, e o Senhor faz o seu: nós matamos e o Senhor os enterra". Continua Kinvi, relatando que "em determinado momento enterramos 28 corpos numa vala comum. Os corpos eram deixados até apodrecer na rua... Com aquele calor, o cheiro era insuportável". O jornalista do *The Independent* reporta:

> Por vezes estando presente em ambos os lados dos grupos em conflito, seja de motocicleta ou de carro, num momento procurava resgatar um muçulmano que ele temia fosse cair numa armadilha dos antibalakás, em outro momento dirigia seu carro em direção ao matagal para cuidar dos antibalakás perdidos e feridos. Outras vezes, tudo o que ele podia fazer era simplesmente garantir alguma dignidade para os mortos.

Nesse país existe a crença cultural de que ninguém deve tocar os corpos dos mortos, por causa da superstição de que se tocar você morrerá da mesma maneira. Assim os corpos ficam dias e dias pelas ruas em decomposição, com cheiro horrível, sendo comidos por aves, cachorros, porcos... Pe. Kinvi, passou quinze dias recolhendo corpos e enterrando-os.

> No primeiro dia, enterramos 21 cadáveres. Levamos os corpos para o cemitério, mas as pessoas que vieram para nos ajudar começaram a se desculpar e a não mais ajudar. Não havia mais quase ninguém disposto a colaborar em abrir valas para enterrar os cadáveres (Jon Lee ANDERSON, The mission: a last defense against genocide, *New Yorker*, 6/10/2014).

Diz o Pe. Kinvi: "Passei por momentos de muito pavor, mas fiz o voto de cuidar dos doentes e de cuidar mesmo com o risco da própria vida. O voto não foi nada *light*, e quando o momento chegou eu não tive outra escolha a não ser permanecer e ajudar".

Uma arma importante para o padre foi o seu hábito, que carregava grande autoridade e respeito, obrigando as pessoas a se perguntar sobre o significado.

Eles demonstraram a princípio certo medo e admiração pelo meu hábito camiliano. Mesmo no contexto anárquico dos antibalaká, em que seus membros utilizam amuletos vudus, que segundo suas crenças e seus rituais acreditam que os tornam invencíveis, os símbolos da Igreja são respeitados. Penso que os impressionei usando o longo hábito preto com uma cruz vermelha no peito. Quando eu compreendi isso, passei a usá-lo sempre, pois era minha proteção.

Continua a reportagem de Cahal Milmo no jornal *The Independent* (13 de novembro de 2014) relatando:

Graças a ele e seus confrades membros da Ordem Camiliana, que têm o nome por causa de São Camilo que cuidou dos doentes, mais de mil muçulmanos de Bossemptele e locais vizinhos foram cuidados, salvos e ajudados como refugiados para migrarem para uma segurança relativa no país vizinho da República de Camarões. Seu heroísmo veio ao conhecimento de todos, depois que oficiais da organização humanitária HRW investigaram o conflito.

Para o Jornal *International Business Times* (14 de novembro de 2014), Kinvi fala do seu compromisso de vida:

Quando eu me tornei padre, assumi a responsabilidade de servir o doente, mesmo com risco de minha própria vida, ele disse. Assumi este compromisso de vida, sem muito saber o que isto significara. Mas quando a guerra estourou compreendi o que significa colocar a vida em risco. Ser padre é muito mais do que simplesmente distribuir bênçãos, é estar junto daqueles que perderam tudo.

Tenho sede de paz para nosso país. Desejo ver o povo livre se movendo de um lado para outro com segurança, como em qualquer outro país. Desejo ver meus irmãos muçulmanos, que perderam tudo, retornar para suas casas. Este é seu país, e eles necessitam retornar para casa, conclui Kinvi.

Numa terra sem lei, onde o que vale é a força dos assassinos e a vingança, num dos piores ataques em Bossemptele, em 18 de janeiro de 2014, mais de 100 pessoas foram mortas. O relato do Imã Mahajir (clero islamita), que aos 76 anos é vítima em sua casa pelos antibalaká, nos dá uma ideia do horror da situação:

Os antibalaká chegaram, levaram meu filho Abdel para o mercado e o executaram. Vi um grupo dos antibalaká vindo em direção à minha casa e eu me acostei no murro mostrando a eles que eu não era uma ameaça. Um deles atirou três vezes em mim, dois tiros no abdome e um na minha mão direita, e deixaram-me para morrer (Relatório da *Amnesty International: Ethnic cleansing and sectarian Killings in Central African Republic*, 2014).

Hoje, segundo o *The Independent*, em Bossemptele existem poucos muçulmanos, 12 deficientes órfãos que estão sendo cuidados pelos padres da cidade. Estima-se que, dos cerca de 700 mil muçulmanos do país, menos de 100 mil ainda permanecem na RCA. Mais de meio milhão está na condição de refugiado em outro país, na sua grande maioria em Camarões.

Cena dramática: os brutos também têm sentimentos de compaixão!

Em março de 2014, o Corpo de Paz Africano começou a retirar os muçulmanos de Bossemptele, e hoje poucos permanecem na missão. Entre eles está Harouna, uma criança de 10 anos com pólio abandonada pela mãe quando os antibalaká chegaram ao local onde viviam. Harouna não pode andar e provavelmente teria morrido se seu irmão de 14 anos não a tivesse salvado, carregando-a nas costas e fugindo para dentro da floresta.

Ele a levou o mais longe que pôde, a um lugar seguro, e foi procurar ajuda, mas infelizmente ele nunca mais voltou... Quando atiradores antibalaká a encontraram poucos dias mais tarde, arrastando-se entre as árvores, eles jocosamente brincaram que tinham encontrado um animal! Ao se aproximarem dela, ela simplesmente fechou os olhos e perguntou como iria morrer: "Com um tiro ou uma machete?". Diante da inesperada atitude, e talvez sentindo "pena" de Harouna, a milícia desistiu de matá-la e começou a cuidar dela, dando banho e alimentando-a, e a transportaram para um centro paroquial. Depois de ficar cinco meses numa paróquia vizinha, ela foi trazida para Bossemptele, onde hoje estuda e espera a chegada de uma cadeira de rodas. "Atos de compaixão como este são uma evidência de que o amor contagia", diz Kinvi (*The Guardian*, Sam Jones 13 de novembro de 2014).

Um legado: um extraordinário testemunho de vida...

O jornalista Sam Jones, do Jornal *The Guardian*, resume a história do Pe. Kinvi assim:

> Em determinado momento (do conflito), mais de mil e quinhentos muçulmanos estavam vivendo sob a proteção de um homem cuja única força eram sua fé e um hábito preto com uma grande cruz vermelha no peito, que ele usa como membro da Ordem Camiliana (*The Guardian*, Sam Jones, 3 de novembro de 2014).

Para concluirmos esta história, trazemos à luz um depoimento final da dedicação desse jovem camiliano quando relata que num momento crítico do conflito armado, ao contatar sua família, assim se expressa: "Numa ocasião durante a luta telefonei para o meu irmão mais velho e relatei a ele que as coisas estavam muito difíceis e que corria risco de vida. Confidenciei a ele que, se por acaso eu viesse a morrer, ele deveria contar para minha mãe que eu teria morrido feliz".

Após todos esses depoimentos e relatos, o que pensar? O que dizer, o que sentir? Primeiramente, penso que devemos expressar nossa admiração, nosso respeito e nossa gratidão a esses camilianos por destemidamente testemunhar sua vocação e missão camiliana, salvando vidas num contexto violento de guerra, correndo o risco de perder a própria vida! Recebem o reconhecimento mundial por intermédio da mídia secular (nem tão religiosa, outro dado interessante a ser observado) no assim chamado grande areópago da sociedade contemporânea.

O que mais fazer a não ser agradecer o extraordinário testemunho dessa comunidade camiliana africana, nas pessoas do Pe. Bernard Kinvi e do Pe. Brice Patrick Nainangue, e, profundamente sensibilizados, simplesmente dizer: Amém!

Referências bibliográficas

ANDERSON, Jon Lee. The mission: The last defense against genocide. In: *The New Yorker*. 20 out. 2014. Disponível em: <http://www.newyorker.com/magazine/2014/10/20/mission-3>. Acesso em: 11 abr. 2015.

BBC WORLD SERVICE. The Priest who Saved Thousands of Lives. 18 nov. 2014 (transmissão na rádio). Disponível em: <http://www.bbc.co.uk/programmes/p02bks0f>. Acesso em: 11 abr. 2015.

BILL. Saving Grace: Father Bernard Kinvi of Central African Republic. In: *Arsenal for Democracy*. 15 nov. 2014. Disponível em: <http://arsenalfordemocracy.com/2014/11/15/saving-grace-father-bernard-kinvi-of-central-african-republic/#.VS1ai_nF9j9>. Acesso em: 11 abr. 2015.

HULLAH, Henry. Criminals are in charge of the Central African Republic. In: *CNN international*. 18 nov. 2014. Disponível em: <http://amanpour.blogs.cnn.com/2014/11/18/criminals-are-in-charge-of-the-central-african-republic-says-human-rights-watch-director/>. Acesso em: 11 abr. 2015.

HUMAN RIGHTS WATCH. Father Bernard Kinvi, Central African Republic. 16 set. 2014. Disponível em: <http://www.hrw.org/news/2014/09/16/father-bernard-kinvi-central-african-republic>. Acesso em: 11 abr. 2015.

———. Report "They Came to Kill! Escalating Atrocities in the Central African Republic", 19 dez. 2013. Disponível em: <http://www.hrw.org/reports/2013/12/18/they-came-kill>. Acesso em: 11 abr. 21015.

JONES, Sam. Act of faith: the Catholic priest who puts his life on the live to save Muslims in Central African Republic. In: *The Guardian*. 13 nov. 2014. Disponível em: <http://www.theguardian.com/global-development/2014/nov/13/

central-african-republic-catholic-priest-saves-muslims-seleka-christians-father-bernard-kinvi>. Acesso em: 11 abr. 2015.

LACCINO, Ludovica. Central African Republic Conflict: Christian Priest Bernard Kinvi Protects Muslims from Anti-Balaka Militia. In: *International Business Times*. 14 nov. 2014. Disponível em: <http://www.ibtimes.co.uk/central-african-republic-conflict-christian-priest-bernard-kinvi-protects-muslims-anti-balaka-1474789>. Acesso em: 11 abr. 2015.

MILMO, Cahal. The Catholic priest who defended Muslim and Christian alike in the wartorn Central African Republic. In: *The Independent*. 13 nov. 2014. Disponível em: <http://www.independent.co.uk/news/world/africa/the-catholic-priest-who-defended-muslim-and-christian-alike-in-the-wartorn-central-african-republic-9859602.html>. Acesso em: 11 abr. 2015.

STARR, Stephen. The Priest saved over 1,000 Muslims in Central African. In: *The Irish Times*. 20 dez. 2014. Disponível em: <http://www.irishtimes.com/news/world/africa/priest-saved-over-1-000-muslims-in-central-african-republic-1.2044442>. Acesso em: 11 abr. 2015.

Vaticano. News.va. Official Vatican Network. He protected the Muslims: the Alison Des Forges Award to a Central African camillian. Disponível em: <http://www.news.va/en/news/africacentral-africa-he-protected-the-muslims-the->. Acesso em: 11 abr. 2015.

World Religious News 2014. Father Bernard Kinvi: Catholic Priest Risks His Life to Help Muslims. Father Bernard Kinvi, who recently won a Human Rights Watch Award for his work, believes the conflict in car is misunderstood. Through the Violence, Good Shall Prevail. 18 nov. 2014. Disponível em: <http://www.worldreligionnews.com/religion-news/christianity/father-bernard-kinvi-catholic-priest-risks-his-life-to-help-muslims>. Acesso em: 11 abr. 2015.

Posfácio
Necessitamos urgentemente de bioeticistas e "bioetoscópios"!
Leo Pessini[1]

> Não será a homogeneização das diferenças que construirá o futuro, mas a convivialidade respeitosa com as diferenças.
>
> Bruno Forte

Introdução

As REFLEXÕES QUE constituem este posfácio de nossa obra, *Bioética em tempos de globalização: a caminho da exclusão e indiferença ou da solidariedade*, são resultado de provocações, inquietações e ecos da participação no X Congresso Latino-Americano e do Caribe de Bioética, sob os auspícios da Federação Latino-Americana de Instituições de Bioética (Felaibe), ocorrido em San José, Costa Rica, de 25 a 27 de março de 2015. Esse evento, coordenado pelo Presidente da Felaibe, professor Dr. Francisco León Correa — ilustre bioeticista espanhol, que há muitos anos vive na América Latina, em Santiago, no Chile — e pelo professor Dr. Jorge López Vallejo — médico e bioeticista da Costa Rica —, abordou a temática *"O Bios e as diversidades diálogo e consenso para a ação"*. Esse congresso apresentou como objetivo principal "promover e enriquecer o diálogo e o debate sobre os importantes dilemas que se colocam no âmbito da diversidade vital, não somente no que diz respeito ao entorno ambiental, climático ou ecológico, mas na diversidade do *Bios*, e a repercussão que este tem em suas esferas biológicas, sociais, pessoais íntimas e comunitárias, sempre numa ótica plural, inter e transdisciplinar dialógica e respeitosa". É a partir dessa proposta de reflexão bioética que me perguntei, a respeito da necessidade de um

---

[1] Professor Doutor no programa *Stricto Sensu* de Bioética (mestrado, doutorado e pós-doutorado) do Centro Universitário São Camilo (SP). Autor de inúmeras obras de Bioética publicadas no Brasil e no exterior. Entre outras, como coorganizador e coautor de: *Bioética, cuidado e humanização*, 3 vols. (São Paulo, Loyola, 2014); coautor e coorganizador de *Ibero American Bioethics: History and Perspectives* (Nova York, Springer, 2010). Coautor de: *Problemas atuais e Bioética*, 11. ed. (São Paulo, Loyola/Centro Universitário São Camilo, 2014); Conferencista Nacional e Internacional. E-mail: lpessini@uol.com.br

novo paradigma, um novo aparato ou modelo instrumental, para que possamos pensar e compreender para além da tão decantada biodiversidade ambiental e ecológica, a diversidade cultural e humano-étnica.

Estamos diante de uma temática complexa, difícil e conflitiva no atual estágio da convivência humana na contemporaneidade, mas não podemos mais fugir desse encontro, temos de enfrentá-lo com humildade e sabedoria. Associamos, quase automaticamente, o tema da diversidade com adversidade. Ainda não aprendemos a viver, conviver e compreender os diferentes de "nós mesmos". Fomos ao longo da vida educados para homogeneidade, uniformidade e unificação. Alcançar a tão sonhada "unidade" somente era possível por meio da "uniformidade forçada", de pensamentos, estilo de vida, expressões de arte, valores e crenças. É nesse contexto que podemos ter uma chave de leitura para compreender algo dos fundamentalismos contemporâneos que semeiam terror e violência em todo o mundo (Al Qaeda, Isis — estados islâmicos, radicais e milícias islâmicas — xiitas e tantas outras organizações fundamentalistas).

Numa sociedade de "estranhos morais", o diferente de nós é apenas tolerado no nível mínimo, mas dificilmente escapa da discriminação. Não raro o que se busca é sua eliminação. Vejamos por exemplo o massacre de 148 universitários cristãos, no dia 2 de abril de 2015, numa Universidade do Quênia, pelo grupo terrorista islâmico Al-Shabbab, ligado à poderosa Al Qaeda.

Precisamos aprender, urgentemente, a conviver com os diferentes na base do respeito e buscar a unidade, a tão sonhada comunhão humana, no respeito pela diversidade e para além dela. Isso até soa romantismo utópico após tanta violência fundamentalista que presenciamos na contemporaneidade. Precisamos nos reinventar como humanidade para garantir uma vida digna para todos no futuro. Sem dúvida, o surgimento, o crescimento, a expansão e a institucionalização da Bioética neste quase meio século, desde seu surgimento como processo histórico nos Estados Unidos, em 1970 (POTTER & HELLEGERS), constitui-se num lance de esperança ética para a humanidade. Sem dúvida para além de um conhecimento a mais entre tantos outros, estamos diante de uma sabedoria que nasce a partir de alguns valores humanos fundamentais, garantidores de vida digna e coexistência no futuro em nosso planeta. Essa sabedoria se alinha em uma perspectiva inter, multi e transdisciplinar do conhecimento humano. Necessitamos, com urgência, criar e implementar o uso de um novo paradigma de visão das coisas e da realidade do mundo, um novo instrumento que garanta a perenidade desses valores humanos fundamentais, entre outros, respeito pela diversidade e proteção dos mais vulneráveis da Terra. Trata-se do *bioetoscópio*. É preciso *"bioeticalizar"* nossa realidade contemporânea, em todas as suas dimensões — econômica, cultural, política, social, profissional, religiosa, científica e cultural —, com um *bioetoscópio*. É sob essa perspectiva e essa visão que a seguir vamos discorrer a partir da ótica de Edgar Morin, na sua proposta de como podemos lidar com o "pensamento complexo" na contemporaneidade.

A trajetória do conhecimento fragmentário ao conhecimento integral da realidade

Lembro-me com frequência de um pensamento repetido à exaustão por um excelente professor de Metodologia Científica, um verdadeiro sábio, nos meus tempos de estudante de Filosofia, em meados dos anos de 1970 do século passado. Esse mestre dizia com frequência: "A realidade não se deixa conhecer tão facilmente quanto ingenuamente nós pensamos!". Outro pensamento recorrente desse sábio mestre era o de que as ideologias que tentam explicar nossa realidade de vida, nos seus processos sócio-histórico-político-culturais e religiosos — e naquele tempo de estudante duelavam entre si comunismo (União Soviética — URSS) e capitalismo (Estados Unidos) —, são verdades parciais radicalizadas! Uma parte da verdade, portanto "parcial", é tomada como o "todo" da verdade, levando-nos a uma visão que é parte da mesma realidade, mas, sem dúvida nenhuma, está ideologicamente deturpada. Esquecemos muito rapidamente que "todo ponto de vista é sempre a vista a partir de um ponto" e que um só ponto de vista é sempre uma visão redutiva, limitada e precária da realidade, pontificava meu querido e saudoso mestre. Esquecemo-nos das lições de Pascal, de que "é impossível compreender as partes sem conhecer o todo, bem como conhecer o todo sem conhecer particularmente as partes". O progresso científico, alicerçado no pensamento cartesiano, foi avante separando e dividindo as coisas. Para conhecer o mundo, é preciso reduzir o complexo ao simples, ou seja, separar o que está ligado.

Chegamos assim ao século XX com os conhecimentos sempre mais disjuntivos e fracionados, tornando-se quase impossível perceber uma teia comum, ou uma unidade maior em meio a tanta fragmentação do saber. Para que possamos apreender e compreender a realidade na sua totalidade, precisamos levar em conta outros pontos de vista. Com essa visão global teríamos a chance de estar diante de uma compreensão de mundo mais próxima da verdade. O que julgamos ser e ver como realidade, por vezes, não passa de uma interpretação parcial, redutiva e precária dessa mesma realidade. É nesse momento que as ideologias, sejam de esquerda sejam de direita, religiosas ou não, ardilosamente nos manipulam. Nenhum olhar pode monopolizar a compreensão de forma absoluta e totalitária da realidade ou do mundo em que vivemos. A compreensão será sempre uma visão múltipla e multifacetada. Sabendo valorizar cada olhar, que sempre nos traz um conhecimento específico e especializado, bem como uma compreensão da realidade, poderemos encontrar os instrumentos adequados para ampliar e decifrar os mistérios e os sentidos do mundo em que vivemos.

Sem dúvida nenhuma vivemos tempos de incertezas e de "complexidades crescentes" como nos ensina o célebre pensador francês Edgar Morin. O conhecimento científico trilhou uma rota que ganhou um saber mais preciso e completo em termos de profundidade, com a exigência de especialização que trouxe como consequência a fragmentação do saber. Jocosamente, afirmamos com frequência que "o especialista é aquele que sabe sempre mais de cada vez menos, até saber quase tudo de quase nada". Para conhecermos algo no mundo científico, isolamos, dissecamos e separamos o objeto, afastando-o do seu meio original e colocando-o em um contexto artificial. Veja o que ocorre por exemplo no âmbito da medicina, com a visão compartimentalizada do corpo humano, e depois não somos mais capazes de ver e colocar tudo num conjunto harmônico de uma pessoa! A hiperespecialização, ao mesmo tempo em que ganhou em resolutibilidade no combate às doenças, por exemplo salvando muitas vidas, deixou-nos com a visão do todo profundamente comprometida.

Neste momento, começamos a ficar indignados com o fato de o ser humano ter sido reduzido a coisa, a mero objeto manipulável, e se instala a desumanização dos processos do cuidar do ser humano. Urge recuperar a subjetividade e a intersubjetividade nas relações entre as pessoas, profissionais que cuidam, cuidadores e seres humanos fragilizados pela doença e pelo sofrimento, necessitadas de cuidados.

Edgar Morin diz que o conceito de complexo não se opõe ao de simples, mas ao de simplificador. Ele reconheceu a simplificação no domínio do conhecimento científico, da redução (do global a seus elementos), da disjunção (entre objeto e contexto e entre os saberes especializados), da ordem (o determinismo em geral) e da abstração (com a eliminação da realidade concreta). O significado da palavra *complexus*, de origem latina, é *"o que é tecido junto"*. O conhecimento complexo procura situar o objeto na rede à qual ele se encontra conectado. Inversamente, o conhecimento simplificador isola seu objeto, desconsiderando portanto o que o liga ao seu contexto, e ao horizonte maior de uma organização global. O conhecimento complexo objetiva reconhecer o que liga ou religa o objeto ao seu contexto, o processo e a organização em que ele se insere. É claro que houve grandes progressos no conhecimento, mas também se criaram zonas de ignorância cada vez maiores. Quando dizemos "isso é complexo", segundo Morin, confessamos nossa incapacidade de descrever ou dar uma explicação simples, clara e precisa sobre algo. Complexo é tudo aquilo que não se pode reduzir a uma explicação clara, a uma ideia ou lei simples.

Religar os saberes necessários para a educação do futuro

É nesse contexto que Morin fala da emergência de dois princípios. O primeiro é o da religação dos saberes. Religar converteu-se num princípio cognitivo permanente: um conhecimento que isola seu objeto mutila-o e oculta seu caráter essencial. Assim, uma informação adquire sentido num sistema de conhecimento, um conhecimento adquire sentido nas condições históricas dos fatos concretos em que surge. Numa linguagem de sala de aula, meu caro mestre dos belos tempos de estudante de Filosofia nos advertia que, para fazermos uma hermenêutica correta de qualquer texto, e consequentemente termos uma interpretação certa, "é necessário sempre, colocar o texto, no contexto, para que depois não vire pretexto"! A descontextualização geralmente mutila o conhecimento e o sentido verdadeiro das coisas (a compreensão) e gera vítimas inocentes.

É o que ocorre com as ideologias. O segundo princípio de Morin, perante a insuficiência da lógica clássica para explicar as contradições que ela rejeita, é a necessidade de assumir uma alternativa dialética que ligue (outra vez a religação...) as contradições, a qual ele chama de *dialógica*. Esses dois referenciais constituem o núcleo do "paradigma" do conhecimento complexo que, na sua obra magistral sobre o Método, procura elaborar os instrumentos conceituais que permitem religar os conhecimentos. Nessa perspectiva, ele fala da necessidade do cultivo de sete saberes essenciais à educação do futuro, *"porque dizem respeito aos sete buracos negros da educação completamente ignorados, subestimados ou fragmentados nos programas educativos"*.

Os sete saberes adotados pela Unesco são os seguintes: [1º] diz respeito ao *conhecimento* (problema-chave do erro e da ilusão); [2º] diz respeito ao conhecimento pertinente, isto é, o conhecimento que não mutila seu objeto; [3º] trata-se da *identidade humana*. O relacionamento entre indivíduo-sociedade-espécie é como a trindade divina, um dos termos gera o outro e um se encontra no outro; [4º] ensinar a *compreensão humana* (empatia e compaixão, sofrer junto), é isso o que permite a verdadeira comunicação humana. Afirma Morin que *"a incompreensão nos devasta, sem compreensão não haverá progresso humano. A incompreensão gera desprezo, intolerância e ódio, ela gangrena nossas vidas"*. Por vezes essa compreensão regride, como ocorre na Europa, com o espírito xenófobo para com os vizinhos pobres do norte da África. Muitos morrem nas águas do Mediterrâneo, na tentativa de chegar à Europa em busca de melhores condições de vida. Além disso, guerras ideológicas e organizações terroristas são uma constante ameaça para a paz; [5º] *enfrentar as incertezas*, apesar de se ensinar só as certezas. As ciências físicas, de onde provieram as grandes certezas no século XX, revelaram-nos as incertezas microfísicas com a teoria do caos, as incertezas cósmicas com as incertezas sobre a origem, a natureza e a finalidade do Universo; [6º] *ensinar sobre a condição e o destino humano*, doravante planetário, comum a todo o gênero humano. Hoje todos somos interdependentes e vulneráveis diante das mesmas ameaças (na área de saúde pública, doenças de amplitude planetária como HIV/aids, ebola, entre outras, e fenômenos devastadores da natureza, como terremotos, maremotos, *tsunamis*, tufões etc.); e, [7º] *ensinar a antropoética* ("ética do gênero humano"). Existem três dimensões éticas: a ética no nível pessoal, no nível social e no nível de humanidade, que abarca todo o gênero humano.

Sob o efeito da acumulação dos saberes, a ciência setorizou-se e seus três grandes campos de conhecimento, a Física, a Biologia e as Ciências Humanas, isolaram-se uns dos outros. Cada um desses campos, por sua vez, setorizou-se e, em todos os domínios, técnicos e especializados, desenvolveram-se conhecimentos compartimentados. Com isso a cultura científica tornou-se uma cultura especializada, na qual cada disciplina tende a se fechar em si mesma e a se tornar esotérica, não apenas para a pessoa comum mas até para os especialistas das outras disciplinas. Nesse contexto, os especialistas se intimidam diante das ideias gerais e os não especialistas fazem tentativas vãs de resolver os problemas. Aqui, Edgar Morin fala que homem culto do século XXI necessita ter alguns instrumentos capazes de enfrentar os desafios da complexidade, a partir de conhecimentos interdisciplinares, o cosmos, a natureza, a realidade e o humano. Para ele, "o conhecimento é a navegação num oceano de incertezas, em meio a arquipélagos de certezas" e necessariamente sempre tecido junto com um componente ético, quando ele fala de "ciência com consciência".

A emergência da Bioética, do bioeticista e do bioetoscópio!

Numa linha propositiva, saudamos com esperança o *surgimento da Bioética* como uma nova sensibilidade humana de promoção, proteção e cuidado da vida do planeta, dos seres vivos em geral, e do ser humano em particular, diante da explosão de novos conhecimentos trazidos pela tecnociência. Do acaso fatalista do destino natural, perante o qual tínhamos um conhecimento precário e limitado (embora a natureza, a casa comum da humanidade, esteja em perigo e necessite de cuidados urgentes!), passamos para o domínio predador, manipulador e destruidor do planeta. A terra hoje grita por socorro. Nesse sentido, cresceu muito a responsabilidade humana nesse processo. Uma responsabilidade de cuidado, respeito e proteção. Constatamos o surgimento de um novo profissional que lida com valores humanos de forma inovadora, ou seja, multi, inter e transdisciplinar — o *bioeticista* —, e propomos a criação do *"bioetoscópio"*, um instrumento novo no âmbito da ciência dos conhecimentos especializados, portador de conhecimento de valores culturais e sabedoria humana, que nos guie nos meandros da complexidade caleidoscópica do conhecimento humano.

É neste contexto que surge a imperiosa necessidade de introdução da perspectiva bioética. A intuição original de Potter, enquanto define a Bioética como uma *"ponte entre duas culturas — ciências e humanidades — que não dialogam"*, e também como *"ponte para o futuro"*, ganha consistência. Existe uma perspectiva saudável de eliminar os murros isolacionistas do conhecimento compartimentalizado e especializado, que separa e divide, ao propor uma perspectiva de conhecimento multi, inter e transdisciplinar. A imagem da *Bioética como ponte* de Potter traduz a mesma ideia de ligação e religação dos saberes de Morin. Nesse contexto, necessitamos utilizar um novo instrumento que nos possa dar explicação, conhecimento, compreensão e visão, os mais fiéis do que seja a realidade dos fatos. Para tornar mais claro esse raciocínio e pensamento, exemplificamos, apresentando algumas formas de conhecimento de diferentes realidades específicas, que somente sabemos hoje de sua existência, porque criativamente o ser humano usando de sua inteligência inventou instrumentos tecnológicos específicos, que prolongam e potencializam seu domínio sobre o mundo das coisas e dos seres vivos.

Para conhecer o espaço sideral, estrelas, planetas e galáxias, inventou-se o *telescópio*. Para termos o conhecimento da realidade micro, em nível de células ou genes ou nano, invisível a olho nu, temos o *microscópio* e o *nanoscópio*; para auscultarmos os órgãos interiores do nosso corpo temos hoje o *estetoscópio*; numa consulta médica para sabermos do funcionamento dos órgãos internos temos como instrumento o *endoscópio*; se estivermos num submarino para ver a realidade acima das águas dispomos de um *periscópio*. Para conseguirmos uma visão e uma compreensão global e total da realidade necessitamos colocar juntos todos esses instrumentos, essas visões e esses conhecimentos num verdadeiro *caleidoscópio*! É aqui que surge a necessidade deste novo olhar, uma nova visão inclusiva de todos os componentes integrantes da realidade, colocando-os sempre em rede de sentido, em seu texto, e contexto, necessitamos de um instrumento que precisamos inventar; trata-se do "bioetoscópio". Esse instrumento é uma síntese criativa integrativa de todos esses instrumentos, visões e conhecimentos especializados, que são importantes e necessários, mas sempre precários, parciais e limitados, quando buscamos um horizonte maior de sentido das coisas e da vida.

Tentando compreender a realidade, ou seja, o mundo em que vivemos, podemos compará-la a um grande castelo fortificado, com uma entrada monumental e outras secretas, mas com poucas chaves que nos permitem abri-las, ter acesso ao seu interior. O bioetoscópio seria exatamente essa chave hermenêutica, que nos abre o portão principal do Castelo e nos descortina um novo horizonte interior do edifício completamente desconhecido. Nesse sentido, poderíamos inventar o verbo *"bioeticalizar"*, isto é, a ação de utilizar o bioetoscópio no processo de explicação e entendimento da realidade humana. A compreensão é mais do que a explicação, na visão de Edgar Morin. A explicação trata da realidade humana como objeto, a compreensão integra as explicações, mas comporta em si uma empatia de sujeito para sujeito. Não podemos conhecer, e muito menos compreender, quem quer que seja, sem um esforço de empatia. Por exemplo, quando alguém chora desesperadamente diante de nós, não temos nenhuma necessidade de examinar e saber do grau de salinidade das lágrimas num microscópico para entender que essa pessoa está sofrendo e necessita de cuidados e solidariedade. Diante disso, para Morin, um dos maiores desafios intelectuais e éticos de nosso tempo é *ensinar a compreensão humana*.

Em termos musicais, podemos dizer que, como é impossível executar uma sinfonia com um instrumento de uma nota só, do mesmo modo também não existe um único tipo de conhecimento que dê conta para explicar e compreender toda a realidade. A harmonia de diferentes instrumentos e sons musicais que constrói uma clássica sinfonia de Bach, por exemplo, é uma construção coletiva, sincronizada, afinada, que passou por exaustivos ensaios, sob a regência competente de um maestro. E o resultado final é que estaremos diante de uma linda sinfonia, uma síntese feliz e harmoniosa de sons musicais produzidos por instrumentos muito diferentes uns dos outros. Nesse caso, ética e estética musical se encontram! Sem dúvida, com esse exemplo, temos desenhados a identidade e o papel do bioeticista, com seu bioetoscópio. Esse profissional especializado em discernir valores humanos em situações conflitivas assume a identidade do maestro da orquestra sinfônica do conhecimento e da compreensão do mundo em que vivemos.

O bioetoscópio (ou uma "visão, explicação e compreensão bioetoscópica" da realidade, do mundo, das coisas) é um instrumento de leitura e compreensão da realidade em que vivemos, que assumindo a complexidade caleidoscópica do conhecimento humano, a partir de uma tábua de valores humanos vitais (princípios e/ou referenciais éticos), nos dá uma visão, um entendimento e um saber específico e original. Essa novidade e essa originalidade do saber vão além do mero entender abstrato e isolado. Esse saber é constituído de algumas características específicas, entre outras o de ser aberto, respeitador do diferente e do diverso, dialógico, multi, inter e transdisciplinar. Para além do nível pessoal e social, abarca a dimensão cósmica e ecológica da vida e que nos compromete no presente histórico em que vivemos, de trabalhar com esperança, para garantir um futuro e o desenvolvimento sustentável digno, para as futuras gerações.

Ser bioeticista e conseguir construir um bioetoscópio, ou ser um bioeticista com uma visão "bioetoscópica" é agir em sintonia com os valores que iluminam nossa existência humana, sem exclusões, discriminações, desigualdades, separações ou isolamentos, cultivados no laboratório interior de cada ser humano. O bioetoscópio somente será um instrumento eficaz e revelador de conhecimento libertador quando for expressão de valores genuinamente humanos, como solidariedade, justiça, equidade, paz, respeito e compreensão pelo outro, dos diferentes e da diversidade humana, entre outros, responsavelmente assumidos na vida e no exercício de todo e qualquer profissional de qualquer área de conhecimento e/ou serviço humano especializado nos diversos âmbitos da tecnociência e na área de cuidados de saúde. Enfim, ocorre sempre uma aliança saudável entre competência técnica e científica, aliada à competência humana e ética. Alguém já disse que o século XXI será ético ou nós não existiremos. Chegou a hora urgente de acordarmos da letárgica tranquilidade cognitiva, inspirando-nos em novos horizontes de valores e fazer nossa parte.

Referências bibliográficas

LIBANIO, J. B. *Em busca de lucidez*: o fiel da balança. São Paulo: Loyola, 2008.
MORIN, E. *Meu caminho*: Entrevistas com Djénane Karh Tager. Rio de Janeiro: Bertrand Brasil, 2008.
———. *Para onde vai o mundo*. Petrópolis, Vozes, 2010.
———. *A via para o futuro da humanidade*. Rio de Janeiro: Bertrand Brasil, 2013.
———. *O método 2*: a vida da vida. 4. ed. Porto Alegre: Sulina, 2001.
———. *A religação dos saberes*: o desafio do século XXI. Rio de Janeiro: Bertrand Brasil, 2001.
PESSINI, L.; BARCHIFONTAINE, C. de P. de. (orgs.). *Bioética Clínica e Pluralismo*: com ensaios originais de Fritz Jahar. São Paulo: Centro Universitário São Camilo e Loyola, 2013.
PESSINI, L.; BERTACHINI, L.; BARCHIFONTAINE, C. de P. de (orgs.). *Bioética, cuidado e humanização*. 3 vols. São Paulo: Centro Universitário São Camilo e Loyola, 2014.

É URGENTE QUE NOS REENCANTEMOS PELA ARTE DE CUIDAR!

Esta obra é articulada em quatro momentos marcantes de reflexão. Os três primeiros referem-se às três questões já sugeridas pelo título – *Bioética, cuidado e humanização*. O quarto momento apresenta tributos de gratidão em que são colocados em destaque alguns heróis do cuidado da vida humana e cósmico-ecológica.

Obra composta por três volumes:

Volume I – *Bioética: das origens à contemporaneidade*
Volume II – *Sobre o cuidado respeitoso*
Volume III – *Humanização dos cuidados de saúde e tributos de gratidão*

CENTRO UNIVERSITÁRIO SÃO CAMILO

IBCC Centro de Estudos

Edições Loyola
Jesuítas

BIOÉTICA CLÍNICA E PLURALISMO
Com ensaios originais de Fritz Jahr
Leo Pessini
Christian de Paul de Barchifontaine (orgs.)

Formato: 16 x 23 cm | Cód.: 14079 | Pág.: 520

BIOÉTICA EM TEMPO DE INCERTEZAS
Leo Pessini
José Eduardo de Siqueira
William Saad Hossne (orgs.)

Formato: 16 x 23 cm | Cód.: 13227 | Pág.: 456

PROBLEMAS ATUAIS DE BIOÉTICA
Leo Pessini
Christian de Paul de Barchifontaine

Formato: 16 x 23 cm | Cód.: 02237 | Pág.: 632

BIOÉTICA
Poder e injustiça
Volnei Garrafa
Leo Pessini (orgs.)

Formato: 16 x 23 cm | Cód.: 08858 | Pág.: 528

HUMANIZAÇÃO E CUIDADOS PALIATIVOS
Leo Pessini
Luciana Bertachini (orgs.)

Formato: 16 x 23 cm | Cód.: 09422 | Pág.: 336

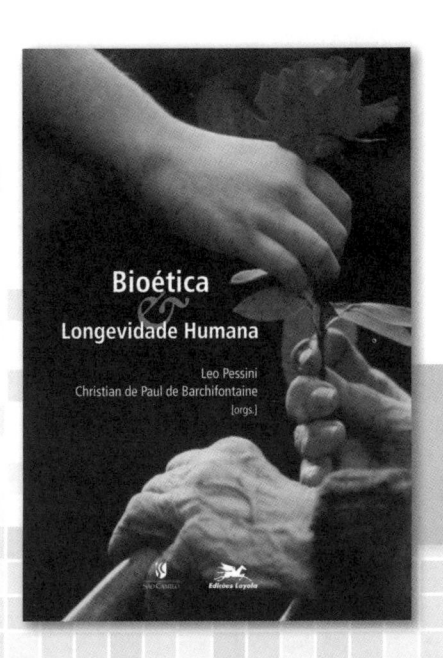

BIOÉTICA E LONGEVIDADE HUMANA
Leo Pessini
Christian de Paul de Barchifontaine (orgs.)

Formato: 16 x 23 cm | Cód.: 11187 | Pág.: 560

DISTANÁSIA
Até quando prolongar a vida?
Leo Pessini

Formato: 16 x 23 cm | Cód.: 06624 | Pág.: 432

EUTANÁSIA
Por que abreviar a vida?
Leo Pessini

Formato: 16 x 23 cm | Cód.: 09876 | Pág.: 384

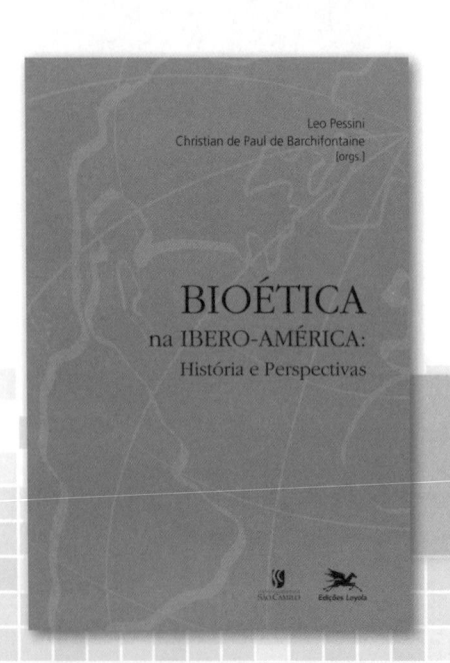

BIOÉTICA NA IBERO-AMÉRICA
História e perspectivas
Leo Pessini
Christian de Paul de Barchifontaine (orgs.)

Formato: 16 x 23 cm | Cód.: 11808 | Pág.: 392

Uma editora sempre **conectada com você!**

Quer saber mais sobre as novidades e os lançamentos, participar de promoções exclusivas, mandar sugestões e ficar por dentro de tudo o que acontece em Edições Loyola? É fácil! Basta fazer parte das nossas redes sociais e visitar nosso *site*:

facebook.com/edicoesloyola

twitter.com/edicoesloyola

youtube.com/edicoesloyola

issuu.com/edicoesloyola

www.loyola.com.br

Receba também nossa *newsletter* semanal! Cadastre-se em nosso *site* ou envie um *e-mail* para: marketing@loyola.com.br

Este livro foi composto nas famílias tipográficas
Life BT e *Helvetica Neue* (T1)
e impresso em papel *Offset 75g/m²*

Edições Loyola

editoração impressão acabamento

rua 1822 nº 341
04216-000 são paulo sp
T 55 11 3385 8500
F 55 11 2063 4275
www.loyola.com.br